本书由北京外国语大学法学院资助出版

法天下学术文库

污染环境罪刑法保护前置化研究

STUDIES ON THE SHIFTING FORWARD OF CRIMINAL LAW PROTECTION OF THE CRIME OF ENVIRONMENTAL POLLUTION

徐隽颖 著

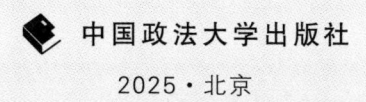

中国政法大学出版社

2025·北京

声　　明	1. 版权所有，侵权必究。
	2. 如有缺页、倒装问题，由出版社负责退换。

图书在版编目（CIP）数据

污染环境罪刑法保护前置化研究 / 徐隽颖著. --北京：中国政法大学出版社，2025.3. -- ISBN 978-7-5764-2028-9

Ⅰ.D924.364

中国国家版本馆 CIP 数据核字第 20250ZA355 号

出　版　者	中国政法大学出版社
地　　　址	北京市海淀区西土城路 25 号
邮寄地址	北京 100088 信箱 8034 分箱　邮编 100088
网　　　址	http://www.cuplpress.com（网络实名：中国政法大学出版社）
电　　　话	010-58908586（编辑部）58908334（邮购部）
编辑邮箱	zhengfadch@126.com
承　　　印	固安华明印业有限公司
开　　　本	720mm×960mm　　1/16
印　　　张	16.25
字　　　数	270 千字
版　　　次	2025 年 3 月第 1 版
印　　　次	2025 年 3 月第 1 次印刷
定　　　价	79.00 元

序

人与自然的和谐共生是人类生存与发展面临的永恒问题，通过刑法保护环境是新时代的要求之一，本书选题契合当前我国环境治理的现实需要，具有很强的针对性和现实意义。文章以刑法规范和司法解释为研究重心，运用了历史研究、学理研究、案例研究和比较研究等方法，对污染环境罪的刑法解释与司法适用展开教义学论证，呈现出重要的理论与实践价值。作为徐隽颖的博士生导师，我全程见证了本书的诞生，徐隽颖多年的坚持终于迎来了科研生涯中的第一部著作出版。受其邀请为本书做序时，我欣然应允，也真心为她高兴。

本书首先从污染环境罪的立法与司法解释演变历史入手，清晰地描述了从重大环境污染事故罪到污染环境罪的演进过程、出现的适用难题、司法解释作出的努力以及由此引发的激烈争议。1997年《刑法》第338条规定的"重大环境污染事故罪"是关于环境污染犯罪的第一个罪名，但在司法实践中适用率不高、治理效果不佳。随着国家对环境的重视与环保政策的改变，为了降低入罪门槛、加强对广大人民群众生命健康的保护，2011年《刑法修正案（八）》将这一罪名修改为污染环境罪，在罪状上扩大了污染物及污染区域的范围，将双重结果要素减少为"严重污染环境"单一结果要素，降低了污染环境罪的入罪标准。但是，客观上应如何认定"严重污染环境"、主观上应如何确定污染环境罪的罪过形态成为污染环境罪适用中的两大难题。直到最高人民法院、最高人民检察院在2013年、2016年联合出台的两部司法解释中列举了可认定为"严重污染环境"的情形，才缓解了污染环境罪的司法适用困境，但由此也引发了理论界对司法解释所列情形突破"严重污染环境"要素的解释边界、违反罪刑法定原则的诟病，而污染环境罪的主观罪过形式是否应与作为过失犯罪的重大环境污染事故罪保持一致亦无定论。经历了将近十年的争论之后，2020年《刑法修正案（十一）》再次对污染环境罪进行了修改，保留了基本犯的罪状表述，将原本的结果加重犯修改为情节加重犯，增设了情节特别加重犯的规定、提高了法定刑幅度，并于2023年出台了与之相对应的新司法解释，在立法与司法层面反映出对环境污染罪刑法保护的重视与前置化调整。

污染环境罪刑法保护前置化的表现除了体现在立法上拓宽污染的方式、增加污染物的种类之外，最核心的问题是如何解释作为结果要素的"严重污染环境"。但如何理解"严重污染环境"并非一个纯语义学的问题，而是涉及本罪的法益保护立场、法益保护内容、法益保护阶段以及行为人主观上对"严重污染环境"的认识程度之争。本书认为"严重污染环境"的解释困境反映出理论界与实务界对于污染环境罪的刑法保护立场存在不同理解，在绿色中国生态目标的指引下与司法实践逐渐加大对严重污染环境行为打击力度的背景下，司法解释基于实践的需要已经表明了清晰的立场，刑法理论也应对"严重污染环境"这一要素进行适应性扩大解释，兼顾罪刑法定原则与扩大解释必要性，在教义学上合理推进本罪刑法保护前置化的进程。

污染环境罪刑法保护前置化的第一个方面，表现为法益保护内容的实质性变化。对污染环境罪法益保护内容的不同理解，原因在于忽略了污染环境罪保护的是复杂法益，且保护的法益之间具有事实与逻辑上的内在关联。从重大环境污染事故罪到污染环境罪的立法修正过程来看，污染环境罪基本犯所保护的法益保留了环境管理秩序法益，又将对人类法益的实害前置为对人类法益的危险，并将此危险以侵害环境法益的形式呈现出来，实现了环境法益实害犯与人类法益危险犯的等价转换，由此将环境法益上升为刑法法益。而相对于人类法益这种实体性法益而言，环境法益在很大程度上是抽象法益，对环境法益的保护需要考虑法益保护边界，我国目前应当基于生态学的人类中心法益观立场，通过与人类法益的关联程度来限制环境法益的保护边界，并以此作为解释"严重污染环境"时的限制条件。

污染环境罪刑法保护前置化的第二个方面，表现为法益保护阶段的前置。这一前置过程在形式上通过对"严重污染环境"的情形列举得以直观呈现，致力于通过列举解释"严重污染环境"要素的司法解释之所以面临诟病，原因在于"严重污染环境"文义本身存在局限性，理论上对法益保护内容及解释界限尚未明晰，加之对行为犯、结果犯、实害犯、危险犯分类标准混淆，在应然与实然层面出现了对污染环境罪犯罪类型的不同理解。从刑法规范分析出发,"严重污染环境"是一个结果要素,污染环境罪应属于结果犯。但是从污染环境罪的事实因果流程出发,"严重污染环境"是一个应然上存在且符合刑法保护前置逻辑的结果,但实然上难以直接证明,因而根本的问题在于事实证明难题。这一问题的解决需要直面应然与实然之间的矛盾,在尊重立法逻辑的前提下,考虑司法实践中的现实规律,在准确界定法益保护内容与法益关联性的前提下,从法益侵害性的角度出发进行解释。具体而言,污染环境罪的法益保护内容为复杂法益,除了对环境管理秩序法益的保护之外,核心法益保护立场体现为对人类法益的危险与对环境法益的实害,对人类法益的危险虽然应以环境法益实害犯的形式呈现,但由于"严重污染环境"这一结果存在证明困境与环境法益的特殊性,应当对环境法益的保护阶段进行适应性扩大解释,扩大的边界为环境法益具体危险犯。因此,污染环境罪基本犯在对环境法益的侵害上应表现为实害犯与具体危险犯共存的犯罪类型。

在主观罪过问题上,本书认为重大环境污染事故罪作为过失犯的理由已经难以适用于污染环境罪,主观罪过的确定不能脱离对作为大前提的规范本身的解释,更不能混淆事实与规范之间的关系、仅以作为小前提的事实来解释大前提的实然性。从规范分析出发,过失犯罪的认定不能背离"法律有规定"的规范要求,因此现有的污染环境罪刑法条文中没有过失犯的存在余地。但司法实践中的确同时存在对"严重污染环境"的结果持有故意、过失乃至罪过不明的情况,以主观故意认定污染环境罪的困境源于传统罪过理论对故意的成立坚持结果本位的固有缺陷,通过要素分析法可以在实质上实现主观罪过的前置,只要对"严重污染环境"有预见可能性,即可肯定本罪故意犯的成立,同时坚持责任主义原则,将严格责任排除在主观罪过前置的边界范围之外。

本书作者徐隽颖博士在中国政法大学度过了十一年的求学时光,包括我在内的很多老师见证了她从本科到博士的一路成长,也很欣慰地看到她毕业后走上讲台承担起教书育人、传递知识的责任,从一个好学生成长为一名好老师。在我的印象里,徐隽颖一直是一个阳光积极、勤奋刻苦、对人真诚、对事负责的年轻人。徐隽颖说学习是让她快乐的事情,但她的博士生涯也经历过挫折和迷茫,好在她比较有毅力,还是个喜欢爬山、打球的"运动健将,"面对难题时总有一股不认输、不放弃的倔劲儿。

"不积跬步无以至千里",是徐隽颖读博期间我送给她的勉励,她听进去了,并用自己的踏实勤勉把这句话落实了下来,毕业至今也完成了从学生到教师、学者的身份转换。感谢北京外国语大学法学院对年轻人的栽培和鼓励,也感谢中国政法大学出版社对这部作品的呈现。希望这部著作的出版成为徐隽颖博士科研生涯的新起点,继续厚积薄发,向着更高更远的学术目标前进,健康、快乐、踏实地走好每一步。

徐久生

2024 年 10 月 23 日

目 录

引 言 ▶ 001
  一、问题的提出 ▶ 001
  二、研究对象 ▶ 004
  三、文献综述 ▶ 006
  四、研究方法与研究思路 ▶ 011

第一章　污染环境罪的刑法保护前置化历程与扩大解释的必要性分析 ▶ 013
  第一节　原重大环境污染事故罪的适用困境与原因分析 ▶ 014
    一、重大环境污染事故发生率的实证分析 ▶ 014
    二、重大环境污染事故罪适用率低的实质原因
      ——入罪门槛过高 ▶ 017
  第二节　刑事立法对污染环境罪的修正与适用难题 ▶ 019
    一、污染环境罪刑法保护前置化的立法表现 ▶ 020
    二、污染环境罪面临的实践难题："严重污染环境"的解释困境 ▶ 027
  第三节　司法解释对解释"严重污染环境"作出的努力与引发的争议 ▶ 033
    一、旧司法解释对"严重污染环境"的类型化列举 ▶ 033
    二、旧司法解释引发的争议 ▶ 037
    三、旧司法解释引发争议的原因分析 ▶ 045
    四、2023年司法解释的修正与调整 ▶ 055
  第四节　刑法保护前置化视野下对"严重污染环境"进行扩大解释的
      必要性与边界预设 ▶ 059

一、对"严重污染环境"进行扩大解释的必要性 ▶ 060
　　二、污染环境罪刑法保护的域外经验 ▶ 064
　　三、污染环境罪扩大解释的边界预设 ▶ 071

第二章　污染环境罪双重法益保护立场的理论证成 ▶ 078
第一节　法益保护原则立场阐明与法益的确认原则 ▶ 078
　　一、法益保护原则立场阐明 ▶ 078
　　二、法益的确认原则 ▶ 083
第二节　原重大环境污染事故罪的法益保护内容 ▶ 086
　　一、原重大环境污染事故罪法益保护内容的立场与理由 ▶ 086
　　二、对重大环境污染事故罪法益保护内容的评析 ▶ 087
第三节　污染环境罪法益保护内容前置化的表现 ▶ 095
　　一、通过修改构成要件实现的法益保护内容前置化 ▶ 095
　　二、旧司法解释实现的法益保护内容扩大化 ▶ 099
　　三、污染环境罪法益保护前置化的立法理念与司法理念分析 ▶ 101
第四节　污染环境罪的法益保护内容：基于不同法益观的立场甄选与边界厘定 ▶ 109
　　一、污染环境罪的法益观立场 ▶ 109
　　二、基于不同分类标准的法益保护内容 ▶ 115
　　三、污染环境罪法益保护内容的具体展开 ▶ 121

第三章　污染环境罪具体危险犯构建 ▶ 132
第一节　污染环境罪犯罪类型的争论与原因分析 ▶ 132
　　一、污染环境罪犯罪类型的争论 ▶ 132
　　二、污染环境罪犯罪类型存在争论的原因 ▶ 144
　　三、对污染环境罪犯罪类型概念的澄清 ▶ 147
第二节　生态学的人类中心法益观立场下法益保护阶段探究 ▶ 153
　　一、对"严重污染环境"要素的性质再定位 ▶ 153
　　二、基于双重保护法益的实害犯与危险犯立场选择 ▶ 156

三、通过司法解释对法益保护阶段进行扩大解释的具体展开 ▶ 160

　　四、污染环境罪法益保护阶段的分层必要性 ▶ 168

　第三节　污染环境罪法益保护阶段扩大解释的边界
　　　　　——具体危险犯与抽象危险犯立场之辨 ▶ 172

　　一、具体危险犯与抽象危险犯的界限厘清 ▶ 173

　　二、污染环境罪法益保护阶段应扩大解释为具体危险犯 ▶ 178

第四章　污染环境罪主观故意认定标准新探 ▶ 185

　第一节　污染环境罪的主观罪过之争 ▶ 185

　　一、重大环境污染事故罪的主观罪过立场与理由 ▶ 185

　　二、污染环境罪主观罪过立场与评析 ▶ 186

　　三、传统罪过理论下故意与过失的关系辨析 ▶ 195

　　四、基于"严重污染环境"的规范分析 ▶ 200

　　五、基于司法实践的主观罪过立场 ▶ 203

　　六、传统罪过二分法下污染环境罪主观罪过立场的总结 ▶ 212

　第二节　污染环境罪的主观罪过判断方法反思 ▶ 214

　　一、事实与规范之间的关系 ▶ 214

　　二、现有的主观罪过判断方法之不足 ▶ 216

　　三、目前已有的解决方案 ▶ 217

　第三节　通过要素分析法实现主观故意认定范围的扩大 ▶ 222

　　一、要素分析法的逻辑表达 ▶ 223

　　二、通过要素分析法实现污染环境罪主观故意认定范围的扩大 ▶ 227

结　论 ▶ 231

参考文献 ▶ 233

后　记 ▶ 249

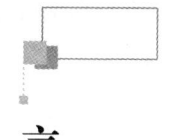

引　言

一、问题的提出

改革开放以来，随着经济的快速发展，环境污染也成为一个突出的问题，面对经济追求与环境质量的博弈，国家先后提出了可持续发展观、绿色原则等科学理念，将保护环境作为基本国策之一，但是环境治理领域仍然面临重重困境。

在2022年召开的中国共产党第二十次全国代表大会上，习近平总书记所作《高举中国特色社会主义伟大旗帜　为全面建设社会主义现代化国家而团结奋斗》报告中主题之一即为"推动绿色发展，促进人与自然和谐共生"，报告中指出"必须牢固树立和践行绿水青山就是金山银山的理念，站在人与自然和谐共生的高度谋划发展"。[1] "绿水青山就是金山银山"的理念早在2005年8月15日就由时任浙江省委书记的习近平提出。2017年10月，党的十九大修改党章，将"增强绿水青山就是金山银山的意识"加入党章之中。理念的变迁与实际行动意味着，党和国家切实认识到生态环境对人类生存发展的重要性，并采取一切可行的办法兼顾经济运行与生态的可持续发展。习近平总书记在党的二十大报告中对"绿水青山就是金山银山"理念的强调，与"站在人与自然和谐共生的高度谋划发展"的视野，是立足我国进入全面建设社会主义现代化国家、实现第二个百年奋斗目标的新发展阶段，对谋划经济社会发展提出的新要求。[2] "生态文明建设是关系中华民族永续发展的根本大计"，[3]

---

[1] 习近平：《高举中国特色社会主义伟大旗帜　为全面建设社会主义现代化国家而团结奋斗——在中国共产党第二十次全国代表大会上的报告》，2022年10月16日。

[2] 《党的二十大报告学习辅导百问》，党建读物出版社、学习出版社2022年版，第155页。

[3] 习近平总书记在全国生态环境保护大会上的发言，2018年5月18日。

"生态兴则文明兴"。[1]当然,现实问题不容忽视和回避,当前我国生态环境质量虽然得到了持续治理,有稳中向好的趋势,但基础仍不稳固,环境污染、生态破坏、修复生态与发展经济之间依然存在着博弈,这就使得仍有一些单位或个人铤而走险、减少环保投入、违规排污排废,甚至把环境损害罚款纳入本年度企业经营成本预算之中。环境保护问题的特殊性在于,环境本身有自我净化能力,但一旦过度破坏,造成的危害后果不可逆且影响深远,近到影响当代人的生活生产,远到危及子孙后代的生存空间,以环境为代价换取经济利益的理念如果不得到纠正、污染环境的违法处罚成本如果不提高,就很难通过引导和威慑的方式对大众尤其是涉污染物生产、处理行业从业者起到转变观念、自觉与国家生态文明战略站在同一立场上的作用,人与自然和谐共生的绿色中国生态目标难免要面对诸多反向力量的掣肘,不仅会大大影响绿色生态建设进程,更是实现高质量发展、全面建设社会主义现代化国家目标的障碍。

"坚持全面依法治国,推进法治中国建设"同样是党的二十大报告提出的重要内容。作为社会治理体系的重要组成部分之一,我国1997年《刑法》[2]第338条重大环境污染事故罪规定:"违反国家规定,向土地、水体、大气排放、倾倒或者处置有放射性的废物、含传染病病原体的废物、有毒物质或者其他危险废物,造成重大环境污染事故,致使公私财产遭受重大损失或者人身伤亡的严重后果的,处三年以下有期徒刑或者拘役,并处或者单处罚金;后果特别严重的,处三年以上七年以下有期徒刑,并处罚金。"然而,自1997年至2006年将近10年的时间里,相关案件数量不超过10件。2006年,最高人民法院出台了《最高人民法院关于审理环境污染刑事案件具体应用法律若干问题的解释》(法释[2006]4号[3],下文简称"2006年司法解释")以规范指导本罪的司法适用,但是效果并不理想,自2006年至2011年,5年内

---

[1] 习近平总书记在加拿大蒙特利尔举行的《生物多样性公约》第十五次缔约方大会第二阶段高级别会议上的开幕式致辞,2022年12月15日。

[2] 为论述方便,本书中涉及所有我国法律法规,统一省略"中华人民共和国"字样,下不赘述。

[3] 2006年6月26日由最高人民法院审判委员会第1391次会议通过,自2006年7月28日起施行。由2013年6月19日起施行的《最高人民法院、最高人民检察院关于办理环境污染刑事案件适用法律若干问题的解释》,法释[2013]15号)宣布失效。

案件数量也仅有 20 件。为了加强对广大人民群众生命健康的保护，2011 年《刑法修正案（八）》对第 338 条进行了修正，将具体内容修改为："违反国家规定排放、倾倒或者处置有放射性的废物、含传染病病原体的废物、有毒物质或者其他有害物质，严重污染环境的，处三年以下有期徒刑或者拘役，并处或者单处罚金；后果特别严重的，处三年以上七年以下有期徒刑，并处罚金。"修正后的罪名相应地变为"污染环境罪"。

污染环境罪相比重大环境污染事故罪明显降低了入罪门槛，将结果要素从造成重大环境污染事故且导致人身、财产损失的双重结果减少为"严重污染环境"即可成立本罪的单一结果。但在司法适用中，如何认定"严重污染环境"却成了污染环境罪面临的最棘手的难题。2013 年《最高人民法院、最高人民检察院关于办理环境污染刑事案件适用法律若干问题的解释》（法释〔2013〕15 号[1]，下文简称"2013 年司法解释"）出台后，污染环境罪的适用难题才得到了缓解。据统计，"2013 年，相关案件数达到 104 件，首次达到 3 位数；2014 年，相关案件数达到 988 件，逼近 4 位数；2015 年，相关案件数达到 1691 件，达到 4 位数"。[2]随着 2016 年《最高人民法院、最高人民检察院关于办理环境污染刑事案件适用法律若干问题的解释》（法释〔2016〕29 号[3]，下文简称"2016 年司法解释"）的出台，相关案件数分别为 2016 年 2023 件、2017 年 2390 件、2018 年 2545 件、2019 年 3082 件[4]，历年均保持在四位数且一直呈增长态势。

2020 年《刑法修正案（十一）》再次对第 338 条污染环境罪进行了修正，将其修改为"违反国家规定，排放、倾倒或者处置有放射性的废物、含传染病病原体的废物、有毒物质或者其他有害物质，严重污染环境的，处三

---

〔1〕 2013 年 6 月 8 日由最高人民法院审判委员会第 1581 次会议、最高人民检察院第十二届检察委员会第 7 次会议通过，自 2013 年 6 月 19 日起施行。2016 年 11 月 7 日由最高人民法院审判委员会第 1698 次会议、2016 年 12 月 8 日由最高人民检察院第十二届检察委员会第 58 次会议通过，自 2017 年 1 月 1 日起施行《最高人民法院、最高人民检察院关于办理环境污染刑事案件适用法律若干问题的解释》（法释〔2016〕29 号）宣布失效。

〔2〕 喻海松、马剑：《从 32 件到 1691 件——〈关于办理环境污染刑事案件适用法律若干问题的解释〉实施情况分析》，载《中国环境报》2016 年 4 月 6 日。

〔3〕 2016 年 11 月 7 日由最高人民法院审判委员会第 1698 次会议、2016 年 12 月 8 日由最高人民检察院第十二届检察委员会第 58 次会议通过，自 2017 年 1 月 1 日起施行。

〔4〕 数据来源：北大法宝司法案例数据库。

年以下有期徒刑或者拘役，并处或者单处罚金；情节严重的，处三年以上七年以下有期徒刑，并处罚金；有下列情形之一的，处七年以上有期徒刑，并处罚金……"对基本犯与情节加重犯进行了分级规定，并于2023年出台了配套的《最高人民法院、最高人民检察院关于办理环境污染刑事案件适用法律若干问题的解释》（法释〔2023〕7号，下文简称"2023年司法解释"），重新对符合"严重污染环境"的情形进行了详细列举，删除了2016年司法解释中争议较大或适用率不高的情形，并将大量造成实害后果的情形纳入"情节严重"之中。

从污染环境罪的立法与司法解释变迁以及十余年来引发的大量争议可以看出，虽然司法解释为污染环境罪的司法适用提供了指导，但并不意味着其解释结论必然具有合理性，尤其是在2013年、2016年司法解释发布之后，由司法解释引发的本罪法益保护内容、犯罪类型、主观罪过等问题的争议，使司法解释不得不面对越权解释、司法立法化、违反罪刑法定原则等重重质疑。在司法解释的推动下，污染环境罪本身尚未得到厘清的理论问题被进一步突出呈现出来。2020年《刑法修正案（十一）》保留了基本犯的罪状描述，但对加重犯进行了调整，2023年司法解释也对符合"严重污染环境"的情形进行了修改完善，立法与司法解释演变的价值立场与理论依据更值得探讨与厘清，对"严重污染环境"进行系统的教义学展开，以构建合理的教义学基础，从而推动污染环境罪的理解与适用。

二、研究对象

从污染环境罪的立法演变历程中不难看出，本罪经历了从无到有、从入罪标准严苛到降低入罪门槛的变化过程，反映出刑法在规制污染环境问题上的前置化进程。由于污染环境罪的结果性要素具有一定的抽象性，需要通过刑法解释的方法将其具体化，司法解释则成为本罪适用时的重要参考依据，无论是2006年施行的适用于原重大环境污染事故罪的司法解释，还是2013年司法解释、2016年司法解释、2023年司法解释，都是针对本罪在司法实践中存在的适用难题，通过对大量的审判实践进行调查研究，归纳总结出涉环境污染犯罪的典型案件类型，尽可能实现刑法规范与案件事实之间的有效衔接，为司法适用提供指导。而从司法解释的修改历程来看，在解释"严重污染环境"等问题时，司法解释显然在刑法规范的基础上又进行了一定程度的前置化推进，因而前置化解释的必要性、合理性以及是否保持了与刑法规范之间的一致性则成为理论争议的焦点所在。

从污染环境罪的司法实践来看，刑法保护前置化既是现实也是必要，真正应当回答的问题在于，当前刑事立法的前置化程度是否足以实现本罪的刑法保护目的？如果刑事立法已经完成了合理的前置化任务，那么再通过司法解释对其进行扩大解释的必要性与限度何在？如果说司法解释是对司法实践的反映与回应，那是否意味着刑法规范本身需要修正、进一步降低入罪门槛，或者有必要对部分构成要件要素进行扩大解释？换言之，司法解释在对一个相对保守的刑法规范进行扩大解释时，虽然解释结论因超出构成要件要素的文义边界而遭受合理性质疑，但同时也可以反过来作为质疑刑法规范边界本身过于狭窄、应当在规范上予以进一步扩大解释的理由。需要注意的是，司法解释虽然是一种有权解释，但仍旧不能突破其本质是一种"刑法解释方法"，合理的扩大解释是被允许的，但忽略刑法规范中构成要件要素的限制作用，仅通过对审判实践中案件类型的归纳来解决现行刑法规范的适用难题，甚至突破文义可能有的最大射程范围，则可能以解释之名行立法之实，不可避免地会面临司法立法化与突破罪刑法定原则的质疑。因此，任何解释的解释基础必须与刑法规范保持一致，在考虑司法实践可行性的情况下，遵循刑法解释规则与逻辑，使解释过程具备系统性、解释结论具有合理性，才能对刑法规范的内涵与外延进行系统的教义学建构，以刑法理论为工具，实现刑事立法与司法实践的现实统一。

关于"前置化"的用法，与之类似的表述包括"刑事保护提前化"、[1]"法益保护早期化"、[2]"刑法治理早期化"、[3]"法益保护前置化"、[4]"刑法保护前置化"[5]等。污染环境罪刑法规范与司法解释的修改和存在的争议反映出，真正的问题是在认可污染环境罪相对于重大环境污染事故罪已经进行了一定程度的刑法保护前置化的前提下，分析目前刑法保护前置化的具体表

---

[1] 侯艳芳：《环境法益刑事保护的提前化研究》，载《政治与法律》2019年第3期。

[2] 黄旭巍：《污染环境罪法益保护早期化之展开——兼与刘艳红教授商榷》，载《法学》2016年第7期。

[3] 李梁：《环境犯罪刑法治理早期化之理论与实践》，载《法学杂志》2017年第12期。

[4] 陈开琦、向孟毅：《我国污染环境犯罪中法益保护前置化问题探讨——以过失"威胁犯"的引入为视角》，载《云南师范大学学报（哲学社会科学版）》2013年第4期。

[5] 李晓龙：《刑法保护前置化研究：现象观察与教义分析》，厦门大学出版社2018年版，第1页。

现与内容,以及是否完成了合理的前置化任务,是否需要进一步扩大解释,以及扩大的界限何在。

具体而言,污染环境罪刑法保护的前置化可分为两个方面:其一为客观方面的前置化,形式上表现为刑法规范对构成要件的修改,实质上是刑法对法益保护内容的前置与法益保护阶段的前置,对二者的解释结论分别表现为污染环境罪的核心法益立场和污染环境罪犯罪类型的界定;其二为主观方面的前置化,基于传统的罪过理论并不能从逻辑上实现主观罪过形式的前置,无论采故意说还是过失说的单一罪过立场都无法避免处罚漏洞,而复杂罪过说或严格责任是否具有可行性亦不无疑问,本书尝试通过要素分析法,改变故意的认定标准,从实质上实现污染环境罪主观故意的扩大解释任务,为污染环境的主观罪过认定提供符合实践需要的理论支持。

三、文献综述

就污染环境罪所保护的法益内容而言,目前有多种观点,包括国家环境保护制度和公私财产与公民健康、生命安全[1]、国家关于环境污染防治的管理制度和环境权[2]、国家对环境保护和污染防治的管理秩序[3]、国家和公民的环境权以及自然生态环境本身[4]、公民的环境权和生态安全[5]、人及生物的核心生态法益[6]、生态学的人类中心的法益[7]、环境利益[8]、环

---

[1] 谢望原、赫兴旺主编:《刑法分论》,中国人民大学出版社2011年版,第351页;黎宏:《刑法学》,法律出版社2016年版,第861页。

[2] 冯惠敏观点,载冯军、敦宁主编:《环境犯罪刑事治理机制》,法律出版社2018年版,第95页;冯惠敏:《污染环境罪若干问题探讨》,载《山东警察学院学报》2014年第4期;栗相恩:《污染环境罪法益与罪过形式探析》,载《人民检察》2012年第9期。

[3] 王作富主编:《刑法分则实务研究(下)》,中国方正出版社2013年版,第1389页。

[4] 陈庆、孙力:《有关污染环境罪的法律思考——兼论〈刑法修正案(八)〉对重大环境污染事故罪的修改》,载《理论探索》2011年第3期。

[5] 陈庆瑞观点,载冯军、敦宁主编:《环境犯罪刑事治理机制》,法律出版社2018年版,第104页。

[6] "包括人或动物呼吸新鲜空气、饮用清洁水源、生存环境的无毒无害等。"参见焦艳鹏:《刑法生态法益论》,中国政法大学出版社2012年版,第148页。

[7] "生态学的人类中心的法益论,意味着环境刑法实行二重保护:一是以对人的生命、身体、健康等个人法益的保护为中心的刑法规范;二是将环境媒介、动植物等生态法益予以保护的刑法规范。"参见张明楷:《污染环境罪的争议问题》,载《法学评论》2018年第2期。

[8] 郑牧民、习明:《论污染环境罪的罪过形式》,载《求索》2012年第11期。

境法益[1]、环境权[2]、环境安全[3]、人与自然的和谐相处[4]、国家环境生态安全[5]、人类法益与环境法益双重法益[6]等,而最高人民法院、最高人民检察院相关部门对此的具体理解也不尽相同,例如由最高人民检察院公诉厅编写、陈国庆主编的《中华人民共和国刑法最新释义(2016年版)》主张污染环境罪侵犯的法益为"环境保护和防治环境污染的管理制度"[7],由张军主编的《〈刑法修正案(八)〉条文及配套司法解释理解与适用》主张"修改后,本罪的犯罪客体变更为国家环境保护制度和生态环境安全,公私财产权与公民健康、生命安全不应再被视为本罪必要客体之一"。[8]

在污染环境罪的法益保护内容尚未明晰的情况下,通过讨论法益的保护阶段确定本罪的犯罪类型,不仅难以达成共识,反而可能因为忽略法益保护内容,混淆刑法规范与司法解释的解释对象,甚至无视犯罪类型的分类标准,混用行为犯、结果犯、危险犯、实害犯概念,衍生出更多混乱和对立。例如有观点根据《刑法》规范中"严重污染环境"的结果要素属性认为污染环境

---

[1] 钱小平:《环境法益与环境犯罪司法解释之应然立场》,载《社会科学》2014年第8期;陈洪兵:《解释论视野下的污染环境罪》,载《政治与法律》2015年第7期;侯艳芳:《环境法益刑事保护的提前化研究》,载《政治与法律》2019年第3期;齐文远、吴霞:《对环境刑法的象征性标签的质疑——与刘艳红教授等商榷》,载《安徽大学学报(哲学社会科学版)》2019年第5期;孟辰飞:《环境法益的刑法保护——以刑法谦抑性为视角》,载《中国检察官》2019年第19期;李梁:《环境犯罪刑法治理早期化之理论与实践》,载《法学杂志》2017年第12期;李川:《二元集合法益与累积犯形态研究——法定犯与自然犯混同情形下对污染环境罪"严重污染环境"的解释》,载《政治与法律》2017年第10期;汪维才:《污染环境罪主客观要件问题研究——以〈中华人民共和国刑法修正案(八)〉为视角》,载《法学杂志》2011年第8期。

[2] 李希慧、董文辉、李冠煜:《环境犯罪研究》,知识产权出版社2013年版,第188页;吴伟华、李素娟:《污染环境罪司法适用问题研究——以"两高"〈关于办理环境污染刑事案件适用法律若干问题的解释〉为视角》,载《河北法学》2014年第6期。

[3] 黄旭巍:《污染环境罪法益保护早期化之展开——兼与刘艳红教授商榷》,载《法学》2016年第7期。

[4] 王鹏祥、孟昱含:《论污染环境行为的刑法治理》,载《中州学刊》2019年第6期。

[5] 穆斌:《生态环境的法益观研究》,载《中国政法大学学报》2020年第3期。

[6] 李永升、袁汉兴:《污染环境罪的司法困境与出路——以生态和人类双重法益为中心》,载《湖北社会科学》2021年第1期。

[7] 最高人民检察院公诉厅编、陈国庆主编:《中华人民共和国刑法最新释义(2016年版)》,中国人民公安大学出版社2016年版,第542页。

[8] 张军主编:《〈刑法修正案(八)〉条文及配套司法解释理解与适用》,人民法院出版社2011年版,第320页。

罪只能是结果犯[1]，也有观点根据污染环境罪的构成要件表述认为污染环境罪是行为犯[2]；有观点根据司法解释中列举的情形认为污染环境罪已被解释为行为犯[3]，或兼具行为犯与结果犯双重属性[4]、或是具体危险犯[5]乃至抽象危险犯[6]；有观点从整体分析的角度认为污染环境罪应归为情节犯[7]，也有观点从法益侵害的角度主张污染环境罪为实害犯[8]，还有提出应设立污染环境罪的危险犯[9]的观点。在危险犯的主张中，又可分为具体危险犯[10]、抽象危险犯[11]、准抽象危险犯[12]、累积犯[13]。上述观点总体而言存在三大问题：其一，存在混淆行为犯、结果犯、危险犯、实害犯这四个概念分类标准的基础理论问题，为后续的讨论徒增障碍；其二，对犯罪类型的解读有的基于刑法规范、有的基于司法解释，犯罪类型界定的文本依据不

---

[1] 冯军：《污染环境罪若干问题探讨》，载《河北大学学报（哲学社会科学版）》2011年第4期；张勇：《整体环保观念下污染环境罪的理解与适用》，载《新疆社会科学》2011年第6期；王志祥主编：《〈刑法修正案（八）〉解读与评析》，中国人民公安大学出版社2012年版，第458页；高峰：《污染环境罪法律适用困境之破解》，载《人民检察》2014年第7期。

[2] 张建、俞小海：《关于环境犯罪刑法调控的评说——以〈刑法修正案（八）〉对环境犯罪的修改为线索》，载《中国检察官》2011年第13期。

[3] 李涛：《污染环境罪属于行为犯而非结果犯》，载《检察日报》2016年11月9日。

[4] 张志钢：《摆荡于激进与保守之间：论扩张中的污染环境罪的困境及其出路》，载《政治与法律》2016年第8期。

[5] 周啸天：《"抽象危险犯/具体危险犯+情节加重犯/结果加重犯"立法模式解读与司法适用问题研究——以"食品安全""环境污染"两个司法解释为中心》，载《师大法学》2018年第2期。

[6] 石珍：《污染环境罪的微观透视——以296例裁判文书为分析对象》，载《人民司法》2015年第9期。

[7] 喻海松：《污染环境罪若干争议问题之厘清》，载《法律适用》2017年第23期；刘清生：《论污染环境罪的司法解释》，载《福州大学学报（哲学社会科学版）》2013年第5期。

[8] 姜俊山：《论污染环境罪之立法完善》，载《法学杂志》2014年第3期；栗相恩：《污染环境罪探析》，载《兰州学刊》2012年第4期；苏永生：《污染环境罪罪过形式之体系解释》，载《山东警察学院学报》2014年第3期；薄晓波：《污染环境罪司法解释评析》，载《环境经济》2013年第10期。

[9] 曾粤兴、周兆进：《污染环境罪危险犯研究》，载《中国人民公安大学学报（社会科学版）》2015年第2期。

[10] 钱小平：《环境法益与环境犯罪司法解释之应然立场》，载《社会科学》2014年第8期。

[11] 姜文秀：《污染环境罪的抽象危险犯》，载《学术交流》2016年第9期。

[12] 陈洪兵：《"美丽中国"目标实现中的刑法短板及其克服》，载《东方法学》2017年第5期；陈洪兵：《准抽象危险犯概念之提倡》，载《法学研究》2015年第5期。

[13] 李婕：《限缩抑或分化：准抽象危险犯的构造与范围》，载《法学评论》2017年第3期；张志钢：《论累积犯的法理——以污染环境罪为中心》，载《环球法律评论》2017年第2期。

一;其三,从法益侵害性的角度讨论犯罪类型时,首先应确定法益保护的内容,但在目前污染环境罪核心法益保护立场不明的情况下,很多观点实际上并不是在同一个维度上讨论问题,即便是有部分观点能够得出一致的结论,但侵害的对象却可能是不同的法益保护内容,例如同样是实害犯,但对环境法益的实害犯与对人类法益的实害犯全然不同,这种情况下也无法形成有效讨论。

关于污染环境罪主观罪过形式的争论其实从重大环境污染事故罪时代就一直存在,由于事故类犯罪通常为过失犯罪,通说即以此为普遍性理由主张重大环境污染事故罪为过失犯[1]。但也有观点认为该罪主观方面既可以是故意也可以是过失[2],还有观点认为该罪的罪过形式只能是故意而不能是过失[3]。2011年《刑法修正案(八)》出台后,"造成重大环境污染事故"要素被删除,对本罪主观罪过形态的争论演化得更加激烈。认为污染环境罪的主观罪过为过失[4]、故意[5]、应分别规定故意与过失两种罪过形态[6]的观

---

[1] 杨春洗、向泽选、刘生荣:《危害环境罪的理论与实务》,高等教育出版社1999年版,第171页;吴献萍:《环境犯罪与环境刑法》,知识产权出版社2010年版,第171页。

[2] 付立忠:《环境刑法学》,中国方正出版社2001年版,第278页;郭建安、张桂荣:《环境犯罪与环境刑法》,群众出版社2006年版,第324页。

[3] 周道鸾、单长宗、张泗汉主编:《刑法的修改与适用》,人民法院出版社1997年版,第691页;刘仁文:《环境资源保护与环境资源犯罪》,中信出版社2004年版,第295页。

[4] 高铭暄、马克昌主编:《刑法学》,北京大学出版社、高等教育出版社2016年版,第582页;王作富主编:《刑法》,中国人民大学出版社2016年版,第482页;黎宏:《刑法学各论》,法律出版社2016年版,第442页;周光权:《刑法各论》,中国人民大学出版社2016年版,第423页;赵秉志主编:《刑法修正案(八)理解与适用》,中国法制出版社2011年版,第405页;谢望原、赫兴旺主编:《刑法分论》,中国人民大学出版社2011年版,第351页;冯军:《污染环境罪若干问题探讨》,载《河北大学学报(哲学社会科学版)》2011年第4期。

[5] 张明楷:《污染环境罪的争议问题》,载《法学评论》2018年第2期;张明楷:《刑法学》,法律出版社2021年版,第1488页;刘艳红主编:《刑法学(下)》,北京大学出版社2016年版,第403页;姜文秀:《污染环境罪的主观心态》,载《国家检察官学院学报》2016年第2期;姜文秀:《污染环境罪中故意的内涵》,载《河南社会科学》2015年第8期;陈庆瑞观点,载冯军、敦宁主编:《环境犯罪刑事治理机制》,法律出版社2018年版,第108页;晋海、陈宇宇:《污染环境罪主观要件研究:综述与展望》,载《河海大学学报(哲学社会科学版)》2018年第6期;郑牧民、习明:《论污染环境罪的罪过形式》,载《求索》2012年第11期;黄旭巍:《污染环境罪法益保护早期化之展开——兼与刘艳红教授商榷》,载《法学》2016年第7期。

[6] 冯惠敏观点,载冯军、敦宁主编:《环境犯罪刑事治理机制》,法律出版社2018年版,第95页;冯惠敏:《污染环境罪若干问题探讨》,载《山东警察学院学报》2014年第4期。

点均有，此外还有双重罪过说（又称混合罪过说）[1]、罪过形式例外说[2]、模糊罪过说[3]、严格责任[4]等观点。在司法实践中，将主观方面认定为故意[5]或过失[6]的刑事判决均有；也有判决采混合罪过说[7]立场，认为主观方面可以是故意，在特定情况下也可以是过失；有的判决书认定行为人成立污染环境罪的共同故意犯罪[8]，也有判决书认为行为人成立共同过失犯罪，应按照他们所犯的罪分别处罚[9]。此外还有大量判决书对主观方面未予提及，仅以符合构成要件的行为作为本罪成立的判断依据[10]。

综上而言，能够表征污染环境罪刑法保护前置化程度的法益保护内容、法益保护阶段、主观罪过形式这三大领域呈现出一片混战的态势，对立的观点之间时常出现以己之矛攻彼之盾、以己之盾御彼之矛的状况，但争论的结

---

[1] 秦鹏、李国庆：《论污染环境罪主观面的修正构成解释和适用——兼评2013"两高"对污染环境罪的司法解释》，载《重庆大学学报（社会科学版）》2016年第2期；汪维才：《污染环境罪主客观要件问题研究——以〈中华人民共和国刑法修正案（八）〉为视角》，载《法学杂志》2011年第8期；苏永生：《污染环境罪罪过形式之体系解释》，载《山东警察学院学报》2014年第3期；喻海松：《污染环境罪若干争议问题之厘清》，载《法律适用》2017年第23期；吴伟华、李素娟：《污染环境罪司法适用问题研究——以"两高"〈关于办理环境污染刑事案件适用法律若干问题的解释〉为视角》，载《河北法学》2014年第6期；安然：《污染环境罪异质性的法教义学分析》，载《中国地质大学学报（社会科学版）》2017年第4期。

[2] 苏永生：《污染环境罪的罪过形式研究：兼论罪过形式的判断基准及区分故意与过失的例外》，载《法商研究》2016年第2期。

[3] 陈洪兵：《解释论视野下的污染环境罪》，载《政治与法律》2015年第7期；陈洪兵：《模糊罪过说之提倡——以污染环境罪为切入点》，载《法律科学（西北政法大学学报）》2017年第6期。

[4] 徐海东：《污染环境罪主观要件的规范解释论——兼评〈中华人民共和国刑法修正案（十一）〉的亮点与不足》，载《宜宾学院学报》2022年第5期；李佩遥：《论严格责任适用于我国环境犯罪的可行性》，载《社会科学家》2019年第11期。

[5] "张某玉等污染环境案"，江苏省镇江市中级人民法院［2015］镇环刑终字第00002号。"上海云瀛复合材料有限公司及被告人贡某国等3人污染环境案"，最高人民法院、最高人民检察院、公安部、司法部联合发布的五起污染环境刑事案件典型案例之三。

[6] "姜某旺、姜某荣、郭某涛污染环境案"，广东省汕尾市中级人民法院［2020］粤15刑终32号。

[7] "柳某彬、倪某明等污染环境案"，江苏省南京市中级人民法院［2019］苏01刑终800号。

[8] "田某国等污染环境案"，江苏省徐州市中级人民法院［2015］徐环刑终字第3号，2016年12月26日最高人民法院发布的八起环境污染犯罪典型案例之二。"白某林、吴某琴污染环境案"，2016年12月26日最高人民法院发布的八起环境污染犯罪典型案例之七。

[9] "高某良等污染环境案"，湖南桃江县人民法院［2011］桃刑初字第190号。

[10] "董某桥等19人污染环境案"，2019年3月2日最高人民法院发布的十起生态环境保护典型案例之一。

果对于罪名的司法适用却无甚裨益,甚至成为司法实践中裁判理由与结论不一的来源。

污染环境罪的适用困境虽然最直接地呈现在对"严重污染环境"这一概念的解释上,但更加根本的原因在于"严重污染环境"本身就不是一个可以孤立地进行定义的概念,而是必须结合本罪的法益保护内容、对法益的保护程度、基于前实定法的经验事实归纳与后实定法的生活事实反馈等要素才能构建出的类型性概念。法益保护内容与法益保护阶段的探究反映了污染环境罪客观方面的前置化进程与应然边界。主观罪过形式方面,必须解决单一罪过框架下规范与事实无法完全对应的矛盾,以及故意与过失的责任程度是否能够区分、是否需要区分是污染环境罪必须解决的问题;而责任原则是否应当存在例外的问题,则是污染环境罪对传统刑法理论提出的一大挑战,亦应当在对本罪的讨论中得到回答。

四、研究方法与研究思路

本书旨在从重大环境污染事故罪到污染环境罪的立法变迁入手,系统地梳理学界已有观点,结合立法背景、立法目的、司法实践、刑事政策,从根源上厘清本罪的法益保护内容与法益保护阶段变化历程,明确刑法规范的立场与价值导向,区分学者基于不同理念对刑法规范和司法解释作出的解读。

在法益保护内容方面,从实然层面解释现行污染环境罪的立法目的和刑法规范所保护的法益内容,从应然层面讨论现阶段应如何限制法益保护内容的边界。

在依据适当的法益观确定法益保护内容的前提下,分别讨论刑法规范与司法解释对污染环境罪法益保护阶段(即犯罪类型)的前置是否合理,以及是否需要进一步扩大解释,在此基础上讨论法益保护阶段扩大解释的边界限度问题。

在污染环境罪的主观罪过问题上,兼顾规范与事实两个方面,探究本罪的主观罪过是否可以突破传统罪过形式及责任原则的限制,以及在传统故意犯成立标准遭遇实践困境的情况下,通过引入要素分析法,改变故意的认定标准,从实质上实现主观故意成立范围的可行性。

综上,本书的研究对象为污染环境罪的法益保护内容、法益保护阶段以及主观罪过形式,以刑法规范文本为解释对象,以学理解释和司法解释为参考依据，以遵守刑法基本原则的同时回应社会现实与司法实践为最终目标，通过对三者前置化程度的实然与应然分析，完善污染环境罪刑法保护前置化的合理进程，并为适用划定相对明晰的界限。

第一章

污染环境罪的刑法保护前置化历程与扩大解释的必要性分析

在污染环境罪的刑事立法演变历程中，1979年《刑法》没有专门针对环境污染与治理问题设定罪名，彼时环境问题尚未在国家政策与治理上引起足够的关注，刑法保护范围未涉足环境污染领域。对于实践中造成环境污染的行为，构成犯罪的，有的按第106条投毒罪处理，有的按第114条重大责任事故罪处理，有的按第115条违反危险物品管理规定肇事罪处理，有的按第187条玩忽职守罪处理。[1]

随着环境问题的不断恶化与严重后果的显现，国家逐渐意识到环境保护的意义不仅在于当下，更在于亦远亦近的未来，环境治理开始在政策上逐步得到了根本性重视——1983年12月，国务院召开第二次全国环境保护会议，将保护环境确定为一项基本国策，制定了中国环境保护事业的战略方针[2]，通过法律实现污染治理、环境保护由此进入历史的舞台。

1997年《刑法》在制定时，新增了第338条"重大环境污染事故罪"作为治理环境污染问题的针对性罪名，但由于这一刑法规范存在入罪门槛高、规制范围窄等诸多问题，在实际适用中并未取得期待中的效果。为了对一些严重损害广大人民群众利益的行为加大惩处力度，加强刑法对广大人民群众生命健康的保护，降低入罪门槛，增强可操作性，[3]全国人大常委会于2011年2月25日通过《刑法修正案（八）》，将本罪修改为"污染环境罪"。约十年后，为

---

[1] 付立忠：《环境刑法学》，中国方正出版社2001年版，第275页。

[2] 《保护环境确定为基本国策》，载http://www.mee.gov.cn/home/ztbd/2020/wdlchhcj_1/ggkf/202001/t20200109_758374.shtml，最后访问日期：2023年12月9日。

[3] 参见《关于〈中华人民共和国刑法修正案（八）（草案）〉的说明》，载http://www.npc.gov.cn/zgrdw/huiyi/1fzt/xfxza8/2011-05/10/content_1666058.htm，最后访问日期：2023年12月9日。

了进一步加大对污染环境罪的惩处力度[1],全国人大常委会于 2020 年 12 月 26 日通过《刑法修正案（十一）》,对污染环境罪的罪状与法定刑再次进行了修正。

第一节 原重大环境污染事故罪的适用困境与原因分析

一、重大环境污染事故发生率的实证分析

如上所述,在 1997 年《刑法》规定重大环境污染事故罪后,司法实践中本罪的适用率却极低,统计显示"2006 年之前,相关案件数不超过 10 件,可以称之为一位数,2007 年至 2012 年,相关案件数基本徘徊在 20 件左右,可以称之为两位数"。[2]

以法律适用的三段论逻辑来看,假设作为大前提的刑法规范具有天然的合理性,但得出符合性结论的情况较少,一般有两种原因:一是作为小前提的事实发生率低;二是小前提无法被大前提所涵摄。这两个原因都会导致无法根据三段论得出符合性的结论。因此,一个罪名的司法适用率极低可能存在两个原因:第一种原因是此类事件的发生率本就极低,由此导致了适用该罪名的案件数量低;第二种原因是犯罪门槛过高,即此类事件有一定的发生率,但刑法规范规定的构成要件门槛较高,案件因不符合构成要件要素的要求而无法入罪。

自进入工业社会以来,向环境排放、倾倒、处置有毒、有害物质的现象比比皆是,环境污染形势严峻,2007 年既有最高人民法院法官指出,"我国每年发生的重大环境污染事故和处理的环境污染行政违法案件有数千件,给人民群众生命财产造成了重大损失,但真正被追究刑事责任的案件寥寥无几,两者差异极其悬殊"。[3]国家统计局全国环境污染治理投资情况（1997 年至

---

[1] 参见《关于〈中华人民共和国刑法修正案（十一）（草案）〉的说明》,载 http://www.npc.gov.cn/npc/c2/c30834/202012/t20201228_309531.html,最后访问日期:2023 年 12 月 9 日。

[2] 喻海松、马剑:《从 32 件到 1691 件——〈关于办理环境污染刑事案件适用法律若干问题的解释〉实施情况分析》,载《中国环境报》2016 年 4 月 6 日。

[3] 祝二军:《最高人民法院〈关于审理环境污染刑事案件具体应用法律若干问题的解释〉的理解与适用》,载熊选国、任卫华主编:《刑法罪名适用指南——破坏环境资源保护罪》,中国人民公安大学出版社 2007 年版,第 50~51 页。

第一章 污染环境罪的刑法保护前置化历程与扩大解释的必要性分析

2010年)[1]显示,环境污染治理投资总额整体上呈增加态势(见图1-1)。"环境污染治理投资的增加,一方面可以说明,随着国家对环境污染认识的提高和经济发展规模的增大,国家对环境污染治理的重视程度也在增加;另一方面,也说明我国发生的环境污染问题依然很严重,违法犯罪案件没有大幅度减少。"[2]因此第一个作为小前提的事实发生率低并非重大环境污染事故罪案件发生量极低的原因,相反,环境污染事故的发生量极大,根据1997年至2010年公布的《全国环境统计公报》[3]显示,每年有数万件环境污染行政处罚案件(见图1-2),2001年至2010年[4]每年发生百千余次污染与破坏事故(见图1-3),造成严重的经济损失(见图1-4)。

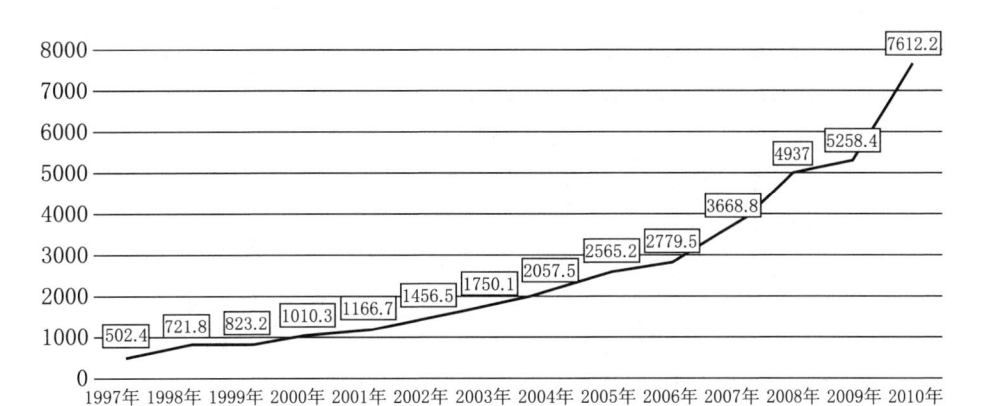

图1-1 1997年至2010年环境污染治理投资总额(亿元)

[1] 《全国环境污染治理投资情况(2001—2014年)》,载http://www.stats.gov.cn/2t_18555/ztsj/hjtjzl/2014/202303/t20230303_1924041.html.最后访问日期:2023年12月9日;《全国历年环境污染治理投资情况(2000—2010年)》,载http://www.stats.gov.cn/zt_18555/ztsj/hjtjzl/2010/202303/t20230302_19217 28.html;最后访问日期:2023年12月9日;历年《中国环境状况公报》,载http://www.mee.gov.cn/hjzl/sthjzk/zghjzkgb/,最后访问日期:2023年12月9日。

[2] 郭建安、张桂荣:《环境犯罪与环境刑法》,群众出版社2006年版,第298页。

[3] 参见1998—2011年中国环境年鉴编辑委员会编:《中国环境年鉴》,中国环境年鉴社1998—2011年版。

[4] 需要说明的是,在1997—2000年的《全国环境统计公报》中没有统计污染与事故破坏次数与事故经济损失数额。

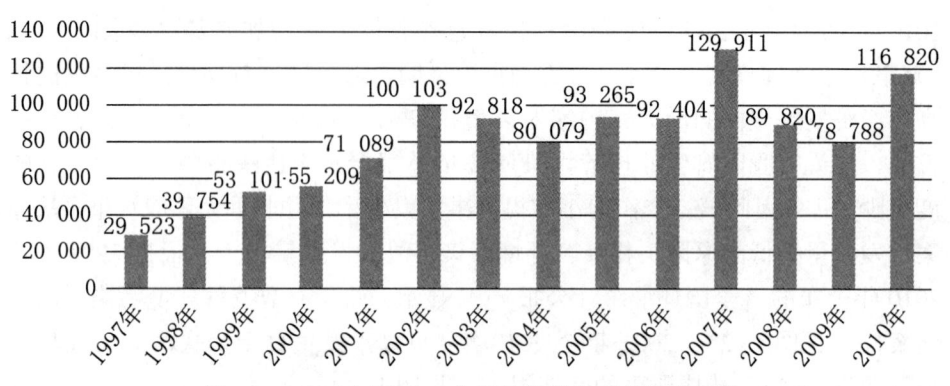

图 1-2 1997 年至 2010 年环境污染行政处罚案件数

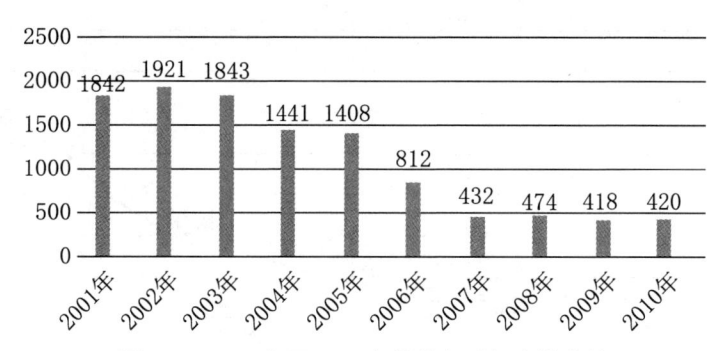

图 1-3 2001 年至 2010 年污染与破坏事故次数

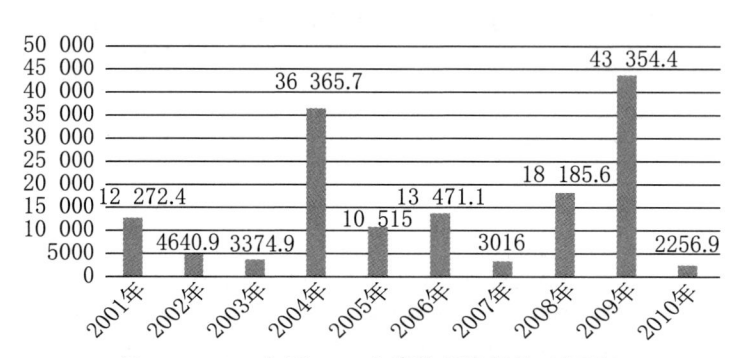

图 1-4 2001 年至 2010 年事故经济损失（万元）

由以上实证数据可以看出，自 1997 年《刑法》规定重大环境污染事故罪以来，本罪名的适用率虽然极低，但并不是因为环境污染事故发生率低。《全国环境统计公报》提供的数据显示，2007 年之后，污染与破坏事故次数虽然

第一章　污染环境罪的刑法保护前置化历程与扩大解释的必要性分析

较之前有较大幅度下降，并持续保持在四百余件，但同期的环境污染行政处罚案件数却一直在 10 万件上下浮动，行政处罚并没有对污染与破坏事故发生次数产生显著影响，行政处罚边际效益递减的问题已相当严峻。[1]因此，无论是污染与破坏事故次数还是行政处罚案件数均表明污染环境行为发生率居高不下，而重大环境污染事故罪的适用率却始终处于极低的水平，表明这一罪名的司法适用并没有达到足够的刑法保护效果。

二、重大环境污染事故罪适用率低的实质原因——入罪门槛过高

就相关罪名适用率低的第二个原因而言，妨害传染病防治罪与重大环境污染事故罪具有较高的相似性。从规范层面看，妨害传染病防治罪与重大环境污染事故罪的罪状各自反映出其立法目的指导下的规制对象；然而就事实层面而言，随着社会变动和新型案情的出现，具有严重社会危害性的案件无法通过既有的刑法规范得到有效控制时，刑法规范就需要克服其滞后性与社会变动之间的矛盾，回答"是否要通过解释或修改规范内容来适应社会变动"这一问题。

在原重大环境污染事故罪与现污染环境罪领域，同样存在与妨害传染病防治罪类似的困境。在环境污染司法实践中，"执法部门指出，环境污染已经成为我国当前重大的社会公害，污染事件频发已是不争的事实，而与此极不相称的是，刑事法律在环境犯罪的猖獗态势面前苍白无力，现实中大量造成严重污染的行为得不到应有的刑事制裁"。[2]造成这一现象的原因主要有三个：第一，重大环境污染事故罪旨在规制突发性事故而忽略累积性事故，主张慢性的、长期的污染造成的人身或财产损失，应通过民事赔偿的途径解决，不宜通过追究刑事责任的办法解决[3]。第二，污染物范围过窄，且逻辑上不周延，能够对环境造成严重污染的不仅是有放射性的废物、含传染病病原体的废物、有毒物质或者其他危险废物，也并非只有危险废物才能严重污染环境，其他有害物质的排放、倾倒、处置也可能造成重大环境污染事故[4]，例

---

〔1〕　钱小平：《环境刑法立法的西方经验与中国借鉴》，载《政治与法律》2014 年第 3 期。

〔2〕　黄太云：《〈刑法修正案（八）〉解读（二）》，载《人民检察》2011 年第 7 期；黄太云：《刑法修正案解读全编——根据刑法修正案（八）全新阐释》，人民法院出版社 2011 年版，第 85 页。

〔3〕　最高人民检察院法律政策研究室编、陈国庆主编：《刑法司法解释及规范性文件适用精解》，中国人民公安大学出版社 2012 年版，第 818 页。

〔4〕　高铭暄：《中华人民共和国刑法的孕育诞生和发展完善》，北京大学出版社 2012 年版，第 562 页。

如随意堆积或倾倒生活垃圾、将外来生物物种放生于水库造成大量死亡,对于此类虽然不是危险废物但同样形成污染源的情形则没有规定[1],将污染物范围兜底条款最终限定在"危险废物"上,会不当地缩小本罪的适用范围;此外,"其他危险废物"作为"放射性的废物、含传染病病原体的废物、有毒物质"的兜底条款存在,前者的范围应当能够涵盖后三者,但我国对"危险废物"的界定依据在于《国家危险废物名录》,而"有毒物质"并不一定同时属于"危险废物",因此有观点认为原重大环境污染事故罪的规定在逻辑上无法自足。[2]第三,重大环境污染事故罪的构成要件规定,本罪的成立需要同时造成双重结果,但是从已经发生的一些重大环境污染事件来看,当地政府在第二重结果出现之前,采取紧急措施、花费大量人力物力,避免了人身伤亡或财产损失的严重后果发生,[3]由此不具备符合构成要件要求的事实,因而不成立重大环境污染事故罪。现实中,大量严重污染环境的案件多以行政处罚或民事赔偿的方式处理,在面对追求经济利益最大化与环境污染危险并存的局面时,企业甚至把环境污染行政罚款或民事赔偿的费用纳入正常的生产经营成本当中,在这种形势下,试图以惩罚性的法律手段控制环境污染以及由此造成的严重后果都是徒劳。因此,对于重大环境污染事故罪的立法目的,"学者普遍认为,立法者在划定环境犯罪圈时,只倾向于把造成死亡、人身伤害、财产损害等严重后果的破坏环境的行为入罪化,而对那些没有造成严重后果的环境破坏行为则一般不作为环境犯罪来处理,这就不可避免地使环境刑事立法有失严密,保护环境的最后一道屏障有失坚固"。[4]换言之,重大环境污染事故罪的立法是以保护人身、财产为目的,只要没有造成人身、财产严重损失的实害结果,即便污染行为使环境得到了严重破坏或存在造成

---

[1] 马明利:《刑法控制环境犯罪的障碍及立法调适》,载《中州学刊》2009年第3期。相似观点详见:冯军、宋伟卫:《全球性环境危机与中国重大环境污染事故罪的立法完善》,载《河北大学学报(哲学社会科学版)》2010年第2期;陈君:《论重大环境污染事故罪》,载《北京理工大学学报(社会科学版)》2004年第5期。

[2] 王炜:《〈刑法〉修改带来了什么?》,载《中国环境报》2011年3月4日。

[3] 黄太云:《〈刑法修正案(八)〉解读(二)》,载《人民检察》2011年第7期;黄太云:《刑法修正案解读全编——根据刑法修正案(八)全新阐释》,人民法院出版社2011年版,第85页;高铭暄:《中华人民共和国刑法的孕育诞生和发展完善》,北京大学出版社2012年版,第562页。

[4] 高铭暄、陈璐:《〈中华人民共和国刑法修正案(八)〉解读与思考》,中国人民大学出版社2011年版,第124页。

严重结果的紧迫危险，也不会被纳入刑法的保护范围之内，因而在重大环境污染事故罪低适用率与环境污染事故高发生率的矛盾中，通过修改立法降低入罪门槛势在必行。

第二节　刑事立法对污染环境罪的修正与适用难题

2011年《刑法修正案（八）》对《刑法》第338条进行了修改，扩大了污染物范围、减少了构成要件要求、降低了入罪门槛，从立法上实现了刑法保护的前置化，但同时也留下了需要进一步明确的核心问题——应如何解释"严重污染环境"。2020年《刑法修正案（十一）》再次对第338条进行了修改，在基本犯层面并未进行变动，对加重犯进行了修改和分层，并作出了更加细致的规定。经过两次刑法修正之后（修正内容对比见表1-1所示），对基本犯成立条件中"严重污染环境"的合理解释始终是本罪在学术理论和司法适用中要直面和解决的问题。

表 1-1　《刑法》第 338 条立法修改的历史对比

	1997年"重大环境污染事故罪"	2011年修正后的"污染环境罪"	2020年修正后的"污染环境罪"	法定刑
基本犯	违反国家规定，向土地、水体、大气排放、倾倒或者处置有放射性的废物、含传染病病原体的废物、有毒物质或者其他危险废物，造成重大环境污染事故，致使公私财产遭受重大损失或者人身伤亡的严重后果的	违反国家规定，排放、倾倒或者处置有放射性的废物、含传染病病原体的废物、有毒物质或者其他有害物质，严重污染环境的	违反国家规定，排放、倾倒或者处置有放射性的废物、含传染病病原体的废物、有毒物质或者其他有害物质，严重污染环境的	3年以下有期徒刑或拘役，并处或者单处罚金
加重犯	后果特别严重的（结果加重犯）	后果特别严重的（结果加重犯）	情节严重的（情节加重犯）	处3年以上7年以下有期徒刑，并处罚金

续表

	1997年"重大环境污染事故罪"	2011年修正后的"污染环境罪"	2020年修正后的"污染环境罪"	法定刑
特别加重犯			有4种法定情形之一的	处7年以上有期徒刑,并处罚金

一、污染环境罪刑法保护前置化的立法表现

(一) 污染物范围的扩大

1. 逻辑与实质层面的范围扩大

针对重大环境污染事故罪规定的污染物范围过窄且逻辑不周延的问题,污染环境罪将污染物范围从"有放射性的废物、含传染病病原体的废物、有毒物质或者其他危险废物"修改为"有放射性的废物、含传染病病原体的废物、有毒物质或者其他有害物质"。界定污染物范围的兜底条款从《国家危险废物名录》限定的"危险废物"变为更加广泛的"有害物质",从逻辑和实质上均明显扩大了污染物的范围。

具体而言,这一修改有两个方面的重要意义:第一,理顺了不同种类污染物之间的逻辑关系。如上所述,重大环境污染事故罪所规定的污染物种类中,"有毒物质"并不一定都是"危险废物",污染环境罪将作为兜底类型的"危险废物"改为"有害物质",从逻辑上使兜底类型能够包容前文所列举的所有污染物类型,虽然科学上通常按危害程度将化学品分为"剧毒""有毒"和"有害"三类,意味着"有毒"与"有害"是并列关系,"有害物质"并不包括"有毒物质",但刑法概念与科学概念并不必然一致,刑法意义上的"有害物质"应当具有更宽泛的解释范围,应理解为"对人身、环境有害的物质"。[1]第二,"有害物质"的范围明显大于原兜底条款"危险废物"的范围,此项修改从实质上增加了污染物的种类、扩大了污染物认定的范围。有观点明确指出:"此处的污染物不限于根据《固体废物污染环境防治法》制定的《国家危险废物名录》中所列举的废物,还需参照《控制危险废物越境转

---

[1] 王炜:《〈刑法〉修改带来了什么?》,载《中国环境报》2011年3月4日。

移及其处置巴塞尔公约》的附件并结合物质特性，来认定其是否属于污染物。所以，污染物既包括危险废物，也包括非危险废物；既包括工业废物，也包括生活垃圾；既包括固态、液态废物，也包括气态废物；既包括单一形态的废物，也包括混合形态的废物。"[1]在对"有害物质"进行判断时，既要参考上述各类法律、法规、文件的形式规定，同时也要增加对"有害物质"的实质判断。因此，以"有害物质"作为污染物范围的兜底条款，不仅在概念范围上包容了"有毒物质"和"危险废物"，解决了原本逻辑无法自足的问题，也在实质上扩大了符合构成要件要求的污染物范围。

然而，虽然刑法通过修改污染环境罪构成要件中的污染物类型，从污染物的认定范围上扩大了刑法保护的范围，但同时也招致了批评，有质疑的观点认为，"其他有害物质"的兜底性规定，导致污染环境的行为对象指向不明，由此使得污染环境罪的规制范围有"口袋化"的倾向，缺乏规范性的认定标准，司法机关拥有极大的自由裁量权。[2]但这一问题并非如上述观点所述般无标准可循，污染环境罪中所涉污染物种类这一构成要件要素所规定的"有放射性的废物、含传染病病原体的废物、有毒物质或者其他有害物质"均可通过已有的法律法规找到依据，亦即只有在有法律依据的范围内才可以认定相应的污染物符合污染环境罪构成要件要素，而非广义上的"污染物"均可以被视为污染环境罪的构成要件要素，这是坚持刑法罪刑法定原则与谦抑性原则的必然选择。

2. 污染物范围的具体展开

在刑事立法扩大污染物范围的基础上，结合已有的法律规定作为参考依据对其具体概念进行展开，可以为刑法规范列举的各类污染物提供相对明确的内涵与外延，同时更加清晰地反映出如何通过扩大污染物范围可以实现降低入罪门槛、加强刑法保护的目标。

具体而言，延续自重大环境污染事故罪的"有放射性的废物""含传染病病原体的废物""有毒物质"的范围，可分别参照现有的法律规定予以认定：

（1）"放射性废物"的范围。"放射性废物"的范围可参照2003年施行

---

[1] 李希慧、董文辉、李冠煜：《环境犯罪研究》，知识产权出版社2013年版，第189页。

[2] 参见李永升、袁汉兴：《污染环境罪的司法困境与出路——以生态和人类双重法益为中心》，载《湖北社会科学》2021年第1期。

的《放射性污染防治法》[1]第62条与2012年施行的《放射性废物安全管理条例》第2条规定予以认定，即放射性废物是指含有放射性核素或者被放射性核素污染，其浓度或者比活度大于国家确定的清洁解控水平，预期不再使用的废弃物。2018年施行的《核安全法》第2条第4款沿用了相同的定义，只是增加了"核设施运行、退役产生的"限定语。对于放射性废物的具体分类与认定，由环境保护部、工业和信息化部、国家国防科技工业局在2018年施行的《放射性废物分类》中详细规定。

（2）"含传染病病原体的废物"的范围。"含传染病病原体的废物"的范围可参照2013年《传染病防治法》[2]第3条对传染病种类的规定予以认定，如含有甲类传染病鼠疫、霍乱病原体的废物，或含有传染性非典型肺炎、艾滋病、病毒性肝炎等乙类传染病病原体的废物，或含有流感、麻风病、黑热病等丙类传染病病原体的废物，以及国务院卫生行政部门根据传染病暴发、流行情况和危害程度，决定增加、减少或者调整并公布的含有乙类、丙类传染病病种病原体的废物。需要注意的是，2020年10月2日，国家卫健委发布《传染病防治法》修订征求意见稿中明确提出甲乙丙三类传染病的特征，乙类传染病新增人感染H7N9禽流感和新型冠状病毒两种。

（3）"有毒物质"的范围。"有毒物质"的范围可参照《水污染防治法》[3]第102条第2项规定的"有毒污染物，是指那些直接或者间接被生物摄入体内后，可能导致该生物或者其后代发病、行为反常、遗传异变、生理机能失常、机体变形或者死亡的污染物"予以认定。

在已有法律规范的基础上，2013年司法解释第10条规定的"有毒物质"有五类："（一）危险废物，包括列入国家危险废物名录的废物，以及根据国家规定的危险废物鉴别标准和鉴别方法认定的具有危险特性的废物；（二）剧毒化学品、列入重点环境管理危险化学品名录的化学品，以及含有上述化学

---

[1]《放射性污染防治法》由中华人民共和国第十届全国人民代表大会常务委员会第3次会议于2003年6月28日通过，自2003年10月1日起施行。

[2]《传染病防治法》于1989年首次施行，分别于2004年8月28日、2013年6月29日分别进行了修正，对具体传染病的分类情况有所增减和调整。现行有效的为2013年6月29日施行的《传染病防治法》。

[3]《水污染防治法》于1984年首次施行，分别于1996年5月15日、2008年2月28日、2017年6月27日进行了修正。现行有效的为2017年6月27日"有毒污染物"的概念均未发生变化。

品的物质；（三）含有铅、汞、镉、铬等重金属的物质；（四）《关于持久性有机污染物的斯德哥尔摩公约》附件所列物质；（五）其他具有毒性，可能污染环境的物质。"而2016年司法解释第15条进行了部分调整，将2013年司法解释中第3项修改为"含重金属的污染物"，删除了对具体重金属类型的列举，删除了第2项"剧毒化学品、列入重点环境管理危险化学品名录的化学品，以及含有上述化学品的物质"的规定，保留了"其他具有毒性，可能污染环境的物质"作为兜底条款，通过删除列举和依据的方式扩大了"有毒物质"的规定范围。其中"危险废物"的范围也是参照《固体废物污染环境防治法》[1]第124条规定提出的认定标准。

2023年司法解释第17条对"有毒物质"的范围再次进行了修改，包括："（一）危险废物，是指列入国家危险废物名录，或者根据国家规定的危险废物鉴别标准和鉴别方法认定的，具有危险特性的固体废物；（二）《关于持久性有机污染物的斯德哥尔摩公约》附件所列物质；（三）重金属含量超过国家或者地方污染物排放标准的污染物；（四）其他具有毒性，可能污染环境的物质。"对2016年司法解释第一项中"危险废物"的定义进行了调整，并对第三项中"含重金属的污染物"范围进行了定量限缩，在一定程度上起到了限制入罪的效果。

其中需要特别注意的是对"危险废物"认定标准的修改。2020年修订的《固体废物污染环境防治法》第75条第1款规定了"国务院生态环境主管部门应当会同国务院有关部门制定国家危险废物名录，规定统一的危险废物鉴别标准、鉴别方法、识别标志和鉴别单位管理要求"并特别提出"国家危险废物名录应当动态调整"。随之修订出台的《国家危险废物名录》（2021年版）第2条规定以下两类被收录为危险废物的固体废物（包括液态废物）：第一类为具有毒性、腐蚀性、易燃性、反应性或者感染性一种或者几种危险特性的；第二类为不排除具有危险特性，可能对生态环境或者人体健康造成有害影响，需要按照危险废物进行管理的。同时固定了危险特性判断的几个指标：对生态环境和人体健康具有有害影响的毒性（Toxicity，T）、腐蚀性（Corrosivity，C）、易燃性（Ignitability，I）、反应性（Reactivity，R）和感染性

---

[1]《固体废物污染环境防治法》于1995年首次施行，分别于2004年12月29日、2013年6月29日、2015年4月24日、2016年11月7日、2020年4月29日进行了修正。"危险废物"的概念均未发生变化。

(Infectivity, In)，规定对不明确是否具有危险特性的固体废物，应当按照国家规定的危险废物鉴别标准和鉴别方法予以认定，经鉴别具有危险特性的，属于危险废物。

2023年5月29日，最高人民检察院、公安部、生态环境部发布了7件依法严惩危险废物污染环境犯罪典型案例，其中收录的"北京市密云区夏某江等5人洗洞污染环境案"便涉及对危险废物的认定。本案中，被告人夏某江在北京市密云区打工期间，得知有一处废弃黄金矿洞，因北京市自2003年起禁止开采金矿已废弃多年。为牟利，夏某江联系熟悉采矿行业的被告人王某商议，由夏某江负责联系熟悉当地情况的被告人金某平，为在该废矿洞内非法采金提供便利；由王某联系出资人和现场实施负责人，共同利用该矿洞非法开采金矿牟利。后王某找到被告人李某路出资购买采矿所需设备以及物品，找到被告人陈某富作为现场负责人组织工人实施采金行为。2020年7月至8月间，夏某江、王某、金某平、李某路、陈某富5人就合作方式、出资数额、收益比例达成一致，后组织工人借助矿洞内地势特点修建多个蓄水池，使用主要成分为有机氰化物的黄金选矿剂、氢氧化钠等物质的溶液，喷淋到矿洞岩壁和底部碎石中非法采金（俗称"洗洞"）。整个过程未采取任何防护措施和废水、废渣收集处置程序，致使洗洞废水直接排入山体裂隙和矿洞底部土壤中。经检测，该洗矿废水中含总氰化物。夏某江、王某等人的洗洞作业行为，严重污染山体裂隙和矿洞底部土壤。

本案的争议焦点即为矿洞废渣能否认定为国家危险废物名录中的危险废物、废液是否属于有毒物质。经取样检测，该废水具有水生生物毒性，急性类别为Ⅰ，属于有毒物质。虽然行为人使用的是有机氰化物选矿剂，较之无机氰化物选矿剂毒性降低、稳定性更好，但二者化学反应原理基本一致，该废液冲洗过后形成的废渣属于《国家危险废物名录（2021年版）》HW33项的危险废物。由此密云区生态环境局认定夏某江、王某等人涉嫌构成污染环境罪并移送公安机关，区公安分局于2021年1月13日立案侦查。后由北京市密云区人民法院以犯污染环境罪，分别判处被告人夏某江、王某、金某平、李某路、陈某富有期徒刑1年5个月至8个月不等，分别并处罚金2万元至1万元不等。

（4）"有害物质"的范围。污染物的兜底类型"有害物质"虽然扩大了污染物范围、解决了逻辑不周延的问题，但同时也由于过于宽泛，现行法律规范和司法解释均未明确提及"有害物质"的定义，使得对其范围的界定缺

第一章 污染环境罪的刑法保护前置化历程与扩大解释的必要性分析

少标准和依据。

有观点认为"有害物质"是一个生活中的概念，基于生活常识就可以对某物有害或无害作出大致判断：包括生活垃圾在内的一切对人体健康或者其他生物的机能产生不良影响的普通废物和危险废物，都可以被称为有害物质。[1]一些本身无害的东西，直接在环境中排放、倾倒、处置，如将大量牛奶倒入河流，也会对环境造成危害，也可以认定为有害物质。[2]因此，对"有害物质"的界定与"有毒物质"不同，有害物质的范围更多地取决于其对环境产生的不利影响，而非其本身是否有法律和规范上的有害性规定，对"有害物质"的界定更侧重于对其所产生效果的实质判断。具体而言，有害物质在形态上包括以废气、废水、污水、废渣等多种存在形态的污染物；"其他有害物质"包括其他列入国家危险废物名录或者根据国家规定的危险废物鉴别标准和鉴别方法认定的具有危险特性的废物，同时还包括除上述危险废物以外的其他普通污染物。[3]在相当长的一段时间内，规范性文件中一直缺少关于"有害物质"的定义或可参考依据，有害物质的范围呈现出可以无序扩大解释的状态，因而成为学界和实践中诟病污染环境罪中污染物范围有"口袋化"倾向的理由之一。

2019年《最高人民法院、最高人民检察院、公安部、司法部、生态环境部关于办理环境污染刑事案件有关问题座谈会纪要》（以下简称"2019年纪要"）对这一问题提出了有效的回应并为司法实践提供了指引，2019年纪要指出："实践中，常见的有害物质主要有：工业危险废物以外的其他工业固体废物；未经处理的生活垃圾；有害大气污染物、受控消耗臭氧层物质和有害水污染物；在利用和处置过程中必然产生有毒有害物质的其他物质；国务院生态环境保护主管部门会同国务院卫生主管部门公布的有毒有害污染物名录中的有关物质等。"为确定"有害物质"的范围提供了可参考的依据，为污染环境罪中污染物种类这一构成要件要素划定了界限，在实现刑法保护范围扩

---

[1] 张军主编：《〈刑法修正案（八）〉条文及配套司法解释理解与适用》，人民法院出版社2011年版，第323页。

[2] 周加海、喻海松：《严刑峻法重实效——〈关于办理环境污染刑事案件适用法律若干问题的解释〉的理解与适用》，载《中国环境报》2013年7月9日。

[3] 黄太云：《〈刑法修正案（八）〉解读（二）》，载《人民检察》2011年第7期；李希慧、董文辉：《重大环境污染事故罪的立法修改研究》，载《法学杂志》2011年第9期。

大的同时,也为其设定了边界。但不得不承认的是,刑法分则对于污染环境罪的罪状描述与现有的污染环境罪司法解释依然没有对作为兜底要素的"其他有害物质"作出明确规定,上述纪要既非法律亦非司法解释,并没有完全实现刑法构成要件表达的明确性目标,需要通过司法解释进一步加以完善。

(二) 构成要件结果要素要求的降低

重大环境污染事故罪构成要件的结果要素要求"造成重大环境污染事故,致使公私财产遭受重大损失或者人身伤亡的严重后果",是典型的结果犯,且犯罪成立需要同时具备上述双重结果才具有构成要件符合性。污染环境罪将双重结果要素修改为"严重污染环境的"单一结果要素后,意味着不再需要第二重"公私财产遭受重大损失或者人身伤亡的严重后果"出现,只要符合"严重污染环境"的标准即可构成本罪。[1]

这种对结果要素要求的降低,"显然扩大了所处罚的危害行为范围,即可以对一些不属于重大环境污染事故但具有累积性的污染行为进行处罚;扩大了污染环境后果的范围,即对于一些虽然没有造成重大环境污染事故但危害严重的行为也可以予以处罚"。[2]从污染环境罪构成要件的表述逻辑来看,通过降低对构成要件结果要素的要求,完全实现了降低入罪门槛的目标;从规范所反映的经验事实来看,通过对第二重结果的排除,将原本旨在规制对人身、财产造成实害结果的刑法保护阶段前置到尚未对人身、财产造成实害的阶段,是刑法保护前置化在前实定法的经验事实层面的体现。

但由于 2011 年《刑法修正案(八)》在降低入罪门槛时并没有考虑如果造成了公私财产重大损失或者人身伤亡严重后果时,是否应作为加重结果与基本犯结果进行区分,因此当时很多观点将"严重污染环境"解读为"既包括发生了造成财产损失或者人身伤亡的重大环境污染事故,也包括虽未造成重大环境污染事故,但长期违反国家规定,超标准排放、倾倒、处置有害物质,已使环境受到严重污染或破坏的情形"。[3]换言之,《刑法》修正时没有

---

[1] 张军主编:《〈刑法修正案(八)〉条文及配套司法解释理解与适用》,人民法院出版社 2011 年版,第 323 页。

[2] 赵秉志主编:《刑法修正案(八)理解与适用》,中国法制出版社 2011 年版,第 403 页。

[3] 黄太云:《〈刑法修正案(八)〉解读(二)》,载《人民检察》2011 年第 7 期;黄太云:《刑法修正案解读全编——根据刑法修正案(八)全新阐释》,人民法院出版社 2011 年版,第 87 页;王尚新主编:《最新〈中华人民共和国刑法〉释解与适用》,人民出版社 2011 年版,第 520 页;王爱立主编:《中华人民共和国刑法解读》,中国法制出版社 2018 年版,第 835 页。

对符合重大环境污染事故罪构成要件的结果与污染环境罪前置化的保护内容进行区分,原来成立重大环境污染事故罪的情形现在也成立污染环境罪,这意味着刑法的修正逻辑只考虑纯粹通过降低入罪门槛的方式扩大污染环境罪的保护范围,而没有考虑到对结果严重程度进行情节和刑罚上的分层。从而反映出,污染环境罪通过降低构成要件结果要素要求所完成的刑法保护前置化进程中隐含着一个没有慎重考量的问题:降低入罪门槛的同时,仍在基本犯的成立条件里实质保留了双重结果中的第二重结果,然而在污染环境罪降低入罪门槛、实现刑法保护前置化的背景下,本罪的基本犯是否还能够包括重大环境污染事故罪?或者从罪责刑相适应的角度出发,符合重大环境污染事故罪结果要素的情形是否应当被认定为污染环境罪的结果加重犯?这是2011年《刑法》修正时没有考虑周全的问题,在污染环境罪的具体适用中逐渐暴露出其弊端和不利影响。

二、污染环境罪面临的实践难题:"严重污染环境"的解释困境

通过扩大污染物范围、降低构成要件结果要素要求的污染环境罪虽然在逻辑和实质上都实现了入罪门槛的降低,但在与司法实践接轨时,却出现了"严重污染环境"难以认定的尴尬局面。

原因在于,作为污染环境罪结果要素的"严重污染环境"在概念上看似清晰,但实则缺少明确的定义,在实践中又缺少客观的认定标准。就"严重污染环境"这一语词本身进行平义解释似乎很好理解,即环境遭到了严重污染,但环境的特殊性在于其本身就具有一定的污染容纳力与自我修复能力,当污染物进入环境之后,并不一定会导致环境被污染的结果,且环境被污染是一个结果,需要对污染行为导致的结果进行定性,而这一定性的过程无法通过平义解释得出,因此"严重污染环境"是一个缺少明确定义的概念,即明确性不足的"规范的构成要件要素"。从司法实践的角度来看,环境是否遭到严重污染,是一个需要相关技术部门进行环境质量检测才能够得出的结论,而环境的自净性和流动性等特点以及环境损害鉴定的专业性和复杂性使得这一结果并不那么容易被证明。此外,环境污染案件事实的特殊性又导致对行为与结果之间因果关系的证明困难重重。换言之,污染环境罪的结果要素"严重污染环境"与重大环境污染事故罪的结果要素"造成重大环境污染事故,致使公私财产遭受重大损失或者人身伤亡的严重后果"相比,后者具有

更加直观、客观的结果判断依据和易于证明的因果关系，但前者在结果的认定与因果关系的证明两方面，均存在不小的现实难题，在此情况下对于行为人主观罪过的证明更为艰难，因此导致污染环境罪的司法适用同时面临着理论基础不足、刑法解释方法与解释范围不清、构成要件明确性欠缺等重重困境。

（一）语义学的解释困境

我国当前立法没有就"污染"给出明确的定义。1974年经济合作与发展组织（OECD）的一份建议书认为，"环境污染"是指"被人们利用的物质或者能量直接或间接地进入环境，导致对自然的有害影响，以至于危及人类健康、危害生命资源和生态系统，以及损害或者妨害舒适和环境的其他合法用途"。[1]其中描述后果的"有害影响""危及……危害……损害……妨害"等词语均不具备客观判断标准，需要进一步的价值判断才能确定其内涵。而从语法上看，"严重污染环境"由"严重"和"污染环境"两个词语组成，"污染环境"表示"环境被污染了"这一结果，"严重"表示"环境被污染"的程度严重[2]。因此，从语法上定义"严重污染环境"需要同时考虑对"严重"与"污染"这两个词语的价值判断。

通说对"污染环境"在语义上的定义为，"污染环境"是指人类"向环境排放超过其自净能力的物质或者能量，从而使环境质量降低的现象"。[3]因此"严重污染环境"应定义为：人类向环境排放超过其自净能力的物质或者能量，从而使环境质量严重降低的现象。然而，这一定义在两个关键问题上缺少具有实践性的客观标准：其一，环境的自净能力缺少客观衡量标准；其二，更重要的是，环境质量降低的程度缺少客观衡量标准。第一个客观标准的缺失直接导致了污染物种类难以界定、排放形式与排放频率会否影响环境自净能力无法判断两大问题：如果不能对环境的自净能力进行衡量，那么也无法对排放何种污染物是否超过环境自净能力进行衡量；如果不能确定排放形式与排放频率是否超过环境自净能力的范围，那么也无法界定以小频率、低浓度排放某些污染物是否会导致环境污染。因此，从语义上对"严重污染环境"的概念进行定义虽然是可行的，但该定义或许只是象征性的，其在实

---

[1] 转引自汪劲：《中国环境法原理》，北京大学出版社2000年版，第123页。

[2] 苏永生：《刑法解释的限度到底是什么——由一个司法解释引发的思考》，载《河南大学学报（社会科学版）》2014年第1期。

[3] 赵秉志主编：《刑法修正案（八）理解与适用》，中国法制出版社2011年版，第407页。

践中的价值仍旧存疑。

（二）规范的构成要件要素的解释困境

从构成要件要素的性质来看，构成要件本身虽然是违法类型，但它并不穷尽具体的经验性材料，而是对经验性材料有所选择，抓住重要的和有特点的社会事实，对无关紧要的细微差别忽略不计。[1]"严重污染环境"是一项规范的构成要件要素，规范的构成要件要素使犯罪类型具有开放性，它虽然有一个固定的核心，但没有固定的界限。[2]理解规范的构成要件要素以及判断事实是否符合规范的要素，需要以一定的规范作为逻辑前提，而作为逻辑前提的"规范"并非仅包括法律规范，还可能是文化规范、经验规范等依附于社会乃至个人的规范存在。根据张明楷教授对规范的构成要件要素的三种分类[3]，由于"严重污染环境"是一个伴随着事实判断且缺少法律法规及相应客观标准的概念，属于规范的构成要件要素中经验法则的评价要素，这类规范的构成要件要素，需要以一定的事实为根据，同时以生活经验、因果法则为标准做出评价[4]，不可避免地需要进行价值判断。而对于"严重污染环境"的判断来说，又与社会治理理念、刑事政策导向、公众认知程度密切相关。但如果构成要件要素的表述过于抽象，则会使得作为小前提的事实与作为大前提的规范无法进行对应，规范所呈现出的抽象构成要件类型与具体案件事实之间难以完成一致性判断，若放任这一概念的模糊性，就会造成对案件事实进行规范评价时的无所适从，乃至在不同的立法理念、司法理念指导下对同一事实是否具有构成要件符合性得出截然不同的结论。

鉴于"严重污染环境"概念本身的局限性，实际上根本无法直接经由对刑法规范的语义分析得到解释。就方法论而言，无法解释"严重污染环境"的原因在于概念思维的局限性，概念思维回答的是"是与否"的问题，但

---

[1] 张明楷：《犯罪构成体系与构成要件要素》，北京大学出版社2010年版，第202页；张明楷：《规范的构成要件要素》，载《法学研究》2007年第6期。

[2] 张明楷：《犯罪构成体系与构成要件要素》，北京大学出版社2010年版，第202页；张明楷：《规范的构成要件要素》，载《法学研究》2007年第6期。

[3] 即法律的评价要素、经验法则的评价要素、社会的评价要素。参见张明楷：《犯罪构成体系与构成要件要素》，北京大学出版社2010年版，第197~198页；张明楷：《规范的构成要件要素》，载《法学研究》2007年第6期。

[4] 张明楷：《犯罪构成体系与构成要件要素》，北京大学出版社2010年版，第197页；张明楷：《规范的构成要件要素》，载《法学研究》2007年第6期。

"严重污染环境"作为需要借助经验判断与价值衡量的规范构成要件要素,本身就没有"是与否"的封闭性答案,而只有"或多或少"的模糊性界限,原本就不是一个能够被定义的"概念",而只能通过更为灵活的类型思维为其设定可供参考的类型。有学者在司法解释出台之前提出了具有可操作性的建议,"环境污染的确定是一个比较复杂和困难的过程。可以按照数据测定的方式,如下两种情况均属于严重污染环境的情形:(1)严重超出 GBZ1-2002 版的《工业企业设计卫生标准》所规定的数据范围。(2)严重超出《工业"三废"排放试行标准》(GBJ4-73)、《大气环境质量标准》(GB3095-82)、《水泥工业污染物排放标准》(GB4915-1985)、《钢铁工业污染物排放标准》(GB4911-4913-1985)等国家或者行业标准所规定的数据范围。"[1]但是,这也只是一项关于标准的建议,论者也理性地指出"至于何为'严重超出'国家或者行业标准,可以由最高司法机关商定有关环境部门来确定"。[2]事实上,结果要素内涵与外延的不明确问题在重大环境污染事故罪中也同样存在,其结果要素最终也是经由司法解释得到了进一步的明确——2006 年司法解释列举了可分别认定为"公私财产遭受重大损失""人身伤亡的严重后果"或者"严重危害人体健康""后果特别严重"的情形,上述列举的内容也被延续到 2013 年司法解释与 2016 年司法解释当中,虽然在一定程度上缓解了重大环境污染事故罪与污染环境罪的司法适用难题,但是依然不能解决"严重污染环境"作为规范的构成要件要素面临的解释困境。

(三)对结果要素所持主观罪过的解释困境

虽然在重大环境污染事故罪时期,本罪的主观罪过形式就存在不同的立场之争,但"过失说"作为通说,得到了普遍认可。其理由主要可以概括为两个方面:第一,分则条文中"发生……事故"之类的罪状表述通常可以表明该犯罪属于"法律有规定"的过失犯罪[3],而重大环境污染事故罪作为事故类犯罪,分则条文在描述罪状时使用了"发生重大环境污染事故"的表述,属于"法律有规定"的情形,因此本罪的主观方面应当认定为过失。第二,重大环境污染事故罪基本犯的法定刑为 3 年以下有期徒刑或拘役,法定

---

[1] 赵秉志主编:《刑法修正案(八)理解与适用》,中国法制出版社 2011 年版,第 407 页。
[2] 赵秉志主编:《刑法修正案(八)理解与适用》,中国法制出版社 2011 年版,第 407~408 页。
[3] 张明楷:《罪过形式的确定——刑法第 15 条第 2 款"法律有规定"的含义》,载《法学研究》2006 年第 3 期;张明楷:《刑法学》,法律出版社 2021 年版,第 369 页。

刑较轻，与其他过失类犯罪的法定刑幅度一致。〔1〕即通过比对过失犯罪的罪状表述与法定刑，从而认为重大环境污染事故罪属于过失犯罪。

然而，《刑法修正案（八）》将第338条修改为污染环境罪之后，"造成重大环境污染事故"这一结果要素表述的删除意味着支持"过失说"的第一个最直接、最重要的理由不复存在，继续以过失作为污染环境罪的主观罪过形式缺少足够的合理性。但也有观点以"过失说"的第二项理由，即"本罪的法定刑没有改变，且法定刑较低，符合过失犯罪的法定刑范围"〔2〕，坚持污染环境罪的主观罪过仍为过失。但不可否认的是，污染环境罪相对于重大环境污染事故罪而言，实现了入罪门槛的降低，在严密法网的同时使用轻缓的法定刑也是常见的刑事立法技术之一，所以仅靠法定刑没有改变这一项理由，无法证明污染环境罪为过失犯罪。

在污染环境罪的主观罪过立场之争中，最高人民法院最初持"过失说"立场，认为"一般而言，行为人对污染行为的性质是有明确认识的，只是因为没有预见或轻信能够避免严重污染后果的发生，才成立本罪；如果行为人对严重污染后果的发生持希望或放任心态，则应按照相应的故意犯罪论处"〔3〕，例如投放危险物质罪、以危险方法危害公共安全罪等故意犯罪。由此，伴随着主观罪过的解释难题而来的，是本罪与投放危险物质罪、过失投放危险物质罪或以危险方法危害公共安全罪、过失以危险方法危害公共安全罪之间的关系。主张污染环境罪主观罪过为故意的观点，往往认为过失造成严重环境污染的行为可以按过失投放危险物质罪论处；而主张污染环境罪主观罪过为过失的观点，又认为故意造成严重环境污染的行为可以按投放危险物质罪论处。这两种观点虽然立场不同，但相同点都是将污染环境罪与侵害公共安全法益的以危险方法危害公共安全罪或投放危险物质罪相提并论，但是如果如此简单地将污染环境罪的主观罪过问题转化为污染环境罪与危害公共安全犯罪之间的竞合关系，那么"故意说"需要进一步回答污染环境罪与投放危险物质罪之间的关系，"过失说"也需要回答污染环境罪与过失投放危险物质之间的关

---

〔1〕 王作富主编：《刑法分则实务研究》，中国方正出版社2007年版，第1567页。

〔2〕 赵秉志主编：《刑法修正案（八）理解与适用》，中国法制出版社2011年版，第405页；王志祥主编：《〈刑法修正案（八）〉解读与评析》，中国人民公安大学出版社2012年版，第457页。

〔3〕 张军主编：《〈刑法修正案（八）〉条文及配套司法解释理解与适用》，人民法院出版社2011年版，第322页。

系，无疑又陷入新一轮的互相诘责当中。

而随着污染环境罪的司法适用逐渐增加，司法机关的立场似乎也出现了变化，2016年12月26日最高人民法院公布的环境污染犯罪典型案例中明确对多起案件以共同犯罪认定；2019年2月20日五部门联合发布的环境污染犯罪典型案例之"上海云瀛复合材料有限公司及被告人贡某国等3人污染环境案"中，司法机关认为行为人"放任对环境造成危害"；2019年纪要也在主观罪过的认定问题上明确使用了"故意"的表述，表明司法机关的主观罪过立场逐渐转向对"故意说"的支持。

在司法实践中，大量案件事实反映出，行为人通常故意实施排放、倾倒、处置污染物的行为，但是对于严重污染环境结果的心态可能多样，既可能是故意追求污染环境的结果，也可能是放任污染结果的发生，还可能是基于过于自信的过失或疏忽大意的过失导致污染结果发生，其中还存在故意与过失难以区分的"轻率"心态。这些实践性问题并非只存在于污染环境罪中，诸多具有双重结果的法定犯也一直存在此类争议，例如滥用职权罪与玩忽职守罪就一直面临着是故意犯罪还是过失犯罪的争论。以滥用职权罪为例，行为人为给第三人牟利，利用职务之便将公开招标的项目施工权交予第三人，第三人在施工中掺杂掺假导致施工质量不过关，由此给国家、集体造成了严重的经济损失乃至造成人员伤亡。在这类案件中，行为人通常对滥用职权是故意，但对其滥用职权之后，第三人会实施何种行为以及行为可能导致的间接结果并不存在明确的认识，此时如果认为本罪是故意犯罪，就要求行为人在滥用职权时就要认识且追求或放任最终结果的出现，如果只要求行为人对结果有认识义务但没有履行结果避免义务，则滥用职权罪就只是过失犯罪。

综上，由于刑法规范本身对主观罪过缺少明确规定和区分，司法实践中又存在多种复杂情形，导致污染环境罪的主观罪过也不可避免地处于解释困境之中。

第三节 司法解释[1]对解释"严重污染环境"作出的努力与引发的争议

刑法规范的抽象性和案件事实的具体性之间的矛盾是无法彻底解决的,要把一般的刑法规定适用于具体的法律实践,往往就需要对法律规范作出必要的解释,即法律解释有其存在的必然性。[2]即便刑法规范可以在目前的基础上进一步将罪状进行细化和明确,相对于丰富多样的案件事实而言,规范的表述也永远是抽象的,期望将法律条文直接适用于每一个案件并不现实,为更好地连接作为刑法规范的大前提与作为小前提的具体事实,采用恰当的方式对构成要件要素进行刑法解释才是更为符合实际的方法。司法实践中,刑法中大量的抽象规范或构成要件要素都需要通过解释才能适用于具体的案件事实,作为有权解释的立法解释与司法解释为司法实践中案件的适用提供了比刑法规范更具体详明的引导,使抽象规范具有更便捷的可适用性,且司法解释的主体为最高人民法院和最高人民检察院,各级司法机关在同一套司法解释的引导下,能够在提高司法效率的同时,保证域内刑法规范适用的一致性。

对于"严重污染环境"面临的解释困境,司法解释通过调查研究与对大量案件事实的总结,为"严重污染环境"的司法认定提供了具有实践性的参考。

一、旧司法解释对"严重污染环境"的类型化列举

在重大环境污染事故罪中,作为构成要件结果要素之一的"公私财产遭受重大损失或者人身伤亡的严重后果"在 2006 年之前也缺少认定标准,2006年司法解释专门针对"公私财产遭受重大损失""人身伤亡的严重后果""严重危害人体健康"以及"后果特别严重"的具体类型进行了列举。而污染环境罪构成要件结果要素将"公私财产遭受重大损失或者人身伤亡的严重后果"改为"严重污染环境"后,导致不能当然地沿用 2006 年司法解释的规定,于是 2013 年司法解释专门列举了 14 种符合"严重污染环境"的类型,2016 年

---

[1] 鉴于 2013 年与 2016 年司法解释已经失效,下文在共同提及时统一简称为"旧司法解释"。
[2] 赵秉志、陈志军:《论越权刑法解释》,载《法学家》2004 年第 2 期。

司法解释在 2013 年司法解释的基础上进行了增加和调整，修订后的司法解释列举了 18 种符合"严重污染环境"的类型（具体对比见表 1-2 所示）。从中可以看出，原重大环境污染事故罪的"公私财产遭受重大损失或者人身伤亡的严重后果"也被归入污染环境罪"严重污染环境"结果要素的成立范围之内，这意味着污染环境罪的基本犯中仍保留了重大环境污染事故罪的构成要件结果，"严重污染环境"的结果要素设定不仅降低了入罪门槛，同时也是在保留重大环境污染事故罪的基础上进行的范围扩张。

表 1-2　2016 年、2013 年、2006 年司法解释分别对"严重污染环境"与的具体列举对比

2016 年司法解释 （已失效）	2013 年司法解释 （已失效）	2006 年司法解释 （已失效）
"严重污染环境"	"严重污染环境"	
（一）在饮用水水源一级保护区、自然保护区核心区排放、倾倒、处置有放射性的废物、含传染病病原体的废物、有毒物质的	（一）在饮用水水源一级保护区、自然保护区核心区排放、倾倒、处置有放射性的废物、含传染病病原体的废物、有毒物质的	
（二）非法排放、倾倒、处置危险废物 3 吨以上的	（二）非法排放、倾倒、处置危险废物 3 吨以上的	
（三）排放、倾倒、处置含铅、汞、镉、铬、砷、铊、锑的污染物，超过国家或者地方污染物排放标准 3 倍以上的； （四）排放、倾倒、处置含镍、铜、锌、银、钒、锰、钴的污染物，超过国家或者地方污染物排放标准 10 倍以上的	（三）非法排放含重金属、持久性有机污染物等严重危害环境、损害人体健康的污染物超过国家污染物排放标准或者省、自治区、直辖市人民政府根据法律授权制定的污染物排放标准 3 倍以上的	
（五）通过暗管、渗井、渗坑、裂隙、溶洞、灌注等逃避监管的方式排放、倾倒、处置有放射性的废物、含传染病病原体的废物、有毒物质的	（四）私设暗管或者利用渗井、渗坑、裂隙、溶洞等排放、倾倒、处置有放射性的废物、含传染病病原体的废物、有毒物质的	

第一章 污染环境罪的刑法保护前置化历程与扩大解释的必要性分析

续表

2016年司法解释（已失效）	2013年司法解释（已失效）	2006年司法解释（已失效）
（六）2年内曾因违反国家规定，排放、倾倒、处置有放射性的废物、含传染病病原体的废物、有毒物质受过2次以上行政处罚，又实施前列行为的	（五）2年内曾因违反国家规定，排放、倾倒、处置有放射性的废物、含传染病病原体的废物、有毒物质受过2次以上行政处罚，又实施前列行为的	
（七）重点排污单位篡改、伪造自动监测数据或者干扰自动监测设施，排放化学需氧量、氨氮、二氧化硫、氮氧化物等污染物的 （八）违法减少防治污染设施运行支出100万元以上的 （十）造成生态环境严重损害的		
（十一）致使乡镇以上集中式饮用水水源取水中断12小时以上的	（六）致使乡镇以上集中式饮用水水源取水中断12小时以上的	
（十二）致使基本农田、防护林地、特种用途林地5亩以上，其他农用地10亩以上，其他土地20亩以上基本功能丧失或者遭受永久性破坏的	（七）致使基本农田、防护林地、特种用途林地5亩以上，其他农用地10亩以上，其他土地20亩以上基本功能丧失或者遭受永久性破坏的	"公私财产遭受重大损失"：（二）致使基本农田、防护林地、特种用途林地5亩以上，其他农用地10亩以上，其他土地20亩以上基本功能丧失或者遭受永久性破坏的
（十三）致使森林或者其他林木死亡50立方米以上，或者幼树死亡2500株以上的	（八）致使森林或者其他林木死亡50立方米以上，或者幼树死亡2500株以上的	"公私财产遭受重大损失"：（三）致使森林或者其他林木死亡50立方米以上，或者幼树死亡2500株以上的
（九）违法所得或者致使公私财产损失30万元以上的	（九）致使公私财产损失30万元以上的	"公私财产遭受重大损失"：（一）致使公私财产损失30万元以上的

续表

2016年司法解释（已失效）	2013年司法解释（已失效）	2006年司法解释（已失效）
（十四）致使疏散、转移群众5000人以上的	（十）致使疏散、转移群众5000人以上的	"人身伤亡的严重后果"或者"严重危害人体健康"：（二）致使传染病发生、流行或者人员中毒达到《国家突发公共卫生事件应急预案》中突发公共卫生事件分级Ⅲ级情形，严重危害人体健康的
（十五）致使30人以上中毒的	（十一）致使30人以上中毒的	
（十六）致使3人以上轻伤、轻度残疾或者器官组织损伤导致一般功能障碍的	（十二）致使3人以上轻伤、轻度残疾或者器官组织损伤导致一般功能障碍的	"人身伤亡的严重后果"或者"严重危害人体健康"：（一）致使1人以上死亡、3人以上重伤、10人以上轻伤，或者1人以上重伤并且5人以上轻伤的
（十七）致使1人以上重伤、中度残疾或者器官组织损伤导致严重功能障碍的	（十三）致使1人以上重伤、中度残疾或者器官组织损伤导致严重功能障碍的	
（十八）其他严重污染环境的情形	（十四）其他严重污染环境的情形	"人身伤亡的严重后果"或者"严重危害人体健康"：（三）其他致使"人身伤亡的严重后果"或者"严重危害人体健康"的情形

结合2011年《刑法修正案（八）》对构成要件的修正与司法解释对符合"严重污染环境"类型的列举，可以发现二者的分工为：刑事立法通过扩大污染物范围、增加排污方式、降低构成要件结果要素要求，实现了污染环境罪入罪门槛的降低；司法解释对降低后的"严重污染环境"结果要素进行具体类型的列举，使这一"门槛"进一步清晰，为司法实践提供认定依据，二者在降低入罪门槛、扩大处罚范围的理念上是一致的。但刑法规范并未对进一步造成第二重结果"公私财产遭受重大损失或者人身伤亡的严重后果"作出结果加重犯的规定，2013年司法解释将2006年司法解释对"公私财产遭受重大损失""人身伤亡的严重后果""严重危害人体健康"的情形保留在"严重污染环境"的成立范围内，同样也没有考虑刑法修正之后的基本结果与加重

结果区分的问题，导致符合原重大环境污染事故罪成立条件的"重结果"也可以被纳入污染环境罪"严重污染环境"这一"基本结果"的保护范围内。在这一问题上，刑法规范与司法解释也保持了理念上的一致，尽管这种一致并不合理，反映出目前刑法规范与司法解释共同存在的疏漏。严格来说，2013年司法解释对2006年司法解释保留的部分，并非刑法保护前置化的体现，而是对重大环境污染事故罪固有法益保护内容的保留，是未及时实现对严重程度不一的结果分层规制的疏漏。

真正通过"严重污染环境"实现的刑法保护前置化是在2013年司法解释新增的6种情形上得以体现，即从排放地点、污染物数量、污染物种类、违规排放方式、两次行政处罚后又实施污染行为以及影响饮用水水源的程度来为"严重污染环境"的认定提供类型性指引。2016年司法解释在2013年司法解释的基础上进行了部分细化，又增加了三项具体情形，分别从对监测设施和数据的影响、减少防污设施支出数额以及造成生态环境严重损害三个方面增加对"严重污染环境"的类型性列举。

在"严重污染环境"难以解释这一现实问题背后的，实际上是模糊抽象的刑法规范与相对明确的案件事实之间难以有效对应从而产生的适用难题，而司法解释的功能主要在于通过对刑法条文抽象规定的具体化，消除其适用上的差别性，从而在实现刑法的明确性上发挥重要作用。[1]换言之，司法解释实际上完成了对抽象规范与具体事实进行对应的任务，将"严重污染环境"表征的刑法保护前置化进一步具体化为可认定的类型，同时也更清晰地呈现出刑法规范因忽略对基本结果与加重结果区分所造成的尴尬局面。

二、旧司法解释引发的争议

（一）违反罪刑法定原则

旧司法解释在出台的当时及相当一段时间内虽然极其有效地推动了对"严重污染环境"的司法认定和污染环境罪的司法适用，但也引起了众多批评，大量的批评意见认为司法解释突破了刑法规范的文义射程，司法解释所列举的前置化情形侧重于对行为严重程度的描述，而没有尊重"严重污染环

---

[1] 韩耀元、王文利、吴峤滨：《司法解释之再解释若干问题——以近年来的刑法司法解释为视角》，载《人民检察》2014年第23期。

境"的结果要素属性,有违罪刑法定原则的要求。

在对刑法规范进行解释时,不能脱离刑法分则中罪状描述所使用的文字表达,"解释与原文的界限的关系绝对不是任意的,而是产生于法治原则的国家法和刑法的基础上:因为立法者只能在文字中表达自己的规定。在立法者的文字中没有给出的,就是没有规定的和不能'适用'的"[1]。司法解释虽然是有权解释,但它只能就适用刑法中的具体问题进行解释,不可能修改刑法的规定。[2]以2013年司法解释第1条第3项"非法排放、倾倒、处置危险废物三吨以上"的规定为例,并不能在实质上产生与"严重污染环境"等同的效果;这一更倾向于行为特征的描述,在逻辑上也无法得出"严重污染环境"的必然结果。司法解释更像是将刑法规范所要求的结果要素简化为对行为要素的描述,通过回避对结果要素进行规范上的定义和实践上的具体化,将"严重污染环境"结果难以认定的问题转化为改变"严重污染环境"的结果要素性质,将其转换为行为要素后进行解释。因此,司法解释的解释结论虽然为司法适用提供了参考,但却存在着偷换解释对象、改变刑法规范构成要件结果要素性质的问题,不得不面对违反罪刑法定原则的质疑。

有学者指出:"从形式上看,这一解释虽然遵循了目的解释的基本原理,但实质上是对目的解释的滥用,并且映射出把刑法与刑事政策之基本功能等同看待的思维方式。这一解释结论虽然对有效惩罚环境污染犯罪具有重要意义,但它突破了文义解释这一刑法解释的基本界限,对刑事法治的破坏作用是巨大的。"[3]不可否认,司法解释的制定过程决定了其的确可能存在偏离规范文本文义射程的可能。2007年《最高人民法院关于司法解释工作的规定》[4](下文简称"司法解释工作规定")第17条第1款明确要求"起草司法解释,应当深入调查研究,认真总结审判实践经验,广泛征求意见",在这个制定原则的指导下,司法解释立足于司法实践,是对典型、多发案件进行的类型化归纳总结,但是这个类型化过程的出发点是对后实定法的案件事实的总结,而

---

[1] [德]克劳斯·罗克辛:《德国刑法学 总论》(第1卷),王世洲译,法律出版社2005年版,第86页。

[2] 张明楷:《行政违反加重犯初探》,载《中国法学》2007年第6期。

[3] 苏永生:《刑法解释的限度到底是什么?——由一个司法解释引发的思考》,载《河南大学学报(社会科学版)》2014年第1期。

[4] 该规定于2006年12月11日经最高人民法院审判委员会第1408次会议通过,自2007年4月1日起施行。

不是针对刑法规范条文本身进行的文义解释或目的解释，司法解释与刑法解释不同的出发点，决定了可能出现司法实践中关注的案件事实与刑法规范赖以制定的经验事实存在不一致的情况。

罪刑法定原则要求刑法解释必须以当前的刑法规范文本为依据，进行逻辑上和适用上的解释，而不能脱离文本、完全依赖于司法实践的总结，这种倒推刑法规范文本文义的做法并非刑法解释，而是通过司法归纳对刑法规范进行了实质上的修正。

(二) 混淆污染环境罪犯罪类型

理论界在肯定司法解释为严惩污染环境犯罪提供了司法依据的同时，对司法解释"混淆行为与结果"[1]、将"实害犯转义为抽象危险犯"[2]以及创设"抽象危险犯条款"[3]等问题提出了质疑。[4]

在行为犯与结果犯的区分问题上，"同时要求有行为人的身体运动和其他状态的发生的犯罪为结果犯，仅仅有行为人的身体动作即可成立犯罪的则是举动犯或者单纯行为犯"[5]，"严重污染环境"是对行为的描述还是对结果的描述这一基本属性的确定，决定了污染环境罪是结果犯还是行为犯的犯罪类型归属。从刑法规范本身的罪状表述出发，成立污染环境罪所要求的"严重污染环境"明显是结果要素，不是对行为本身的规定，而是对结果的要求。[6]但司法解释关于"严重污染环境"类型的前五项列举均侧重于对行为方式的描述，与刑法规范要求的作为结果要素的"严重污染环境"存在基本属性上的区别，是对行为要素与结果要素的混淆。

从犯罪成立的条件来看，行为犯比结果犯的认定门槛更低，司法解释在具体解释内容上混淆行为要素与结果要素的做法，明显将刑法规范中的实害结果犯解释成行为犯。[7]由于对结果犯的成立需要进行行为、结果以及二者

---

[1] 张明楷：《简评近年来的刑事司法解释》，载《清华法学》2014年第1期。
[2] 张志钢：《摆荡于激进与保守之间：论扩张中的污染环境罪的困境及其出路》，载《政治与法律》2016年第8期。
[3] 王社坤、胡玲玲：《环境污染犯罪司法解释中抽象危险犯条款之批判》，载《南京工业大学学报（社会科学版）》2016年第4期。
[4] 刘伟琦：《污染环境罪司法解释与刑法原理的背离及其矫正》，载《河北法学》2019年第7期。
[5] [日]松宫孝明：《刑法总论讲义》，钱叶六译，中国人民大学出版社2013年版，第45页。
[6] 张明楷：《简评近年来的刑事司法解释》，载《清华法学》2014年第1期。
[7] 薄晓波：《污染环境罪司法解释评析》，载《环境经济》2013年第10期。

之间因果关系的判断，但是对行为犯的成立只需要判断行为的有无，可以显著减轻司法机关的证明责任以及审判机关的认定难度，这种做法虽然有利于犯罪成立的认定，但是违背刑法规范原意作出的犯罪认定，因其违反罪刑法定原则，势必面对合法性的质疑。司法解释这种忽略规范的构成要件要素本身的结果属性、混淆行为要素与结果要素的解释方法，对司法实践的影响是巨大的。有学者对 2015 年涉污染环境罪判决进行了实证研究，发现在 1321 个一审有罪判决案件中，以"有毒有害物质超标排放三倍以上""偷排有毒有害物质""非法排放、倾倒、处置危险废物三吨以上"这三种情形入罪的比例达到了 97% 以上[1]，由此认为司法解释"已经实质性地改变了《刑法修正案（八）》对于污染环境罪的定性"[2]。当司法解释实质性地改变刑法规范对犯罪类型的定性时，无疑表示着罪刑法定原则已经遭到了严重破坏，犯罪类型的判断依据不再是刑法规范对罪状的描述，而是司法解释对刑法规范进行的实质性修改，这明显是不合理的。

（三）进行类推解释

将作为结果要素的"严重污染环境"解释为行为要素，相当于实质上删除了构成要件中对结果要素的限制，这种减少构成要件的做法，属于类推解释，因而违反罪刑法定原则。[3]

旧司法解释对"严重污染环境"情形列举中面临争议最大的一项是将受过二次行政处罚后再次实施相同行为直接认定为"严重污染环境"的结果，而这一类型仍然被 2023 年司法解释所保留，可以预见这一争议将始终伴随污染环境罪的司法适用而存在，而这一争议的根源实际上在于多次行政违法是否应当入罪的行政犯与刑事犯衔接问题。针对二次行政处罚后再次行政违法即入罪的司法解释规则，批评意见认为，"这不仅没有区分行为与结果，而且直接取消了结果要素，不符合罪刑法定原则"。[4]对于这一质疑，最高人民法院研究室起草司法解释的专家也承认，对于此条的设立，在起草过程中的确

---

[1] 严厚福：《污染环境罪：结果犯还是行为犯——以 2015 年 1322 份"污染环境罪"一审判决书为参照》，载《中国地质大学学报（社会科学版）》2017 年第 4 期。

[2] 严厚福：《污染环境罪：结果犯还是行为犯——以 2015 年 1322 份"污染环境罪"一审判决书为参照》，载《中国地质大学学报（社会科学版）》2017 年第 4 期。

[3] 张明楷：《简评近年来的刑事司法解释》，载《清华法学》2014 年第 1 期。

[4] 姜文秀：《污染环境罪与重大环境污染事故罪比较研究》，载《法学杂志》2015 年第 11 期；张明楷：《简评近年来的刑事司法解释》，载《清华法学》2014 年第 1 期。

有不同意见，但是经研究，保留了此项规定，保留的理由包括三个方面：第一，符合实践的需要，"由于污染环境犯罪的犯罪成本低、取证难度大，屡查屡犯的现象较为突出，规定本项，既能有针对性地加大打击力度，也能降低执法成本"[1]；第二，范围有所限定，"将时间限制在'两年内'，污染物对象不包括危害性相对较小的'其他有害物质'，曾受行政处罚的次数为'两次以上'，说明行为人主观恶性大，客观危害严重，将其纳入刑事处罚范围，更加符合宽严相济刑事政策的精神"。[2]第三，《刑法》第153条走私普通货物、物品罪第1款第1项将"一年内曾因走私被给予二次行政处罚后又走私的"的行为纳入本罪的规制范围提供了参考依据，司法解释中相关规定与走私普通货物、物品罪的规定意旨一致[3]。然而，上述理由遭到了进一步的质疑，张明楷教授有针对性地指出，第一，"在刑法分则条文要求发生结果才构成犯罪时，不能因为结果难以认定，就直接取消结果要件"。[4]第二，"即使认为行为人主观恶性大，社会危害性严重，也不能说明其行为造成了'严重污染环境'"。[5]第三，走私普通货物、物品罪"一年内曾因走私被给予二次行政处罚后又走私"源于刑法规范的明文规定，污染环境罪的刑法规范本身并没有作此规定，因此不能以走私罪的犯罪构成作为改变其他罪名构成要件的理由，无论是污染环境罪规定的"严重污染环境"结果要素，还是走私普通货物、物品罪关于二次行政处罚后又走私的行为，均由立法机关在刑法规范中加以规定，而司法解释在解释污染环境罪的"严重污染环境"结果要素时，只能对该要素本身进行符合罪刑法定原则的解释，而不应以其他犯罪的罪状表述为依据，对该结果要素作出突破限制的解释。刑法必须以安定性为指导原理，不能随意扩张处罚范围[6]，否则诸如生产、销售伪劣产品、妨害信用卡管理、非法行医等具有常习性质的行为，在单个行为尚不构成犯罪

---

[1] 周加海、喻海松：《严刑峻法重实效——〈关于办理环境污染刑事案件适用法律若干问题的解释〉的理解与适用》，载《中国环境报》2013年7月9日。

[2] 周加海、喻海松：《严刑峻法重实效——〈关于办理环境污染刑事案件适用法律若干问题的解释〉的理解与适用》，载《中国环境报》2013年7月9日。

[3] 周加海、喻海松：《严刑峻法重实效——〈关于办理环境污染刑事案件适用法律若干问题的解释〉的理解与适用》，载《中国环境报》2013年7月9日。

[4] 张明楷：《简评近年来的刑事司法解释》，载《清华法学》2014年第1期。

[5] 张明楷：《简评近年来的刑事司法解释》，载《清华法学》2014年第1期。

[6] 张明楷：《行政违反加重犯初探》，载《中国法学》2007年第6期。

的情况下，都可以通过司法解释类推增加如"一年内曾因生产、销售伪劣产品被给予二次行政处罚后又生产、销售伪劣产品的，构成生产、销售伪劣产品罪"的规定，这种类推解释无疑会成为司法解释破坏罪刑法定原则的一个突破口。此项规定实际上是关于"多次犯"的规定，但是多次犯仅能表明行为人的主观恶性，或者说人身危险性问题，与"严重污染环境"并没有必然联系。此外，污染环境罪中的多次犯与盗窃罪等财产犯罪、毒品犯罪、走私犯罪、逃税罪中的多次犯规定也不具备相当性，后几者均具备数额上的可累加性，而污染环境行为并不仅靠累加就能实现从量到质的转化，多次行政处罚不意味着污染行为累加后就能达到刑法上"严重污染环境"的程度。

对这一项情形的争议更加鲜明地反映出，学理上对"严重污染环境"进行的刑法解释与司法解释的立场和依据并不相同：学理解释始终强调解释的出发点在于刑法规范的文义本身，且先入为主地强调"严重污染环境"是一项结果要素，在此前提下，只要司法解释所列举的情形不是对"结果"的描述，则均与刑法规范的文义不符。但需要说明的是，对"结果"的描述并非仅限于对实害的描述，刑法意义上的结果包括实害结果与危险结果，若司法解释的描述能够反映出对核心法益的危险结果，也应当认为解释结论能够符合刑法规范的文义要求。司法解释在制定中更多地基于刑事政策而考虑司法实践适用问题，由于污染环境罪的取证难度大、污染结果及因果关系难以证明，解释结论虽然为"严重污染环境"提供了更具客观性的判断标准，但并非基于对"严重污染环境"结果的证明，而是通过对行为的具体化及行为人危险性的描述表明存在"严重污染环境"的危险。二者的矛盾点暴露出刑法规范和司法解释对"严重污染环境"证明程度的理解和考量并不一致。

（四）混淆本罪法益保护内容与法益保护阶段

重大环境污染事故罪构成要件要求"造成重大环境污染事故，致使公私财产遭受重大损失或者人身伤亡的严重后果"的双重结果，其中关键的结果要素为后者，因此其保护的核心法益为以"人身、财产法益"为代表的人类法益，法益保护阶段定位于对人类法益造成实害的阶段。污染环境罪构成要件要求的"严重污染环境"结果将核心法益转化为环境法益，从污染环境罪的罪状表述来看，其法益保护阶段定位于对环境法益的实害阶段。但旧司法解释列举的情形中却同时包含了对人类法益的实害犯、对人类法益的危险犯、对环境法益的实害犯乃至对环境法益的危险犯,这种极具"包容性"的司法解释虽然在司法实践中得到了广泛运用,但并不一定具有合理性与合法性,存在着混淆本罪的法益保护内容与法益保护阶段的问题。

上文已提及 2011 年《刑法》规范与旧司法解释在注重降低犯罪门槛的同时,忽略了基本结果与加重结果的区分,因而导致刑法规范看似在法益保护内容与保护阶段上实现了刑法保护的前置化,但实际上是在保留重大环境污染事故罪法益保护内容与法益保护阶段的前提下,完成的"部分"前置化。司法解释对符合"严重污染环境"类型的具体列举,使得这一被立法所忽视的问题呈现得愈加清晰。

造成这一问题的原因在于,污染环境案件在经验事实层面具有独特的因果流程:一个排放、倾倒、处置污染物的行为,首先直接作用于环境,通过污染环境,继而可能在不同程度上危及乃至损害人身或财产。虽然污染环境罪通过修改构成要件,在规范上降低了原重大环境污染事故罪的入罪门槛,但并不能在事实上制止后续依然可能发生的财产损失或人身损害后果,也就是说,重大环境污染事故罪与污染环境罪处于同样的事实因果流程之中,只是通过刑法规范对该事实因果流程的处罚阶段进行了区分,污染环境罪是在尚未完成重大环境污染事故罪的因果流程时即可进行处罚的前置化规定,重大环境污染事故罪是在污染环境罪因果流程已结束的基础上,对造成更加严重结果的进一步规制,二者虽然具备因果流程上的接续性,但在结果内容、结果严重程度方面完全不同,本不应被混为一谈。

从法益保护的角度出发,污染环境罪的刑法保护前置化若只是意在降低入罪门槛,而不考虑经验事实层面存在的双重结果因果流程,则必然无法回答本罪法益保护内容究竟是彻底实现了前置,抑或只在部分前置的同时进行保留,这种保留的后果就是基本犯的结果要件中既包括基本结果,也包括了加重结果,基本结果所表征的法益为环境法益,加重结果表征的法益为人类法益,忽略了不法程度与核心法益内容的区别。2013 年司法解释对刑法规范兼顾前置与保留的"将错就错"式解释,既在后九项的列举中保留了符合原重大环境污染事故罪结果的"通过严重污染环境进而造成人身、财产重大损失"的情形,又以前五项对"具有严重污染环境危险"类型的列举对污染环境罪刑法规范所要求的基本结果再次进行了实质上的前置,从而将具有不同社会危害程度、不同法益保护内容与不同法益保护阶段的情形均纳入污染环境罪基本犯的成立范畴之内。也就是说，司法解释列举了五种"具有严重污染环境的危险"的行为，也列举了五种因"严重污染环境"所导致的后果，但始终没有直面究竟什么是"严重污染环境"。[1]

因此，在污染环境案件中，根据事实因果流程的演进阶段，可以归纳出三种具有递进关系的情形：阶段一"具有严重污染环境的危险"——阶段二"造成严重污染环境结果"——阶段三"通过严重污染环境进而造成人身、财产重大损失"（如图1-5所示）。

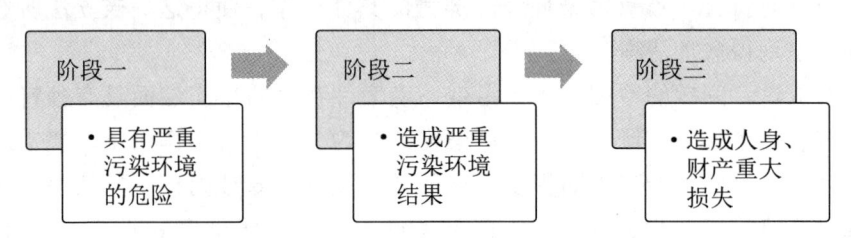

图1-5 污染环境案件事实因果流程演进阶段

污染环境罪的刑法规范要求证明的是达到阶段二"造成严重污染环境结果"的情形，阶段一中的情形尚未达到入罪门槛，阶段三中的情形是阶段二的加重结果。而司法解释所列举的情形则分别对应着阶段一"具有严重污染环境的危险"与阶段三"通过严重污染环境进一步造成了人身、财产损失结果"，恰恰没有对阶段二的描述。在这种错位之下，刑法规范意在规制的对象是对环境法益的实害犯，而司法解释列举的则是对环境法益的危险犯与对人类法益的实害犯，由此必然产生对司法解释混淆本罪法益保护内容与法益保护阶段的质疑。

（五）司法解释对主观罪过立场的影响

在2013年司法解释出台之前，污染环境罪的主观罪过形式本就存在争议，2013年司法解释出台之后，因其对"严重污染环境"的解释中既包含了对行为方式的列举，也列举了不同严重程度的第二种结果，如果承认其具备行为犯或危险犯特征，则污染环境罪不应再被视为纯粹的过失犯罪，但是司法解释又保留了原重大环境污染事故罪的成立条件，这又成为延续原重大环

---

[1] 张志钢：《摆荡于激进与保守之间：论扩张中的污染环境罪的困境及其出路》，载《政治与法律》2016年第8期。

境污染事故罪主观罪过为过失的一项理由。总的来说，2013 年司法解释并未表明对污染环境罪主观罪过的明确立场，反而在对"严重污染环境"的认定上，一方面以特定行为方式的列举排除了过失犯成立的可能，另一方面又以包容原重大环境污染事故罪成立条件的方式保留了过失犯存在的空间，似乎为本罪在不同情形下设定了不同的主观罪过形式。

值得注意的是，自 2013 年司法解释中即有成立共同犯罪的规定，但是司法解释中关于共同犯罪的规定既非对共同正犯的规定，也非对共同故意犯罪的规定，只是对于"明知他人无危险废物经营许可证，向其提供或者委托其收集、贮存、利用、处置危险废物"的行为人或单位的刑事责任问题进行了提示性规定，并未涉及行为人对"严重污染环境"的主观罪过内容，因此并不能根据这一"共同犯罪"的规定确定本罪为共同故意犯罪还是按各自所犯的罪分别处罚的过失犯罪。有过失论者明确指出数人共同污染环境属于共同过失犯罪，应以普通过失原理或监督过失原理对他们分别处罚，具体而言，若是数人中既有污染环境行为的实施者，又有污染环境行为的支配者，对于实施者，可以根据普通过失原理确定其刑事责任，对于支配者，可以根据监督过失原理确定其刑事责任；若是数人均为污染行为实施者的情形，应当分别考察各行为人的过错程度，根据普通过失原理确定各自的刑事责任。[1]

三、旧司法解释引发争议的原因分析

(一) 学理解释与司法解释的解释立场与解释方法之辨

1. 刑法解释以刑法规范文本作为解释基础

一般解释学的理论认为，解释并不是无中生有的"境外生象"，它必须面对一定的文本而进行，这是从对解释学发展历程的考察中得出的必然结论。[2] 作为解释基础和解释对象的"文本"究竟是什么，也曾存在着诸多不同的观点，如有人认为是国家立法机关制定的成文法规范及习惯和判例规则[3]，有人认

---

[1] 叶良芳：《"零容忍"政策下污染环境犯罪的司法适用》，载《人民司法》2014 年第 18 期。

[2] 陈兴良、周光权：《刑法司法解释的限度——兼论司法法之存在及其合理性》，载《法学》1997 年第 3 期。

[3] 梁慧星：《民法解释学》，中国政法大学出版社 1995 年版，第 107 页。

为是法律条文[1]，还有人认为是法律规范[2]，丹宁勋爵认为法律解释的文本是制定法和法律文件[3]，黄茂荣则指出，"法律解释之文本是法律规范之条文、立法文献（如立法理由、草案、审议记录等），以及当时的社会、经济、政治、技术等附随情况"[4]。

当前，刑法学界多数人认为，刑法解释的文本应当是刑法规范[5]。因此，可以认为，作为刑法解释对象的文本就是刑法规范，整个刑法解释活动都是围绕着作为文本的刑法规范的内容、本质、构成要件之间的关系等方面而展开的。[6]以规范文本为核心的刑法解释，较为注重的是语词本身的性质及其在刑法体系内的含义，因此，在解释"严重污染环境"的概念时，学理解释首先会考虑这一概念的属性，即"严重污染环境"表征的是行为要素还是结果要素，抑或是与"情节严重""情节恶劣"同质的表征行为情节特征的要素。不同的要素属性，决定了解释对象的性质和解释的方向。在确定其属性的基础上，再借助司法实践总结出的类型性事实对该抽象的构成要件要素进一步具体化。

例如，若认为"严重污染环境"表征的是行为要素，则本罪属于行为犯，解释时的侧重点就在于通过对"污染"行为本身的描述，以提供比规范文本更为具体的行为类型指引，而不需要考虑环境遭到污染的严重程度，也不需要证明环境污染的结果及因果关系。若认为"严重污染环境"表征的是结果要素，则本罪属于结果犯，解释时的侧重点就必须针对环境遭受污染程度的结果进行描述，而不能以行为描述代替结果认定。若认为"严重污染环境"表征的是情节要素，则本罪属于情节犯，我国刑法中情节犯制度是我国刑事政策法治化的集中体现和重要途径，情节犯自身表述上的模糊性不可避免[7]，正是

---

[1] 乔伟主编：《新编法学词典》，山东人民出版社1985年版，第246页。

[2] 中国大百科全书总编辑委员会《法学》编辑委员会中国大百科全书出版社编辑部编：《中国大百科全书·法学》，中国大百科全书出版社1984年版，第81页。

[3] [英]丹宁勋爵：《法律的训诫》，杨百揆、刘庸安、丁健译，群众出版社1985年版，第1页、第6页。

[4] 黄茂荣：《法学方法与现代民法》，台大法学丛书1993年版，第292页以下。

[5] 付正权：《刑法解释》，载陈兴良主编：《刑事司法研究——情节·判例·解释·裁量》，中国方正出版社1996年版，第312页。

[6] 陈兴良、周光权：《刑法司法解释的限度——兼论司法法之存在及其合理性》，载《法学》1997年第3期。

[7] 李翔：《刑事政策视野中的情节犯研究》，载《中国刑事法杂志》2005年第6期；李翔：《情节犯研究》，北京大学出版社2018年版，"内容摘要"第1页。

由于这种表述和范畴上的模糊性，情节犯与行为犯、结果犯的界限并不是十分清晰，其解释结论可能同时涵盖行为犯与结果犯。

总之，无论是行为要素、结果要素抑或是情节要素的属性认定，都是基于对刑法规范文本"严重污染环境"的解释，这是学理解释的基础所在。

2. 司法解释实质是以司法实践为解释来源

司法解释作为刑法解释的一种形式，本应以刑法规范所针对的文本为解释基础，即"司法解释是对已有法律规范含义的理解和阐释，必须正确把握立法本义，掌握立法精神，不得超越立法制定司法解释"。[1]司法解释虽然是有权解释，但其合理性"不是以多数人同意为标准，也不是以权威学者建议为标准，更不是以相关的国家机关赞成为标准，而是应当以是否符合刑法条文的真实含义，是否有利于实现刑法的任务与目的，是否使刑法条文之间以及刑法与其他法律之间相协调，是否使案件得到妥当处理为标准"。[2]但是从实然层面看，我国刑事司法解释未必都是对刑法原意的解释，有的刑事司法解释可能突破刑法的规定而创设新规则，此种意义的司法解释等同于创设新的立法。[3]例如《最高人民法院关于审理交通肇事刑事案件具体应用法律若干问题的解释》第5条第2款关于"交通肇事后，单位主管人员、机动车辆所有人、承包人或者乘车人指使肇事人逃逸，致使被害人因得不到救助而死亡的，以交通肇事罪的共犯论处"的规定，就存在着与共同犯罪理论冲突之处，《刑法》第25条第1款明确规定"共同犯罪是指二人以上共同故意犯罪"，但交通肇事罪是过失犯罪，根据第25条第2款"二人以上共同过失犯罪，不以共同犯罪论处"的规定，交通肇事罪中本不应存在共同犯罪。[4]交通肇事司法解释的这一项规定解决了司法实践中存在的现实问题，其积极意义应当得到肯定[5]，

---

[1] 韩耀元、王文利、吴峤滨：《司法解释之再解释若干问题——以近年来的刑法司法解释为视角》，载《人民检察》2014年第23期。

[2] 张明楷：《简评近年来的刑事司法解释》，载《清华法学》2014年第1期。

[3] 夏伟：《对法益批判立法功能的反思与确认》，载《政治与法律》2020年第7期。

[4] 黎宏：《论交通肇事罪的若干问题——以最高人民法院有关司法解释为中心》，载《法律科学（西北政法大学学报）》2003年第4期；林亚刚：《论"交通运输肇事后逃逸"和"因逃逸致人死亡"兼评〈关于审理交通肇事刑事案件具体应用法律若干问题的解释〉的若干规定》，载《法学家》2001年第3期。

[5] 林亚刚：《论"交通运输肇事后逃逸"和"因逃逸致人死亡"兼评〈关于审理交通肇事刑事案件具体应用法律若干问题的解释〉的若干规定》，载《法学家》2001年第3期。

但无疑是对刑法理论和刑法规范的突破。

随着司法解释在司法实践中地位与作用的提高,因其解释方法带有过强的介入性和激进性而引发的对司法解释"越权解释""司法解释立法化"的质疑也屡见不鲜,究其原因在于:一方面,刑法规范文本自身的概念过于抽象、内涵与外延不明,在刑法规范与司法适用之间存在巨大的解释空间,例如刑法中存在诸多不确定概念、规范的构成要件要素以及"情节严重""情节恶劣""数额较大""数额巨大"等定量要素,这些解释空间最终多由司法解释加以补充完善;另一方面,司法解释在形式上虽然以刑法规范文本为解释对象,但其解释过程并非如同学理解释一样严格遵循对刑法规范文本进行文义解释、体系解释、目的解释等理论解释方法,而是侧重于对典型、多发的案件事实的归纳总结,甚至基于对社会危害性、人身危险性的整体考量而归纳入罪情形,这种解释思路的依据在于司法解释工作规定所要求的"起草司法解释,应当深入调查研究,认真总结审判实践经验,广泛征求意见"的规定,因而司法解释的解释结论实际上更多地来源于对司法实践中审判、检察经验的总结。

就污染环境罪而言,其面临两个实践层面的证明难题:首先,"严重污染环境"这一结果认定存在困难,而且要准确评估环境污染对农作物、人畜、水产养殖的直接损害,对公众身体健康、动植物生存、水质污染以及周围环境的持久恶化的影响,一直到为清除污染、改善环境需要投入多少资金,进而计算出财产损失,需要较长时间。[1]其次,因果关系证明难,"要查明环境污染危害行为与危害结果之间的因果关系,是个很大的难题"[2]。污染环境罪司法解释的起草者在对该解释的说明中提及,司法解释列举的"严重污染环境"情形客观性强,易于把握和认定,既能体现从严打击污染环境犯罪的立法精神,又能解决此类犯罪取证难、鉴定难的实际问题。[3]这也正是司法解释具有强大的实践适用性的原因所在。

---

〔1〕 黄太云:《〈刑法修正案(八)〉解读(二)》,载《人民检察》2011年第7期;黄太云:《刑法修正案解读全编——根据刑法修正案(八)全新阐释》,人民法院出版社2011年版,第87页。

〔2〕 黄太云:《〈刑法修正案(八)〉解读(二)》,载《人民检察》2011年第7期;黄太云:《刑法修正案解读全编——根据刑法修正案(八)全新阐释》,人民法院出版社2011年版,第87页。

〔3〕 周加海、喻海松:《严刑峻法重实效——〈关于办理环境污染刑事案件适用法律若干问题的解释〉的理解与适用》,载《中国环境报》2013年7月9日。

但是如果司法解释过分关注或只关注司法实践，相当于仅关注对生活事实的归纳总结，而忽略了其解释的对象应当是刑法规范。污染环境罪司法解释的起草者正是考虑到，从环境污染犯罪的特点看，由于污染损害的显现往往需要有一个过程，且因果关系很难证明，如将"严重污染环境"解释为必须造成实害结果，也会极大地缩小污染环境罪的成立范围。[1]因此，在2013年司法解释第1条前五项中将刑法规范中具有实害结果属性的"严重污染环境"进行了扩大解释，2016年司法解释在沿用了这一解释立场的基础上增加列举的"严重污染环境"类型也突破了污染环境罪的实害结果属性，这实际上是将结果和因果关系证明难的问题简化为不需证明即可认定"严重污染环境"，这一做法的确能够在实践上解决本罪结果认定难与因果关系证明难的问题，但是却无法回应其对"严重污染环境"要素的解释存在违反罪刑法定原则的质疑。

在事实与规范的关系中，规范由先于实定法而存在的经验事实抽象而来，继而适用于后于实定法出现的生活事实。经验事实与生活事实虽然都是事实，但二者并不完全重合，经验事实的总结背后有立法理念在引导，而生活事实只表示某些现象的存在，至于这些现象是否能够被刑法规范所评价，则需要通过规范适用的三段论进行判断，并不是所有的生活事实都应被纳入刑法规范的保护范畴。刑法解释的目的不是对生活事实进行总结，而是通过对刑法规范的演绎与审判实践的归纳，对规范赖以形成的经验事实进行还原，借助规范这一媒介，实现生活事实与经验事实的对接，符合经验事实的生活事实，才是刑法规范保护的对象，而大量出现的生活事实若引起立法者的关注，从而推动立法的修正，则这类生活事实又变成了新法赖以制定的经验事实。换言之，经验事实与生活事实之间本身并没有本质上的区别，但规范的存在赋予了二者不同的地位，经验事实是规范的制定前提，生活事实是规范的适用对象。在刑法规范与经验事实之间，存在的一个很重要的逻辑关系是：刑法规范是对经验事实的抽象，刑法解释是对经验事实的还原，刑法规范的目的在于"大前提"的构建，而经验事实是"大前提"的前提。如果司法解释的侧重点偏向了生活事实，就意味着司法解释所构建的可能是偏离经验事实的

---

[1] 周加海、喻海松：《严刑峻法重实效——〈关于办理环境污染刑事案件适用法律若干问题的解释〉的理解与适用》，载《中国环境报》2013年7月9日。

新事实体系，这一新的事实体系并不一定能被原刑法规范所涵摄，因此就会产生由司法解释构建的新事实体系创设新刑法规范的结果出现。即便这种依据新事实体系创设的新刑法规范能够回应社会现实。但是正如学者所提出的质疑所言："如果在形式、效力等方面都类同于立法行为的司法解释在法理上缺乏正当性与合法性，即使它能在某些情况下给我们带来实质的'正义'，那么这种正义对我们建立法治的努力还有什么价值？"[1]

（二）司法解释在解释"严重污染环境"时存在的问题

1. 忽略"严重污染环境"结果要素的特殊性

目前大部分从"严重污染环境"文义解释出发的学理解释认为，"严重污染环境"属于对结果要素的描述。在这种情况下，司法解释以特定行为来解释"严重污染环境"的类型，意味着将结果要素转化为行为要素，是对刑法规范文义的突破。

从文义上来看，"严重污染环境"的确是对结果的一种描述。就事实层面而言，环境是否遭到严重污染，需要提前设定污染的判断标准、在具体的案件中通过科学的技术检测手段确认污染结果是否出现，此外还要证明污染行为与该结果之间是否存在刑法上的因果关系。但现实情况是，在当前的司法实践中，证明人身伤亡、财产损失这类客观性的损害结果不难，而证明"严重污染环境"这样的技术性损害结果却并不容易。"严重污染环境"作为一个在文义上性质明确的概念，却是在实践中极难证明的事实，因此司法解释以"具有严重污染环境的危险"或"足以严重污染环境"的类型性行为或"通过严重污染环境进而造成人身、财产重大损失"来证明"严重污染环境"的存在，实属囿于实践限制的无奈之举，前者是以较大的可能性来推定"严重污染环境"的存在，后者以事实因果流程中的第二重事实反向证明第一重事实存在。因此，学理解释坚持"严重污染环境"是结果要素的主张并无不妥，但对于该结果是否只能限于实害结果、对这种实害结果的证明可能性以及坚持这种证明必要性是否合理，还有讨论的余地。

司法解释起草者也注意到了这一问题可能会引发的理论争议，没有直接主张将"严重污染环境"的结果要素属性改变为行为要素，而是将"严重污染环境"解释为与"情节严重"这种表述具有相当性的情节要素，由此提出

---

[1] 袁明圣：《司法解释"立法化"现象探微》，载《法商研究》2003年第2期。

应将污染环境罪理解为情节犯。[1]情节犯是一个不同于行为犯与结果犯的犯罪类型，其在构成要件表述上具有明显的模糊性，典型的情节犯构成要件中一般存在"情节严重""情节恶劣"等类似表述，但也有观点认为，即便不存在"情节严重""情节恶劣"等类似表述，以一定的概括性定罪情节作为犯罪构成必备要件的犯罪也是情节犯的表现形式。[2]污染环境罪虽然没有使用"情节严重""情节恶劣"的构成要件表述，但"严重污染环境"这种概括性定罪情节实际上也可以起到"情节严重""情节恶劣"的作用，且"严重污染环境"与"情节严重""情节恶劣"同样具有难以具体化、明确化、客观化的特点，因此"严重污染环境"属于具有情节犯特征的构成要件要素。

但是需要指出的是，情节犯的成立基础在于刑法规范本身对概括性情节要素的规定，而"严重污染环境"在刑法规范构成要件的表述中是非常明确的，其判断标准模糊性的原因来自实践中的经济性、时效性与可操作性的限制，以实践的证明困难作为改变"严重污染环境"结果要素性质的理由并不合理。此外，由于情节要素比结果要素具有更广泛的内涵，所有的结果要素实际上也都是情节要素，但作为结果要素上位概念的"情节要素"与情节犯意义上的"情节要素"不是同一个概念，将结果要素解释为情节要素看似符合概念自身的逻辑范围，但无疑是在忽略概念内涵的基础上，改变了构成要件要素本有的属性范围。因此，"严重污染环境"并不能当然地归属于情节要素，仍应肯定其结果要素的属性。

2. 对法益保护内容与法益保护阶段进行实质前置的危险

污染环境罪的法益保护内容与法益保护阶段的确定取决于对刑法规范中"严重污染环境"的解释，通过司法解释对"严重污染环境"类型的具体化列举也反映出本罪实际保护的法益和犯罪类型，而这两个解释过程得出不一致结论的原因，就在于司法解释对污染环境罪的法益保护内容与法益保护阶段进行了实质性的再次前置，这一前置进程或许是符合实践和政策需求的，但却背离了刑法规范的法益保护内容与法益保护阶段立场。

司法解释所列举的情形是对"严重污染环境"这一构成要件要素的具体化，但其解释结论相比刑法规范本身，明显在法益保护内容及对法益的保护

---

[1] 喻海松：《污染环境罪若干争议问题之厘清》，载《法律适用》2017年第23期。
[2] 刘艳红：《情节犯新论》，载《现代法学》2002年第5期。

阶段上，又进行了一定程度的前置，这一前置实际上是在犯罪实质成立条件的内部进行的扩大解释，因此不可避免地存在超越污染环境罪法益保护边界的危险，也直接在形式上呈现出核心法益与犯罪类型混淆的尴尬局面。

如果认为从重大环境污染事故罪到污染环境罪的修正，是将本罪的保护法益从人类法益前置为环境法益，则"严重污染环境"就意味着对环境法益的实害犯；如果认为本罪的保护法益仍为人类法益，"严重污染环境"就意味着对人类法益的危险犯；如果认为本罪的保护法益包括人类法益与环境法益，[1]则"严重污染环境"可以同时包括对人类法益的危险犯与对环境法益的实害犯，因此，以刑法规范为对象文本分析得出的污染环境罪法益保护内容与法益保护程度的最大边界为对环境法益实害犯的规制。但是2013年司法解释对"严重污染环境"情形的列举，明显已经出现了对环境法益的危险犯规定，例如争议最大的"两年内曾因违反国家规定，排放、倾倒、处置有放射性的废物、含传染病病原体的废物、有毒物质受过两次以上行政处罚，又实施前列行为"可以被认定为"严重污染环境"，规制理由更多的是考虑到行为人的主观恶性，尽管其客观行为本身并不一定产生对刑法所保护的环境法益的实害，甚至可能都不存在对环境法益的具体危险。再如2016年司法解释新增的三项符合"严重污染环境"的情形也是在将核心法益确定为环境法益的前提下，处罚对环境法益产生危险的行为，甚至有将核心法益确定为环境保护管理制度的趋势，直接将在一定程度上违反环境保护管理制度的行为纳入"严重污染环境"的范畴，有混淆刑法与行政法保护界限的危险。

司法解释立足于司法实践，更接近于生活事实，但生活事实在行政违法与刑事违法之间的模糊地带，很容易受政策导向的影响而将刑事违法的处罚边界向前推进。保护生态环境的整体目标毋庸置疑，但法律部门之间实有分工，在格外强调环境保护的社会背景与国家任务推动下，刑罚手段原本应致力于规制"造成严重污染环境结果"的情形，但很有可能因为对"保护环境"目标的追求，而将刑法保护向前推进至"有严重污染环境的具体危险""有严重污染环境的抽象危险"乃至"有污染环境的（一般或抽象）危险"的阶段。作为刑法分则第六章中妨害社会管理秩序罪中的一项罪名，环境保护管理制度也是本罪所保护的法益之一，但制度性法益只是手段法益而非核

---

[1] 张明楷：《污染环境罪的争议问题》，载《法学评论》2018年第2期。

心法益，环境保护管理制度保护的对象是广义上的环境利益，利益经由刑法规范确认后，才能上升为刑法法益，属于行政法保护范围内的法益与属于刑法保护范围内的法益有程度之别，我国的刑法立法模式是"定性+定量"，没有达到刑法要求的"量"的法益侵害行为，就不应属于刑法的规制对象。

3. 忽略对结果严重程度与法益侵害程度的区分

2011 年《刑法修正案（八）》在对污染环境罪的构成要件进行修改时，考量的重点几乎都集中在降低入罪门槛的目标上，但是忽略了污染环境犯罪事实上特殊的因果流程可能造成双重结果。污染环境罪的确实现了入罪门槛的降低，但由于忽略了对双重结果进行基本结果与加重结果的区分，使得符合原重大环境污染事故罪的成立条件似乎仍被保留在污染环境罪的成立范围内，这就造成了在同一基本犯的范畴内存在结果严重程度与社会危害程度不同的两类规制对象。在达成降低入罪门槛目标的同时，实际上实现的是处罚范围的扩张，但这一扩张留下的问题是"将具有不同法益侵害程度的行为设置相同的入罪门槛，将具有不同法益侵害程度的行为设置相同的量刑幅度"[1]，而没有考虑到基本犯的成立条件已经降低，比基本犯危害更加严重的第二重结果应被视为结果加重犯对待，这种通过降低基本犯成立要求而实现的扩张必然导致因缺少层级划分而出现罪责刑不相适应的情形。例如故意伤害罪的基本犯的成立条件为故意伤害他人身体致轻伤以上，若故意伤害他人致人重伤的则应成立结果加重犯，若故意伤害他人致人死亡的则为更加严重的后果，这种通过区分结果严重程度作出的罪刑规定能够符合罪责刑相适应原则。但是如果采取污染环境罪的立法逻辑，将故意伤害罪致人轻伤、致人重伤、致人死亡均规定在同一个基本犯的成立范围内，只要实施故意伤害行为造成轻伤以上的结果即构成本罪，无论导致轻伤、重伤、死亡的结果都在同一个罪刑幅度内量刑，尽管三种不同严重程度的结果对应的法定刑相差悬殊，涵盖了从管制到死刑的所有主刑，但若在立法上不加区分，只是粗略地规定"故意伤害他人身体的，处管制、拘役、有期徒刑、无期徒刑或死刑"，在刑罚层面相当于规定了绝对的不确定刑，与"故意伤害他人身体的，处以（主刑）刑罚"效果无异，违背罪责刑相适应的刑罚原则；在实践层面则将如此宽泛的量刑任务完全交由司法机关裁量，势必造成实践中同罪不同

---

[1] 刘伟琦：《污染环境罪司法解释与刑法原理的背离及其矫正》，载《河北法学》2019 年第 7 期。

判的争论。推而论之，刑法规范中所有关于加重犯的规定本就完全符合基本犯的成立条件，若不考虑加重结果比基本结果的严重程度，则相当于只要达到基本结果即成立本罪，至于结果的严重程度对刑罚的影响则不为立法者所关注，刑罚裁量结果完全由司法机关自行判断，这种不区分结果严重程度的立法不利于刑法规范的精细化发展，也不利于司法实践根据罪责程度进行更加精确的刑罚裁量，对刑事司法可能产生的负面作用是巨大的。

旧司法解释对"严重污染环境"情形的列举，更直观地反映出刑法规范只为降低入罪门槛而忽略对法益保护内容与法益保护阶段分层规定的后果。有学者指出："2013年司法解释既规定了污染环境罪抽象危险犯的基本犯罪形态，又规定了该罪结果犯的基本犯罪形态，并且适用同一档法定刑。这表明了我国现行刑法与司法解释对于污染环境罪持不同的治理理念：前者坚持传统的结果主义思想；而后者顺应现代刑法理念的潮流，重视对具有侵害法益危险的行为进行早期的预防。但对造成实际危害结果和单纯具有侵害危险的不同危害行为，采用同一个量刑标准，本身就值得怀疑。"[1]这一现象的背后实际上是刑法体系内危害概念转型的体现，具体而言，危害概念包括两个维度——作为刑罚之正当化根据的危害与作为刑法之预防功能的危害，前者强调现实的、具体的、达到严重程度的侵害结果发生才具有刑事制裁正当性，而后者允许在危害实际发生之前、具有结果发生的危险时即通过干预以预防实害结果的发生。[2]更深层的是结果本位与行为本位的刑法体系重心转换与选择的问题，"严重污染环境"的规范表述在逻辑上本来有着平衡结果本位与行为本位的功能，但其所遭遇的实践难题导致这一平衡无法妥善地实现，司法解释通过对"严重污染环境"进行的部分前置、部分保留的列举，使行为本位与结果本位立场下的矛盾暴露得更加清晰。

从对法益的侵害角度而言，符合事实因果流程的法益侵害逻辑"应首先是环境法益受到侵害，其次才是个人法益。换言之，个人法益是环境法益受侵害后的加重结果，或者至少是环境法益在受到侵害的同时也会产生个人法

---

[1] 张洪成、苏恩明：《风险社会下污染环境罪之处罚扩张问题研究——以危险行为犯罪化为视角》，载《太原理工大学学报（社会科学版）》2015年第3期。

[2] 劳东燕：《犯罪故意理论的反思与重构》，载《政法论坛》2009年第1期；劳东燕：《风险社会中的刑法》，北京大学出版社2023年版，第234页。

益侵害的危险,而个人法益的实际损害则应是其加重构成"[1],"承认环境法益的独立性是正确的,但认为'人身、财产损失的程度'仅仅'提示'对环境法益的侵害达到'严重污染环境'的程度的看法,无疑只是将个人法益作为保护环境法益的随附现象,或者仅仅是将人类法益矮化为环境法益受到严重侵害的'证据'罢了"。[2]将对人类法益造成实害的情形继续作为"严重污染环境"的判断标准,虽然是借助第二重结果反向证明基本犯结果的存在,"实际是将环境法益与其侵害的加重结果置于同一层面进行评价,不符合法益侵害的比例原则以及罪责刑相一致原则,难以符合合理性原则的要求"。[3]

四、2023 年司法解释的修正与调整

在经历了将近十年的理论与实践争议之后,2020 年《刑法修正案(十一)》将《刑法》第 338 条修改为:"违反国家规定,排放、倾倒或者处置有放射性的废物、含传染病病原体的废物、有毒物质或者其他有害物质,严重污染环境的,处三年以下有期徒刑或者拘役,并处或者单处罚金;情节严重的,处三年以上七年以下有期徒刑,并处罚金;有下列情形之一的,处七年以上有期徒刑,并处罚金:(一)在饮用水水源保护区、自然保护地核心保护区等依法确定的重点保护区域排放、倾倒、处置有放射性的废物、含传染病病原体的废物、有毒物质,情节特别严重的;(二)向国家确定的重要江河、湖泊水域排放、倾倒、处置有放射性的废物、含传染病病原体的废物、有毒物质,情节特别严重的;(三)致使大量永久基本农田基本功能丧失或者遭受永久性破坏的;(四)致使多人重伤、严重疾病,或者致人严重残疾、死亡的。有前款行为,同时构成其他犯罪的,依照处罚较重的规定定罪处罚。"

从法条表述上看,本次刑法修正后仍保留了污染环境罪基本犯的犯罪构成,"严重污染环境"仍是基本犯成立的必要条件,重点对加重犯进行了修改,将原本的"后果特别严重"这一档量刑情节细分为两档——第一档为"情节严重",第二档为四种特别加重的情形。刑法条文的这一次修改明显反

---

[1] 钱小平:《环境法益与环境犯罪司法解释之应然立场》,载《社会科学》2014 年第 8 期。

[2] 张志钢:《摆荡于激进与保守之间:论扩张中的污染环境罪的困境及其出路》,载《政治与法律》2016 年第 8 期。

[3] 钱小平:《环境法益与环境犯罪司法解释之应然立场》,载《社会科学》2014 年第 8 期。

映出立法机关对污染环境罪多年来在理论与实践中存在的分层问题进行了考量，从立法上实现了分级规制。但由于规范语言不可避免的抽象性，何为"严重污染环境"、何为"情节严重"仍然无法直接在刑法条文中得到释明。因此，最高人民法院、最高人民检察院在2023年配套出台了最新版《最高人民法院、最高人民检察院关于办理环境污染刑事案件适用法律若干问题的解释》，对2016年司法解释进行了大规模修改，其中针对"严重污染环境"与"情节严重"的情形列举对比见表1-3所示。

表1-3 2016年与2023年司法解释对"严重污染环境"与"情节严重"的列举对比

2016年司法解释"严重污染环境"的十八项列举（已失效）	2023年司法解释"严重污染环境"的十一项列举	2023年司法解释中"情节严重"的情形列举
（一）在饮用水水源一级保护区、自然保护区核心区排放、倾倒、处置有放射性的废物、含传染病病原体的废物、有毒物质的	（一）在饮用水水源保护区、自然保护地核心保护区等依法确定的重点保护区域排放、倾倒、处置有放射性的废物、含传染病病原体的废物、有毒物质的	（一）在饮用水水源保护区、自然保护地核心保护区等依法确定的重点保护区域排放、倾倒、处置有放射性的废物、含传染病病原体的废物、有毒物质，造成相关区域的生态功能退化或者野生生物资源严重破坏的 （二）向国家确定的重要江河、湖泊水域排放、倾倒、处置有放射性的废物、含传染病病原体的废物、有毒物质，造成相关水域的生态功能退化或者水生生物资源严重破坏的
（二）非法排放、倾倒、处置危险废物3吨以上的	（二）非法排放、倾倒、处置危险废物3吨以上的	（三）非法排放、倾倒、处置危险废物100吨以上的

续表

2016年司法解释"严重污染环境"的十八项列举（已失效）	2023年司法解释"严重污染环境"的十一项列举	2023年司法解释中"情节严重"的情形列举
（三）排放、倾倒、处置含铅、汞、镉、铬、砷、铊、锑的污染物，超过国家或者地方污染物排放标准3倍以上的	（三）排放、倾倒、处置含铅、汞、镉、铬、砷、铊、锑的污染物，超过国家或者地方污染物排放标准3倍以上的	
（四）排放、倾倒、处置含镍、铜、锌、银、钒、锰、钴的污染物，超过国家或者地方污染物排放标准10倍以上的	（四）排放、倾倒、处置含镍、铜、锌、银、钒、锰、钴的污染物，超过国家或者地方污染物排放标准10倍以上的	
（五）通过暗管、渗井、渗坑、裂隙、溶洞、灌注等逃避监管的方式排放、倾倒、处置有放射性的废物、含传染病病原体的废物、有毒物质的	（五）通过暗管、渗井、渗坑、裂隙、溶洞、灌注、非紧急情况下开启大气应急排放通道等逃避监管的方式排放、倾倒、处置有放射性的废物、含传染病病原体的废物、有毒物质的	
（六）2年内曾因违反国家规定，排放、倾倒、处置有放射性的废物、含传染病病原体的废物、有毒物质受过两次以上行政处罚，又实施前列行为的	（六）2年内曾因在重污染天气预警期间，违反国家规定，超标排放二氧化硫、氮氧化物等实行排放总量控制的大气污染物受过2次以上行政处罚，又实施此类行为的 （八）2年内曾因违反国家规定，排放、倾倒、处置有放射性的废物、含传染病病原体的废物、有毒物质受过2次以上行政处罚，又实施此类行为的	
（七）重点排污单位篡改、伪造自动监测数据或者干扰自动监测设施，排放化学需氧量、氨氮、二氧化硫、氮氧化物等污染物的	（七）重点排污单位、实行排污许可重点管理的单位篡改、伪造自动监测数据或者干扰自动监测设施，排放化学需氧量、氨氮、二氧化硫、氮氧化物等污染物的	
（八）违法减少防治污染设施运行支出100万元以上的	删除	

续表

2016 年司法解释"严重污染环境"的十八项列举（已失效）	2023 年司法解释"严重污染环境"的十一项列举	2023 年司法解释中"情节严重"的情形列举
（九）违法所得或者致使公私财产损失 30 万元以上的	（九）违法所得或者致使公私财产损失 30 万元以上的	（四）违法所得或者致使公私财产损失 100 万元以上的
（十）造成生态环境严重损害的	删除	
（十一）致使乡镇以上集中式饮用水水源取水中断 12 小时以上的	（十）致使乡镇集中式饮用水水源取水中断 12 小时以上的	（五）致使县级城区集中式饮用水水源取水中断 12 小时以上的
（十二）致使基本农田、防护林地、特种用途林地 5 亩以上，其他农用地 10 亩以上，其他土地 20 亩以上基本功能丧失或者遭受永久性破坏的		（六）致使永久基本农田、公益林地 10 亩以上，其他农用地 20 亩以上，其他土地 50 亩以上基本功能丧失或者遭受永久性破坏的
（十三）致使森林或者其他林木死亡 50 立方米以上，或者幼树死亡 2500 株以上的		（七）致使森林或者其他林木死亡 50 立方米以上，或者幼树死亡 2500 株以上的
（十四）致使疏散、转移群众 5000 人以上的		（八）致使疏散、转移群众 5000 人以上的
（十五）致使 30 人以上中毒的；		（九）致使 30 人以上中毒的
（十六）致使 3 人以上轻伤、轻度残疾或者器官组织损伤导致一般功能障碍的		（十）致使 1 人以上重伤、严重疾病或者 3 人以上轻伤的
（十七）致使 1 人以上重伤、中度残疾或者器官组织损伤导致严重功能障碍		

续表

2016年司法解释"严重污染环境"的十八项列举（已失效）	2023年司法解释"严重污染环境"的十一项列举	2023年司法解释中"情节严重"的情形列举
（十八）其他严重污染环境的情形	（十一）其他严重污染环境的情形	（十一）其他情节严重的情形

从表1-3中可以看出，2023年司法解释对污染环境罪中的"严重污染环境"情形的列举相较于2016年司法解释发生了极大的变化，从司法的角度实现了对立法的体系性解释。具体而言主要表现为两个方面：其一，将2016年司法解释中第1条第6项至第10项中规定的破坏大量永久基本农田或公益林地等基本功能、致使大量森林或者其他林木死亡、造成多人中毒或致人伤残等直接侵犯人类法益的情形从基本犯的"严重污染环境"中分离出来，划入加重犯"情节严重"的量刑范畴内，在"严重污染环境"中仅保留了直接针对环境法益的侵害类型，在区分法益侵害对象的层面实现了罪责刑相适应的分层规制。其二，在列举"严重污染环境"情形时删除了"造成生态环境严重损害的"这一实践中不具有判断标准的情形，也删除了"违法减少防治污染设施运行支出"这一过于抽象的法益侵害行为类型。表明立法机关与最高司法机关都意识到了对基本犯与加重犯进行分层的必要性，2023年司法解释也对2016年司法解释过于激进的解释立场进行了反思和修正，旨在使"严重污染环境"的实践判断更具合理性，同时通过具体化的规定对法益侵害程度进行限制，避免不具有现实法益侵害性的行为被纳入犯罪圈，从而过大扩张污染环境罪的成立范围。但这种修正是否彻底解决了旧司法解释所面临的诟病和质疑，仍需要通过学理层面对"严重污染环境"的应然内涵与外延进行展开，从规范的角度对解释结论进行合理性检验。

第四节　刑法保护前置化视野下对"严重污染环境"进行扩大解释的必要性与边界预设

以刑法规范文本中罪状所描述的构成要件要素为解释对象，以司法解释所反映的司法实践为参考，在肯定污染环境罪之"严重污染环境"为结果要素的前提下，通过上文分析可以看出，污染环境罪的刑法保护相较于重大环境污染事故罪,在刑事立法上已经通过扩大污染物的范围与对结果要素的要求降低实现了相当程度的前置,最值得肯定同时也是争议的根源便是将构成要件所要求的结果要素从"造成重大环境污染事故,致使公私财产遭受重大损失或者人身伤亡的严重后果"的双重结果改为"严重污染环境"的单一结果,实质上反映出对经验事实因果流程的保护阶段发生了前置,进一步反映出保护的核心法益发生了变化。但从司法解释在解释"严重污染环境"时的实践反馈来看,对刑法规范起到具体解释作用的司法解释本应与刑法规范的立场完全一致,但在污染环境罪中出现的争议一方面暴露了立法时未考虑周全的问题,另一方面也起到了对刑法保护程度不足的立法批判作用。因此,有必要在遵守现行刑法规范的基础上,从刑法解释的角度对"严重污染环境"进行新的适应性扩大解释。尽管大部分争议是出现在2020年《刑法修正案(十一)》与2023年司法解释出台之前,但刑法与司法解释最新的修正也并没有解决"严重污染环境"面临的解释与证明难题,因此即便在刑法与司法解释已经作出修改的情况下,也应当从理论上为这种修改的合理性与否提供教义学依据,进一步使污染环境罪扩大解释的方向与限度更加明确、更加具有体系性。

一、对"严重污染环境"进行扩大解释的必要性

(一) 社会变动背景下对污染环境罪结果要素进行适应性扩大解释的必要

随着我国经济社会的发展、公害类犯罪一旦发生造成严重后果的现实、公民环保意识的增加和国家治理理念的转换,各个主体对环境问题的重视程度与日俱增,国家层面对风险防控和早期介入的政策导向以及社会层面公众对安全需求的增加,进而导致刑法的功能和定位发生了结构性的转变[1],即刑法由一套注重于事后惩罚的谴责体系,渐渐蜕变为一套偏好于事前预防的危险管控体系[2]。

从政策角度来看,自2001年第十个五年计划纲要在第15章"加强生态建设,保护和治理环境"中明确"要把改善生态、保护环境作为经济发展和提高人民生活质量的重要内容,加强生态建设,遏制生态恶化,加大环境保

---

[1] 张永强:《预防性犯罪化及其限度研究》,中国社会科学出版社2020年版,第83页。
[2] 劳东燕:《风险社会与功能主义的刑法立法观》,载《法学评论》2017年第6期。

第一章　污染环境罪的刑法保护前置化历程与扩大解释的必要性分析

护和治理力度，提高城乡环境质量"[1]，到 2005 年第十一个五年规划纲要在意识到粗放型经济增长方式带来问题的情况下，提出"着力提高资源利用效率、降低物质消耗、保护生态环境，坚持节约发展、清洁发展、安全发展，实现可持续发展"[2]，再到 2011 年第十二个五年规划提出"以解决饮用水不安全和空气、土壤污染等损害群众健康的突出环境问题为重点，加强综合治理，明显改善环境质量"[3]都鲜明地表现出国家愈发重视生态环境治理的政策导向。为了更好地保护生态环境，党的十九大报告旗帜鲜明地指出，"像对待生命一样对待生态环境"，"实行最严格的生态环境保护制度"。[4]此后，2016 年第十三个五年规划提出"创新环境治理理念和方式，实行最严格的环境保护制度，强化排污者主体责任，形成政府、企业、公众共治的环境治理体系，实现环境质量总体改善"[5]。2020 年第十四个五年规划提出"坚持绿水青山就是金山银山理念，坚持尊重自然、顺应自然、保护自然，坚持节约优先、保护优先、自然恢复为主，守住自然生态安全边界。"[6]2021 年 3 月 5 日，政府工作报告提出要"加强污染防治和生态建设，持续改善环境质量"[7]。各阶段五年规划的目标反映出，我国的环境政策从不断加大环境保护治理力度，到加强综合治理，再到实行最严格的环境保护制度，及至最新阶段坚持"绿水青山就是金山银山"的理念，环境治理的力度不会放松，尤其是经历过粗放式经济发展带来的恶果，政策上更倾向于将各种治理手段发挥到极致，在各自的范围内最大限度发挥作用。基于国家治理政策侧重点转换的背景，此后出台的司法解释直接将该社会政策视同刑事政策，并将此政策性的导向纳入对刑法规范的解释当中，因此污染环境罪刑法保护前置化不仅限于刑事立法方面扩大污染物范围、降低入罪门槛，在理解特定社会政策导向的背景下，基于"严重污染环境"要素的特殊性，有必要对其进行适应性的扩大解释，并从学理上为解释提供路径、方法以及划定扩大解释的合理边界。

---

[1]《中华人民共和国民经济和社会发展第十个五年计划纲要》。
[2]《关于制定国民经济和社会发展第十一个五年规划建议的说明》。
[3]《中华人民共和国民经济和社会发展第十二个五年规划纲要》。
[4] 刘伟琦：《污染环境罪司法解释与刑法原理的背离及其矫正》，载《河北法学》2019 年第 7 期。
[5]《中华人民共和国民经济和社会发展第十三个五年规划纲要》。
[6]《中共中央关于制定国民经济和社会发展第十四个五年规划和二〇三五年远景目标的建议》。
[7]《李克强：加强污染防治和生态建设，持续改善环境质量》，载《资源节约与环保》2021 年第 3 期。

（二）"严重污染环境"实害结果的认定存在难以突破的司法证明困境

从污染环境罪的犯罪构成表述上直观来看，"严重污染环境"意味着其法益保护内容从人类法益前置到环境法益，但是对于法益保护阶段仍旧停留在对环境法益的实害上，已有的前置化进程虽然从逻辑上实现了入罪门槛的降低，但是并没有从实际上解决司法实践中"严重污染环境"鉴定难、结果认定难、因果关系证明难、主观罪过判断难的问题。环境损害本身在相当大的程度上就缺乏直观性和即时性，很多时候污染对环境的影响以及对人群的损害是一个细微衍变、缓慢渐进的过程，不必然即时对环境造成严重危害，也不会即时给社会公众健康造成伤害。[1]这一问题首先表现在，2011年《刑法修正案（八）》虽然实现了对污染环境罪的刑法修正，但是在2011至2013年间，"严重污染环境"的标准不明确，导致司法实践无所适从，污染环境罪的修法目的仅仅体现为逻辑上的门槛降低和保护对象提前，但在无法解决司法实践难题的情况下，难免会被贴上"象征性立法"的标签。直到2013年司法解释出台，司法机关才有了可供参照的依据。

"严重污染环境"的司法认定难题是污染环境犯罪固有的特点所致，与刑法规范逻辑层面是否降低入罪门槛并没有根本联系。例如在王某明等污染环境罪案[2]中，二审审判长在对本案进行评析时指出："从污染环境犯罪的特点看，由于污染损害的显现往往需要有一个过程，且因果关系往往具有累积性及多因一果的特点，证明难度大，如果将严重污染环境解释为必须造成实害结果，也会极大地不当限缩污染环境罪的成立范围。"[3]真正需要做的是根据污染环境犯罪特殊事实因果流程与客观存在的证明困境特点，调整刑法规范的保护范围，刑法保护的前置化不仅应从逻辑上完成，更应具有可操作性与实践性，当其明显无法有效适用于司法实践时，就需要对规范内容进行反思和适应性扩大解释。

---

[1] 薛培：《核泄漏、核污染、核扩散犯罪主观方面探微——以核安全生产事故犯罪为中心》，载《西南民族大学学报（人文社会科学版）》2014年第1期。

[2] 苏州市姑苏区人民法院［2017］苏0508刑初115号。苏州市中级人民法院［2017］苏05刑终933号。

[3] 徐清宇、姚一鸣：《在风景区内倾倒填埋垃圾构成污染环境罪》，载《人民司法》2018年第11期。《王菊明等污染环境、诈骗案——在风景区内倾倒填埋垃圾构成污染环境罪》，载http://www.pkulaw.cn/pfnl/a25051f3312b07f3ffb47b0c74b66b063eb5c7bc2a9cdfe8bdfb.html?keywords=王菊明&match=Exact，最后访问日期：2024年5月16日。

(三) 司法解释违反罪刑法定原则的批评并未得到合理回应

如上所述，刑法解释的对象文本是刑法规范，司法解释的解释文本也应当是刑法规范，在解释作为结果要素的"严重污染环境"时，司法解释所列举的情形明显超出了这一结果要素的文义边界。虽然刑法学者与司法解释起草者均试图通过引入情节犯概念，将司法解释的规定予以合理化，例如通过将"严重污染环境"解释为应当包含"严重地污染"与"严重的污染"两层内涵[1]，认为这一概念同时代表着对污染行为严重与污染后果严重的行为与结果的双重规定，从而主张"严重污染环境"其实是一种综合性的定罪要素，通过转换语义，将其理解为"污染环境情节严重"[2]，从而为污染环境罪赋予情节犯属性。但是这种努力也不过是一种在调和刑法规范与司法实践冲突中所采用的无奈之举，既没有正视和承认刑法规范实践性的不足，也没有从司法实践中重新提取经验事实以对规范进行合理回应，更缺少对规范的合理解释路径探究，如此一来，污染环境罪的争议问题就永远无法得到解决。尚且不论"严重污染环境"本身并非"情节严重""情节恶劣"这种表征情节犯属性的犯罪构成表述，在《刑法修正案（十一）》中又将"情节严重"作为加重犯的成立条件，排除了将基本犯理解为情节犯的可能性，即便承认可以把"严重污染环境"理解为情节要素，但如果将明显的结果要素解释为上位概念情节要素，无疑是一种由具体向抽象的逆向解释，是对刑法规范精确化进程的阻碍，通过将本来具有一定明确性的构成要件模糊化以实现扩大刑法处罚范围的目的，这不是刑法解释或司法解释应有的功能，恰恰是对其解释功能的背离。由于广义的"情节"是"结果"的上位概念，前者具有比后者更大的包容性和更丰富的内涵，这种解释思路极有可能引发消极的连锁反应，即在刑法解释无法明确界定某个刑法规范所要求的构成要件要素概念时，司法解释即通过将其概括为"情节要素"，通过概念属性的改变将这一要素模糊化，即便之后司法解释能够通过详细的列举、描述以对该概念作出解释，这种先模糊、后精确的解释逻辑，难免会造成对刑法规范构成要件要素的曲解，最终不过是通过逻辑上的演绎和偷换概念，看似是对罪刑法定原则的尊重，但实际上出现的却是司法

---

[1] 刘清生：《论污染环境罪的司法解释》，载《福州大学学报（哲学社会科学版）》2013年第5期。

[2] 黄旭巍：《污染环境罪法益保护早期化之展开——兼与刘艳红教授商榷》，载《法学》2016年第7期。

解释立法化的结果,这不是司法解释应有的立场与功能。

因此,在刑法规范框架与内容之下,旧司法解释无法回应其违反罪刑法定原则的批评,2023年司法解释虽然作出了调整,但其解释逻辑与旧司法解释并无二致,缺少充分且合理的学理基础。虽然刑法规范与司法解释的制定基础不同,但司法解释作为一种刑法解释而非法律规范的地位不应被实质改变。同时也必须意识到,司法解释通过对司法实践的总结归纳所得出的具体化的行为类型,为刑法规范进行修正提供了最具实用性的参考,应借助司法解释,从理论上推动对污染环境罪刑法保护前置程度的适应性扩大解释,同时探究更为恰当的解释方法与解释路径来解决污染环境罪司法解释违反罪刑法定原则与刑法保护合理化的问题。

二、污染环境罪刑法保护的域外经验

环境污染问题伴随着人类社会的发展而产生并逐渐恶化,随着工业化的进程迅速显现出严重危害后果,频发的事故与造成的惨重代价引起了各国的重视。工业化早期,以污染环境为代价换取经济发展的路径已经被诸多国家践行,而后证明"先污染、后治理"是错误的理念,从而转入在发展经济的同时注重环境保护的正确道路。尤其到了20世纪70年代以来,以有效保护环境为目的的环境刑法的角色一直都是刑事政策的焦点。[1]在通过刑法实现环境污染控制的社会治理方面,"明确环境法益的独立性,将环境刑法的保护重点从个人法益转向环境法益或两者并重是西方环境刑法立法现代化的核心标志"。[2]

我国的工业化起步较晚,环境政策的目标转向也晚于其他工业化国家,但是由人类与环境的关系所致,环境刑事政策的发展上必然有其共性,我国的刑事政策也从不重视环境、到环境与经济并重、再到重视环境的基础性价值逐渐转变。其他国家的环境刑事政策以及以法益保护内容为核心的现代化转向,为我国污染环境罪刑法保护的完善提供了值得借鉴的经验。

(一)国际立法经验

自20世纪70年代开始,环境犯罪出现了全球化发展趋势,由此推动了

---

[1] [德]汉斯·约格·阿尔布莱西特:《有组织环境犯罪:概念、规模和结构》,樊文译,载陈泽宪主编:《刑事法前沿》(第4卷),中国人民公安大学出版社2008年版,第67页。

[2] 钱小平:《环境刑法立法的西方经验与中国借鉴》,载《政治与法律》2014年第3期。

国际环境刑事立法的进展。1978年，国际刑法学协会在华沙预备会议中提出了运用刑法保护环境的决议案，并在1979年的第十二届国际刑法学会决议中作出了"必须将故意严重影响环境的行为纳入国家犯罪行列，并以适当的方式进行惩罚"的规定。[1]1979年联合国国际法委员会起草、1996年通过的《关于国家责任的条文草案》第19条将严重违背对维护和保全人类环境具有根本重要性的国际义务，如禁止大规模污染大气层或海洋的义务，规定为国际罪行之一。[2]自1899年至今，关于保护、预防和惩治严重危害环境的违法犯罪的国际文件已近百个，涉及空间、海洋、水流、污染物、废物等多个方面。联合国国际法委员会在1991年提交的《危害人类和平及安全治罪法草案》中将故意严重破坏环境的行为作为危害人类和平与安全罪的战争罪行之一。

国际立法层面关注的是在国际领域范围内污染环境可能引发的影响全球生存环境的问题，虽然并不直接针对我国污染环境罪"严重污染环境"这一构成要件要素提供解释依据，但能够从环境犯罪的发展趋势及国际社会的立法态度中看出，对环境犯罪的立法应当持有一种早期化、前置化态度，将禁止污染作为一项义务，通过树立刑法保护环境的立法理念，实现法益保护的合理前置。

(二) 德国立法经验

《德国刑法典》第二十九章以专章的形式规定了危害环境之犯罪，并且根据不同的环境要素，对罪名进行了细致划分——第324条水污染罪、第324条a土地污染罪、第325条污染空气罪、325a条招致噪声、震动，以及非游离辐射罪、第326条危害环境之废弃物清理罪、第327条不法营运设施罪、第328条未经允许处理核燃料、其他危险物质与物品罪、第329条危害保护区罪、第330a条逸漏有毒物质致重大危险罪。在各个罪名的罪刑规范中，根据各环境要素的特点，设置了基本犯、未遂犯、故意犯、过失犯，并分别规定了相对应的法定刑。例如《德国刑法典》第324条水污染罪规定："（1）擅自污染水体或其他使水质恶化者，处5年以下有期徒刑或罚金。（2）未遂犯罚之。（3）因过失而犯第1项之罪者，处3年以下有期徒刑或罚金。"[3]表明德国刑法将水污染罪的基本犯规定为针对水体或水质这一环境法益的实害

---

[1] 李梁：《环境犯罪刑法治理的早期化问题研究》，北京大学出版社2023年版，第57页。
[2] 贾宇：《国际刑法学》，法律出版社2019年版，第348页。
[3] 《德国刑法典》，王士帆等译，元照出版公司2017年版，第408页。

结果犯，只要达到"恶化"的程度即可。由于《德国刑法典》第15条关于故意与过失规定"行为非出于故意或过失者，不罚。过失行为之处罚，以有特别规定者为限"。[1]水污染罪第3款就是以特别规定的形式设置了过失犯，从而为本罪主观罪过形式提供了明确的法律依据，即水污染罪包括故意犯与过失犯，二者的客观构成要件一致，根据主观责任程度的不同，应在各自的法定刑幅度内量刑。德国刑法在分则各个罪名中明确规定故意犯与过失犯的立法例，使得"特别规定"仅限于分则条文中有"过失"字样的规定，不会出现根据其他用语把某一犯罪类型的罪过形式解释为过失的情形。[2]也就不存在我国通过将"法律有规定"解释为法律有"明文规定"或是"文理规定"或是"实质规定"的方式探讨某一罪名的主观罪过应然立场。

而《德国刑法典》第324a条污染土地罪规定："（1）违反行政法上之义务而投放、排入、逸放物质，而污染土地或致土地之其他有害性变更：1. 足以生损害他人健康、动物、植物，或其他物品之重大价值或水体，或2. 于显著范围，处五年以下有期徒刑或罚金。（2）未遂犯罚之。（3）因过失犯之者，处3年以下有期徒刑或罚金。"[3]这一规定表明污染土地罪的核心保护法益为双重法益，即包括人类法益与环境法益，对法益的保护阶段为存在"足以产生损害"的具体危险即可，本罪为具体危险犯，第3款亦以特别规定的形式设置了过失犯。

此外，《德国刑法典》第330条关于危害环境犯罪的特别严重情形分别规定了情节加重犯与结果加重犯，其中第1款规定的"情节特别严重的"包括"（1）污染水域、土地或第329条第3款规定的保护区，致使此等污染不能清除，或需花费巨额费用或相当长时间之后才能清除的，（2）危害公共供水设备的，（3）持久损害濒临灭绝的动物或植物的，或（4）为获利而行为的"[4]，第2款规定的加重结果包括"（1）致他人有死亡危险或严重损害他人健康或不特定多数人健康的，或（2）造成他人死亡的"。[5]对不同严重程度的危害结果进行了区分，实现了基本犯与加重犯的法定刑等级区分。

---

〔1〕《德国刑法典》，王士帆等译，元照出版公司2017年版，第17页。
〔2〕李梁：《德国环境刑法中的罪过形式立法及启示》，载《国外社会科学》2020年第1期。
〔3〕《德国刑法典》，王士帆等译，元照出版公司2017年版，第408~409页。
〔4〕《德国刑法典》，徐久生译，北京大学出版社2019年版，第234页。
〔5〕《德国刑法典》，徐久生译，北京大学出版社2019年版，第234页。

因此，《德国刑法典》精细化的立法模式能够比较清晰地表明污染环境罪的法益保护内容、法益保护阶段、主观罪过，在司法适用中不需要通过过多的解释即能与作为小前提的事实进行对应，这种具体描述犯罪构成要件要素的立法例是德国刑法的重要特征，也值得我国污染环境罪在进一步精确化的过程中予以借鉴。然而一切的借鉴都必须从我国的国情出发，不能盲目效仿或引入，直接在我国的刑事立法中进行如此细致的罪名分类和罪状描述与我们的立法惯例并不契合，但可以通过总结德国刑法中关于污染环境犯罪的罪状描述，通过归纳的方法抽象总结出更能反映法益保护内容与法益保护阶段的犯罪构成要件要素，并明确规定本罪的主观罪过形式以减少司法适用中对罪过认定不清、理论研究中对罪过形式的争论等问题。

（三）日本立法经验

日本在20世纪70年代之前，由于富山骨痛病事件、水俣病事件、四日市哮喘病事件、爱知县米糠油事件等多起环境污染事件的发生，推动了1970年《关于处罚危害人体健康的公害罪法》（简称《公害罪法》）的出台。《公害罪法》的性质为单行刑法，其目的在于"通过惩罚危害人体健康的公害行为，来防治危害人体健康的公害"[1]。该法所规制的对象为"伴随工厂或企业的业务活动而排放有害于人体健康的物质，对公众的生命或身体造成危险者"[2]。从立法目的与规制对象可以看出，《公害罪法》以人类法益为核心保护法益，但在对法益的保护阶段上并不限于对人类法益造成实害的行为，而是对"公众的生命和身体造成危险"即可。此外，在犯罪的证明问题上，《公害罪法》第5条规定"如果某人由于工厂或企业的业务活动排放了有害于人体健康的物质，致使公众的生命或健康受到严重危害，并且认为在发生严重危害的地域内正在发生由于该种物质的排放所造成的对公众的生命和健康的严重危害，此时便可推定此种危害纯系该排放者所排放的那种有害物质所致"[3]，采因果关系推定规则，即"犯罪行为与危害后果之间的因果关系可依推定原则确定"[4]。

---

[1] 冯军、尹孟良：《日本环境犯罪的防治经验及其对中国的启示》，载《日本问题研究》2010年第1期。

[2] 曲阳：《日本的公害刑法与环境刑法》，载《华东政法学院学报》2005年第3期。

[3] 吴献萍：《环境犯罪与环境刑法》，知识产权出版社2010年版，第388页。

[4] 邹瑜、顾明主编：《法学大辞典》，中国政法大学出版社1991年版，第233页。

除《公害罪法》之外，《日本刑法典》第 2 编第 15 章还规定了"有关饮用水"的犯罪。此类犯罪是针对公众即不特定或者多数人的生命、身体的危险犯。[1]例如第 142 条污染净水罪规定，"污染供人饮用之净水，致使不能饮用者，处 6 月以下惩役或 10 万日元以下罚金"[2]。第 144 条将毒物等混入净水罪规定，"将毒物或者其他足以危害他人健康的物质混入供人饮用的净水的，处 3 年以下有期惩役"。其中"足以危害他人健康的物质"，包括可以引起中毒症状，并且引起眩晕呕吐的物质[3]。第 145 条规定了污染净水等致死伤罪。第 146 条规定了"将毒物或者其他足以危害他人健康的物质混入通过水道供公众饮用的净水或者其水源的，处 2 年以上有期惩役；因而致人死亡的，处死刑、无期惩役或者 5 年以上有期惩役"。日本刑法"有关饮用水"犯罪的规定，也明确地表现出对具有不同结果严重程度的基本犯与加重犯的罪刑规范立场。

（四）欧盟立法经验

欧盟 1998 年《通过刑法保护环境公约》对刑法在环境保护方面的作用提出了明确要求，主张"尽管必须主要通过其他措施预防对环境的损害，刑法在环境保护方面有着重要的作用；坚信必须将引起严重后果的环境损害确定为接受适当制裁的刑事犯罪"。[4]

在主观罪过方面，其中第 2 条规定了故意犯的成立条件："1. 缔约方应采取必要的适当措施，根据其国内法将以下故意实施的行为确定为刑事犯罪：a. 对空气、土壤或水排放、发散或引入一定数量的物质或电离辐射，并：i 引起任何人的死亡或严重伤害，或 ii 对任何人的死亡或严重伤害带来了重大的危险；b. 对空气、土壤或水非法排放、发散或引入一定数量物质或电离辐射，并对其造成或可能造成持续退化，或对任何个人造成或可能造成死亡或严重的伤害，或对受保护的遗址、其他受保护的物体、财产、动植物造成实质性的损害；c. 非法处置、处理、贮存、运输或进出口危险废物，造成任何人的

---

[1]［日］松宫孝明：《刑法各论讲义》，王昭武、张小宁译，中国人民大学出版社 2018 年版，第 309 页。

[2]《日本刑法典》，陈子平编译，元照出版有限公司 2019 年版，第 96 页。

[3]［日］松宫孝明：《刑法各论讲义》，王昭武、张小宁译，中国人民大学出版社 2018 年版，第 310 页。

[4] 欧洲理事会：《通过刑法保护环境公约》，丁明方译，载王曦主编：《国际环境法与比较环境法评论》，法律出版社 2002 年版。

死亡或严重伤害，或空气、土壤、水、动植物质量的实质性损害；d. 非法营运从事危险活动的工厂，造成或可能造成任何人的死亡或严重伤害，或空气、土壤、水、动植物质量的实质性损害；e. 非法制造、处理、贮存、使用运输或进出口核材料或其他危险放射性物质，造成或可能造成任何人的死亡或严重伤害，或空气、土壤、水、动植物质量的实质性损害。"[1]第3条规定了因过失构成第2条之违法行为的也应规定为犯罪。[2]

公约各项对排放的污染物种类进行了有区别的规定，但重点都在于需要造成一定的结果：其中a项要求的结果包括造成人身伤亡的实害结果与人身伤亡的危险结果，是对人类法益的实害犯与危险犯规定；c项所规定的污染物为"危险废物"，需要造成人身伤亡的实害结果或环境对象受损的实害结果，即是对人类法益的实害犯与对环境法益的实害犯规定；b项、d项、e项所要求的结果均为人身伤亡的实害结果或危险结果与环境受损的实害结果或危险结果，即包括了对人身法益实害犯、人身法益危险犯、环境法益实害犯、环境法益危险犯的包容性规定，其中d项是对特定主体的规定，e项是对特殊污染物"核材料或其他危险放射性物质"的规定。

因此，公约规定的刑事犯罪类型包括对人身和环境的实害结果犯与危险结果犯。具体而言，在法益保护内容方面，除a项的保护法益为单一人类法益之外，公约其他几项规定保护的均为人类法益与环境法益的双重法益；在法益保护阶段方面，公约中各项规定根据不同的法益保护对象，规定了不同的保护阶段，总的来说，涵盖了对人类法益实害犯、人类法益危险犯、环境法益实害犯、环境法益危险犯这四种法益保护阶段的规定。

（五）其他国家立法经验

《巴西环境犯罪法》第54条"引起任何性质的、达到导致或能够导致损害人类健康或者能够造成动物死亡或植物大规模毁灭程度的污染的，处以1年至4年的监禁和罚金"[3]的规定，表明在法益保护内容上并不限于对人类

---

[1] 欧洲理事会：《通过刑法保护环境公约》，丁明方译，载王曦主编：《国际环境法与比较环境法评论》，法律出版社2002年版。

[2] "1. 缔约方应采取必要的适当措施，根据其国内法将因过失构成第2条第1款a至e项所列举的违法行为规定为犯罪。"欧洲理事会：《通过刑法保护环境公约》，丁明方译，载王曦主编：《国际环境法与比较环境法评论》，法律出版社2002年版。

[3] 《巴西环境污染犯罪法》，郭怡译，中国环境科学出版社2009年版，第16页。

法益的保护，也包括对"动物、植物"这两类特殊对象背后的环境法益的保护，但需要注意的是，本条旨在保护的犯罪对象是非常明确具体的，其所承载的环境法益需限定在法定范围内，并未涉及其他类型的环境法益。在法益保护阶段上，不仅限于对法益造成实害，而且包括产生法益侵害的危险。有学者认为，"这一规定摒弃了传统的人类中心主义思想，在具体规定上体现出生态法益的保护理念"[1]，但这一观点有待商榷。本条虽然可以体现出对生态法益的保护理念，但不代表着对人类中心主义的完全摒弃，其法益保护内容包括人类法益与以动植物法益为内容的环境法益，并非对整体生态环境的保护，是在人类中心主义的基础上增加了特定保护对象，但并未完全转向生态中心主义，而且由于增加的环境法益内容具有特定性，是否可以视为是生态学的人类中心主义立场也不能就此定论。

《挪威刑法典》第152条b规定："污染空气、水、土壤，对该地区的环境造成损害或者损害危险的……"《丹麦刑法典》第196条规定："违反《环境法》之规定……污染空气、水流、土壤或者地表下层，由此引起重大环境损害的，或者具有引起环境损害之现时危险的……"均表明基本犯所规制的对象均为对环境法益的实害犯与危险犯。

《俄罗斯刑法典》不但以专章的形式规定了生态犯罪，而且第26章的17个条款均将生态环境法益作为环境污染犯罪的必要条件，人类健康只是环境污染犯罪加重情节的构成要件，而不再是环境污染犯罪构成的必要条件。[2]既从刑法规范与法益保护角度实现了对环境法益相对于人类法益的提前保护，又对侵害环境法益与人类法益的犯罪行为规定了不同的法定刑幅度。

从国外关于环境污染问题的刑法规范来看，可借鉴的经验主要集中于三个方面：第一，法益保护内容不仅限于人类法益，而是包括了人类法益与环境法益，乃至基本犯中只有环境法益，将人类法益作为加重犯犯罪构成中所保护的法益对待，通过罪状表述对造成不同严重程度的结果进行区分，实现侵害人类法益与环境法益罪刑结构的分层；第二，在法益保护阶段方面，从对人类法益的实害前置到对人类法益的危险、对环境法益的实害、乃至对环

---

[1] 吴献萍、刘有仁：《环境犯罪立法特色与机制评析——以巴西为例》，载《环境保护》2018年第21期。

[2] 冯军：《国外环境污染犯罪治理的经验分析》，载《河北法学》2014年第3期。

境法益的危险；第三，以《德国刑法典》和欧盟《通过刑法保护环境公约》为代表，对主观罪过形式进行了明确规定，且分别规定了相应的法定刑幅度，在坚持责任主义原则的前提下，实现了对罪责刑相一致原则的遵守。

三、污染环境罪扩大解释的边界预设

（一）理性对待环境保护与经济发展之间的博弈

环境所具有的独特的包容性导致了人类社会在发展的过程中既依赖环境，又在一定程度上消耗环境，自然环境特有的再生能力与净化能力为人类活动提供了相当大的空间，适度的消耗甚至污染并不足以对环境产生负面影响，由环境所提供的成本成为人类社会得以发展的条件。

在原始采集狩猎时期，人与自然是一种混沌统一的关系，[1]人类对自然的依赖程度较高，对自然的改造与影响程度较低，人类活动与其他物种和各种自然现象同属于自然规律的大范畴之下，共同受自然规律的支配。进入农业文明时期，人与自然是一种和谐相处的关系，[2]人类开始干预和影响自然，由于生产力水平不高，尚未超过自然的自我调节与容纳能力，因此人类与自然之间尚能保持和谐相处的关系。到了工业文明时代，人与自然的关系发生了根本变化，人不再与自然和谐共处，而是在大力发展经济的目标驱使下，逐渐走向环境所能承受的临界点，甚至在相当大的程度上已经超过了环境承受临界点。在过去粗放式的发展模式下，我国的工业化进程的确显著加速，但是与之相伴的代价也较为惨痛。

实际上，早在几十年前，德国社会与德国刑法界在保护环境方面就有过环境保护与经济发展孰轻孰重的激烈争论。在德国经济界经常听到强调环境保护会危害"德国的经济地位"（Wirtschaftsstandorts Deutschland）的说法，刑法界有一些意见强调刑法在打击环境犯罪中的辅助作用（Die flankierende Charakter），强调刑法只能作为"最后手段"（ultimaratio）来使用。[3]

虽然越来越多的人意识到保护环境对于人类社会可持续发展的重要性，

---

[1] 曹锦秋：《法律价值的"绿色"转向——从人类中心主义法律观到天人和谐法律观》，北京师范大学出版社2010年版，第38页。

[2] 曹锦秋：《法律价值的"绿色"转向——从人类中心主义法律观到天人和谐法律观》，北京师范大学出版社2010年版，第39页。

[3] 王世洲：《德国经济犯罪与经济刑法研究》，北京大学出版社1999年版，第400页。

但不可否认的是,正如艾瑟尔教授所言:"长期以来,环境保护是以一种以人类为中心的自私的短浅目光并且只以为人类服务或保护自然资源为目的。"[1]工业社会已经形成的发展惯性几乎不可能在短时间内使人与环境的关系回归到原始社会或农业文明时期的状态。当以刑法手段保护环境成为一种紧迫且必要的任务,对污染环境罪刑法保护进行前置或适应性扩大解释时则必然要考虑环境保护的力度与经济发展之间的关系。

有学者清晰地指出,"环境污染问题不同于原先的'醉驾'问题,前者既是一个法律问题,也是一个政治问题,而后者基本上是一个单纯的法律问题"。[2]在环境污染问题上,保护环境最好的方法就是禁止可能会污染环境的行为,这种方案在我国历史上早有先例,例如《韩非子》记载"殷之法,弃灰于公道者断其手"[3],秦律也规定"刑弃灰于道"[4],《明大诰》中甚至将弃灰于道处以死刑[5],虽然有学者认为这种严苛的环境法律制度表现着法制的严酷[6],但也有学者通过考察指出,秦"刑弃灰于道"的规定与马政有关[7],是当时为充实军队战马、鼓励养马并保护马匹政策主导下的一项特殊规定,与环境污染关系不大,也非泛指任何污染环境的行为。

如果从纯粹的保护环境立场出发,政策上完全可以规定禁止向环境排放、倾倒、处置任何有毒有害物质,但这同样不具有可操作性,现代生活产生的生活垃圾、工业化生产产生的有害物质、医学治疗产生的医用垃圾等有毒有害物质,在当前尚未达到完全无害化的技术条件下,必然需要适当地牺牲一部分的环境利益,对环境的保护不能过于绝对化或极端化,乃至严重遏制经济社会的发展和人类生存的需要。当向环境中排放污染物成为一种不可避免的做法,合法合规地排放便是为保护生态环境设置的第一道防线,若违法排放污染物则可能导致行政处罚或生态损害赔偿责任,这是通过惩罚以保护生

---

[1] 王世洲:《德国经济犯罪与经济刑法研究》,北京大学出版社1999年版,第400页。
[2] 刘艳红:《环境犯罪刑事治理早期化之反对》,载《政治与法律》2015年第7期。
[3] 罗桂环等主编:《中国环境保护史稿》,中国环境科学出版社1995年版,第11页。
[4] 《史记》卷87《李斯列传》,转引自朱金才、李金玉:《"弃灰法"新考——基于马政的拓展分析》,载《山西大同大学学报(社会科学版)》2016年第4期。
[5] 岳臣忠:《刑法之重》,四川大学出版社2017年版,第150页。
[6] 罗桂环等主编:《中国环境保护史稿》,中国环境科学出版社1995年版,第11页。
[7] 朱金才、李金玉:《"弃灰法"新考——基于马政的拓展分析》,载《山西大同大学学报(社会科学版)》2016年第4期。

态环境设置的第二道防线，只有违反国家法律法规排放特定的污染物且严重污染环境的，才会触发作为第三道防线的刑法保护机制的启动。由此可以看出，对生态环境的"破坏"和"保护"是同步进行的，二者看似是一种博弈，但也并非非此即彼的选择题。

（二）构成要件限制必要性：行政违反处罚法之否定

在当前的立法模式下，污染环境罪是典型的行政犯、法定犯，更准确地说，是行政违反加重犯，其内容由"行政违反+加重要素"所构成，构成要件表现为"行政违反+严重结果"[1]。行政犯的行政前置性一方面为危害行为的认定提供了相应的行政规则，另一方面也决定了需要明确行政违法与刑事犯罪的界限。因此，在作为行政违法加重犯的污染环境罪中，这一界限就是由"严重污染环境"来界定的，对"严重污染环境"必须作出实质性的合理解释，若不当地扩大"严重污染环境"的范围，甚至忽略对"严重污染环境"危害性的实质评价，会直接模糊行政违法与刑事犯罪之间的界限，进而导致刑法规范丧失独立性，沦为行政违反处罚法。例如，在环境污染案件中，我国现行《环境法》《排污许可管理条例》等前置法律法规对违法排放污染物、因污染环境和破坏生态造成损害等行为均规定了相关的法律责任与处罚措施，其中，"通过暗管、渗井、渗坑、灌注或者篡改、伪造监测数据，或者不正常运行防治污染设施等逃避监管的方式违法排放污染物"[2]这类行为方式，在《环境保护法》（2014年修订）第63条与《排污许可管理条例》第34条中均以行政处罚的方式加以规定，但污染环境罪司法解释也将这一行为

---

[1] 张明楷：《行政违反加重犯初探》，载《中国法学》2007年第6期。
[2] 《环境保护法》（2014年修订）第63条规定："企业事业单位和其他生产经营者有下列行为之一，尚不构成犯罪的，除依照有关法律法规规定予以处罚外，由县级以上人民政府环境保护主管部门或者其他有关部门将案件移送公安机关，对其直接负责的主管人员和其他直接责任人员，处十日以上十五日以下拘留；情节较轻的，处五日以上十日以下拘留：（一）建设项目未依法进行环境影响评价，被责令停止建设，拒不执行的；（二）违反法律规定，未取得排污许可证排放污染物，被责令停止排污，拒不执行的；（三）通过暗管、渗井、渗坑、灌注或者篡改、伪造监测数据，或者不正常运行防治污染设施等逃避监管的方式违法排放污染物的；（四）生产、使用国家明令禁止生产、使用的农药，被责令改正，拒不改正的。"《排污许可管理条例》第34条规定："违反本条例规定，排污单位有下列行为之一的，由生态环境主管部门责令改正或者限制生产、停产整治，处20万元以上100万元以下的罚款；情节严重的，吊销排污许可证，报经有批准权的人民政府批准，责令停业、关闭：（一）超过许可排放浓度、许可排放量排放污染物；（二）通过暗管、渗井、渗坑、灌注或者篡改、伪造监测数据，或者不正常运行污染防治设施等逃避监管的方式违法排放污染物。"

方式列为符合"严重污染环境"的情形之一[1]，上述规定具有行为方式上的一致性，但可适用的处罚手段截然不同，在这种情况下若不加以区分，会使行政违法与刑事犯罪被混为一谈。

此外，随着法定犯时代的到来，大量行政犯被规定在刑法典中，由此引发了行政犯被滥用的风险。有学者指出，行政犯被滥用的风险，主要体现在构成要件上被过度的"抽象危险化"，在罪状的解释上被过度的"口袋化"，具体而言，由于行政犯的行为类型同违法行为具有极高的一致性，就产生了只要具备相关行政不法行为，即被认定为犯罪的风险，这种风险的实质是将行政犯大多归为了抽象危险犯。[2]而如果不断降低甚至放弃对行政犯构成要件中结果要素的要求，实际上是在不断弱化定量要素划分行政违法与刑事犯罪界限的功能，污染环境罪会逐渐演变为处罚纯行政违法行为，刑法实际上就变为了行政违反处罚法，刑事犯罪与行政违法的界限会逐渐模糊乃至消失，这并不利于实现刑法与行政法在治理违法犯罪问题上的分工合作，也不利于保持刑法的最后手段性与谦抑性特征。因此，在对污染环境罪刑法前置保护进行扩大解释的过程中，客观上必须重视构成要件对定量要素的限制，即对结果要素的描述，不可逐渐模糊乃至删除作为刑法定量要素的构成要件要素。

（三）主观方面的罪责边界：严格责任之否定

"没有责任就没有刑罚"是当前作为通说的责任主义原则的表达，大陆法系国家刑法普遍规定，犯罪的成立原则上以有故意为必要，作为例外即使是没有故意的场合，也以过失为必要。[3]前田雅英教授将责任主义表述为"即便该当了构成要件且违法，但如果不是可归咎于行为人责任的非难可能的行为，则不能予以处罚"。[4]刑罚的目的在于报应和预防，如果不考虑行为人的

---

[1] 2013年《最高人民法院、最高人民检察院关于办理环境污染刑事案件适用法律若干问题的解释》第1条第4项规定："私设暗管或者利用渗井、渗坑、裂隙、溶洞等排放、倾倒、处置有放射性的废物、含传染病病原体的废物、有毒物质的。"2016年《最高人民法院、最高人民检察院关于办理环境污染刑事案件适用法律若干问题的解释》第1条第5项规定："通过暗管、渗井、渗坑、裂隙、溶洞、灌注等逃避监管的方式排放、倾倒、处置有放射性的废物、含传染病病原体的废物、有毒物质的。"

[2] 于冲：《行政违法、刑事违法的二元划分与一元认定——基于空白罪状要素构成要件化的思考》，载《政法论坛》2019年第5期。

[3] 张明楷：《外国刑法纲要》，法律出版社2020年版，第32页。

[4] ［日］前田雅英：《刑法总论讲义》，曾文科译，北京大学出版社2017年版，第28页。

非难可能性，仅以构成要件该当性和违法性作为应受刑罚处罚的依据，那么无疑会走向纯粹的客观责任、结果责任，并且达不到刑罚的预防目的。

责任原则本是产生于克服结果责任的过程中，但是随着社会与日俱增的复杂化发展，在关注社会防卫、强调刑罚的一般预防效果的场合，存在刑法客观化优先，责任原则后退的现象。[1]在污染环境案件的实践判断中，这种思路就表现得非常明显，刑法规范和司法解释规定的对象都是客观的构成要件要素，在客观行为符合构成要件该当性且具有违法性后，主观罪过问题并没有在第一时间进入司法实践关注的范围，司法实践中要么选择忽视主观罪过内容，要么虽然认定故意或过失，但实际上只是对责任原则最基本的遵守，而并没有通过故意与过失的区分体现出罪责刑相一致的责任效果。在对主观罪责的有无及其严重程度的区分问题尚未明晰时，鉴于环境污染问题一旦发生就极有可能会导致严重后果，有学者提出引入严格责任作为污染环境罪的主观罪过形式。[2]

在英美法系刑事责任体系中，严格责任有绝对意义上的严格责任和相对意义上的严格责任之分。英美刑法学者为严格责任作出的解释表明，早期的严格责任相当于绝对责任，是一种不问主观过错的刑事责任，即对某些犯罪的构成不要求一般犯罪构成的主观要件，只要行为人的行为符合法律规定，或者导致了法律规定的某种结果，就可以对其进行起诉或定罪处罚。[3]而现代意义上的相对严格责任与绝对责任不同，相对严格责任实际上仍以罪过为刑事责任承担的主观基础，但主观罪过是推定的，满足了构罪的客观要件后，即推定行为人具有主观罪过。[4]但通常也赋予了被告人无过错等善意辩护权，其本质上属于过错推定责任。[5]由于环境污染犯罪往往具有很强的专业性，要求司法人员对行为人的污染行为承担故意或过失的举证责任非常困难，一味地根据传统过错责任原则来追究环境污染犯罪，会给司法机关带来极大的困难，[6]因此应当在污染环境罪中引入严格责任。此外，在支持严格责任论

---

[1] 黎宏：《刑法学总论》，法律出版社2016年版，第165页。
[2] 侯艳芳：《我国环境刑法中严格责任适用新论》，载《法学论坛》2015年第5期。
[3] 刘仁文：《刑法中的严格责任研究》，载《比较法研究》2001年第1期。
[4] 孙国祥：《刑法基本问题》，法律出版社2007年版，第211页。
[5] 周兆进：《环境犯罪严格责任研究》，中国检察出版社2018年版，第37页。
[6] 周兆进：《环境犯罪严格责任研究》，中国检察出版社2018年版，第142~143页。

的观点中,还有学者认为只有在企业作为犯罪主体的污染型环境犯罪中才可适用严格责任,而不包括自然人。[1]

与严格责任相对的是责任主义,责任主义既要求摒弃严格责任,又要求严格区分故意与过失。[2]其认为刑罚是对犯罪人最严厉的谴责,刑罚的目的是预防犯罪;如果行为人对所实施的行为和造成的结果没有故意与过失,即便予以处罚也不可能抑止在将来的同样状况下发生相同的犯罪行为(不存在预防犯罪的效果)。[3]对环境犯罪规定严格责任缺乏正当性,不仅违反了"主客观相统一"原则,也不符合刑法的谦抑性,[4]有可能造成客观归罪与侵犯人权,因而司法实践中不能忽视对行为人主观罪过的查证。[5]尽管有学者从反对严格责任的立场转向赞成严格责任的立场,但是其理由为"主客观相统一虽系我国《刑法》的重要原则,但既然称之为原则,就必然有例外。严格责任作为主客观相统一原则的例外,也是刑法体系走出保守僵化实现现代化的需要。"[6]"有些犯罪,由于所保护利益的重要性以及罪过本身的隐蔽性,刑法作出另外的规定也是符合常理的。"[7]这无疑意味着严格责任是一种特殊的例外,其立论的基础在于污染环境中存在可能造成结果的严重性、因果关系证明的困难性,不仅突破了传统的故意与过失二分罪过形式,也突破了复杂罪过至少具有过失或对结果有预见可能性的认识,但是出于严格责任的特殊性,同时认为这一罪过形式只能适用于污染环境罪。[8]

尽管目前对严格责任已经有了相当的研究,一些理论上的误解也得到了一定程度的澄清,例如区分相对严格责任与绝对严格责任,认为相对严格责任是值得考虑的严格责任形式。[9]但是在罪过责任原则与我国传统罪过二分法的框架下,对于复杂罪过的存在空间都尚存争议的情况下,讨论是否引入

---

[1] 李佩遥:《论严格责任适用于我国环境犯罪的可行性》,载《社会科学家》2019年第11期。

[2] 苏永生:《污染环境罪的罪过形式研究——兼论罪过形式的判断基准及区分故意与过失的例外》,载《法商研究》2016年第2期。

[3] 张明楷:《行政违反加重犯初探》,载《中国法学》2007年第6期。

[4] 刘之雄:《环境刑法的整体思维与制度设计》,载《法学论坛》2009年第5期。

[5] 高铭暄、郭玮:《论我国环境犯罪刑事政策》,载《中国地质大学学报(社会科学版)》2019年第5期。

[6] 汪维才:《再论污染环境罪的主客观要件》,载《法学杂志》2020年第9期。

[7] 孙国祥:《刑法基本问题》,法律出版社2007年版,第215页。

[8] 参见汪维才:《再论污染环境罪的主客观要件》,载《法学杂志》2020年第9期。

[9] 汪维才:《再论污染环境罪的主客观要件》,载《法学杂志》2020年第9期。

严格责任未免奢侈。我国采用的是非此即彼的一元化判断模式，不能存在或此或彼、是此亦彼的模糊判断，否则将不利于尊重和保障人权，[1] 必须明确"一罪一罪过、一罪一刑罚"原则。[2] "当前我国刑事立法和刑事司法实践中不存在严格责任，而且将来也不应当采用严格责任。责任原则始终是我国刑事责任的原则，无过失责任与我国刑法的性质是背道而驰的，应予否定。"[3] 此外，传统罪过二分法并非已经无法解决污染环境罪的主观罪过问题，只是在目前的理论争议之外，还有更为基础的问题没有得到解决，刑法解释以适用为目的，对立法前景的呼吁固然有必要，但立足于当下的现实也并非不能够为刑法适用找到一条合适的路径。

---

[1] 刘艳红：《民法典绿色原则对刑法环境犯罪认定的影响》，载《中国刑事法杂志》2020 年第 6 期。

[2] 高峰：《污染环境罪法律适用困境之破解》，载《人民检察》2014 年第 7 期。

[3] 陈兴良：《刑法哲学》，中国人民大学出版社 2017 年版，第 247 页。

第二章

污染环境罪双重法益保护立场的理论证成

"不管是在解释论上还是在立法论上,法益概念都起着指导作用。"[1]判断刑法对污染环境罪的前置化保护程度时,首先需要确定法益保护内容。具体而言,如果认为污染环境犯罪是针对人身、财产的犯罪,那么,以刑法手段保护环境就是对人类法益保护的早期化;如果认为环境本身就是刑法所保护的法益,那么以刑法手段保护环境就不是法益保护的早期化。[2]通过对比污染环境罪修正前后的法益保护内容,可以判断本罪的法益保护内容是否发生了实质性的改变,从而确定核心法益保护内容,从法益保护的角度为学理解释和司法解释对"严重污染环境"要件的具体化提供指导和界定标准。

第一节 法益保护原则立场阐明与法益的确认原则

一、法益保护原则立场阐明

法益保护原则是符合刑法目的的基本原则。法益保护主义认为,刑法的任务或目的是保护法益,犯罪应当被限定为对法益的加害行为(侵害法益或者具有侵害法益危险的行为)。[3]我国学者认为,必须将严重侵犯法益的行为规定为犯罪,[4]因此,分则条文将值得科处刑罚的法益侵害行为类型化为构

---

[1] [日]松原芳博:《刑事违法性と法益论の现在》,载《法律时报》2016年第7号,第26页,转引自张明楷:《避免将行政违法认定为刑事犯罪:理念、方法与路径》,载《中国法学》2017年第4期。
[2] 陈洪兵:《解释论视野下的污染环境罪》,载《政治与法律》2015年第7期。
[3] 张明楷:《外国刑法纲要》,法律出版社2020年版,第27页。
[4] 张明楷:《法益初论》,中国政法大学出版社2000年版,第216页。

成要件。〔1〕德国学者也认为，刑法的任务是保护法益，没有或者不允许有不针对特定法益的刑法规定。〔2〕日本的山口厚教授指出："所谓法益保护主义，是指对法益的保护是刑法的任务，犯罪应该限定于对法益的加害行为，即对法益予以现实的侵害的行为，或产生了法益侵害危险的行为，这样的思考方法，已经成为如今学说中通说性质的共识。"〔3〕以符合刑法目的作为立论基础，法益保护原则具有先天的优势地位，也正是因为构成要件是在法益保护原则的指导下进行的类型化总结，在解释构成要件要素时，必须探究和遵循刑法规范的法益保护目的，这是一个双向的"演绎—还原"逻辑过程：正是经由法益保护原则，刑法目的才能够在刑法分则条文中得以实现；也正是通过对法益保护原则的还原，刑法分则条文中构成要件的内涵才能够得以正确解释。

虽然法益本身不属于犯罪构成要件要素，大部分情况下并不在分则中直接明确规定，但是每个罪名所在的章节以及罪状对构成要件的表述实际上能够反映出每一个罪名旨在保护的法益内容。如林山田教授所言："一切犯罪之构成要件系针对一个或数个法益，架构而成。因此，在所有之构成要件中，总可找出其与某种法益的关系。换言之，即刑法分则所规定之条款，均有特定法益为其保护客体。因之，法益可谓所有客观之构成要件要素与主观之构成要件要素所描述之中心概念。据此，法益也就成为刑法解释之重要工具。"〔4〕由法益与构成要件之间的关系可见，法益是构成要件的基础，构成要件是法益的载体，构成要件是刑法规范的形式侧面，法益是刑法规范的实质侧面，二者在刑法目的上具有一致性，是刑法目的不同侧面的反映，因此，法益内容的确定对准确理解刑法目的以及解释构成要件非常重要。对某个刑法规范所要保护的法益内容理解不同，就必然对犯罪构成要件理解不同，进而导致处罚范围的宽窄不同。〔5〕例如在破坏生产经营罪中，如果认为本罪保护的法益仅为财产法益，就很容易将构成要件中的"其他行为"解释为"主要着眼于毁坏生产

---

〔1〕 张明楷：《实质解释论的再提倡》，载《中国法学》2010 年第 4 期。
〔2〕 [德] 冈特·施特拉腾韦特、洛塔尔·库伦：《刑法总论 I——犯罪论》，杨萌译，法律出版社 2006 年版，第 29 页。
〔3〕 [日] 山口厚：《刑法总论》，付立庆译，中国人民大学出版社 2018 年版，第 4~5 页。
〔4〕 林山田：《刑法特论》，三民书局 1978 年版，第 6 页。
〔5〕 张明楷：《法益初论》，中国政法大学出版社 2000 年版，第 217 页。

资料的手段行为",[1]"破坏生产经营罪是故意毁坏财物罪的特殊条款,只有通过毁坏生产工具、生产资料进而破坏生产经营活动的,才构成破坏生产经营罪",[2]进而只能将"其他行为"解释为对生产资料的物理破坏。但是破坏生产经营罪构成要件中的"生产经营"具有双重含义,包括了生产经营的正常进行(即生产经营秩序)和正常生产经营所保有的和创造的财产(生产经营的经济利益[3]),法益保护内容应为正常的生产经营秩序与因生产经营活动的破坏而导致的财产所有权及其他本权的侵犯,[4]在这种法益立场的指导下,进一步通过对行为对象与行为方式的探究,将"其他行为"解释为"通过使必要的生产资料丧失效用,支配性地使生产经营活动无法进行",[5]而非仅限于传统的物理破坏行为,才是更符合时代特征与刑法保护目标的解释结论。

立法目的、法益、构成要件三者之间始终保持着紧密联系。由于构成要件是经过抽象的类型化行为,对构成要件要素的理解就可能存在差异,例如在解释故意毁坏财物罪时,对"毁坏"的理解就存在效用侵害说与有形侵害说[6]的区别。因此,在遇到法律有不明确之处时,需要通过理解立法本义来解释法律,而刑法法益正是蕴含立法本义的载体。[7]在刑法修正的场合,若新的刑法规范基于不同的立法目的对犯罪构成进行调整,使这些具体犯罪的保护法益发生了变化,则刑法理论必须根据刑法规定重新确定保护法益内容,进而对犯罪构成要件作出新的解释。[8]目的论解释就是根据保护法益的内容

---

[1] 张明楷:《刑法学》,法律出版社2021年版,第1344页。

[2] 张明楷:《刑法学》,法律出版社2021年版,第1344页;周光权:《刑法软性解释的限制与增设妨害业务罪》,载《中外法学》2019年第4期。

[3] 吉善雷:《论网络背景下破坏生产经营罪的适用范围》,载《中国检察官》2018年第10期;柏浪涛:《破坏生产经营罪问题辨析》,载《中国刑事法杂志》2010年第3期;卢星翰:《互联网时代破坏生产经营罪的司法实务探讨——基于其处罚范围的分析》,载《法律适用》2019年第6期。

[4] 刘艳红:《网络时代刑法客观解释新塑造:"主观的客观解释论"》,载《法律科学(西北政法大学学报)》2017年第3期。

[5] 徐久生、徐隽颖:《网络空间中破坏生产经营罪之"其他方法"的解释边界——以反向刷单案为切入点》,载《大连理工大学学报(社会科学版)》2021年第4期。

[6] 张明楷:《罪刑法定与刑法解释》,北京大学出版社2009年版,第207页。

[7] 丁后盾:《刑法法益原理》,中国方正出版社2000年版,第131页。

[8] 张明楷:《法益初论》,中国政法大学出版社2000年版,第226页;张明楷:《实质解释论的再提倡》,载《中国法学》2010年第4期。

解释刑法，它并非以抽象的、被定义的法律概念，而是以存在于该概念背后的类型来进行操作，是从"事物本质"来进行论证的。[1]基于不同的立法目的，规范旨在保护的法益内容可能不尽相同，表现于形式侧面就呈现出构成要件的变更；而对构成要件的理解如果脱离立法目的与保护法益，则可能陷入文义解释结论与刑法目的无法统一的困境。

不同的法益保护目的会影响刑法规范的表述和对其进行的解释。在解释污染环境罪中"严重污染环境"时，对立法修改的不同理解，也反映出主张刑法在环境犯罪问题上所应发挥作用的不同立场。因此，要实现对刑法规范的准确解释，仅针对构成要件要素本身进行语义学的文义解释并不足以得出符合规范目的的结论，对法益这一实质要素的分析是理解构成要件内涵与外延的关键所在。但是法益的确定也必须遵循严格的解释方法和路径，如果不被严格解释，就有被滥用的危险。[2]多年来对重大环境污染事故罪与污染环境罪的法益保护内容呈现出纷繁复杂的立场，有多个方面的原因：首先，混淆了不同分类方法下的法益保护内容，一个罪名可能同时保护多个法益，即其保护的是复杂法益，如果没有意识到这一问题，就可能会造成法益保护内容的缺失；其次，在刑法保护法益为复杂法益的情况下，也存在主要法益与次要法益、手段法益与目的法益之间的地位区别与逻辑关联，混淆了法益的主次，同样会导致对构成要件解释结论的不一致；最后，在确认法益保护内容的时候，不能忽视立法理念，或者将立法理念与刑事政策指导下的司法理念混同，尽管立法理念与司法理念应当保持一致，但实际上二者之间也可能存在出入，甚至存在一些观点看似是在解读立法理念，但却是以刑事政策或司法理念对立法理念作出实质的改变。而法益确定的基础一定是立法理念，如果将与之不同的司法理念或刑事政策误认为法益保护内容的判断基础，也必然会导向不同的解释结论。

法益与构成要件之间的关系决定了法益具有解释论机能，而除此之外，

---

[1] [德]亚图·考夫曼：《类推与"事物本质"——兼论类型理论》，吴从周译，学林文化事业有限公司1999年版，第119页。

[2] [日]甲斐克则：《责任原理与过失犯论》，成文堂2005年版，第85页，转引自张明楷：《简评近年来的刑事司法解释》，载《清华法学》2014年第1期。

"法益"概念还具有系统分类功能[1]、系统界定功能[2]以及刑事政策功能[3]。我国的刑法典根据同类法益进行的章节划分即是法益系统分类功能的体现,而通过章节所体现的同类法益又可以从逻辑上反向推导出刑法规范所保护的法益内容。但需要注意的是,通过这种方式得出的法益保护内容并不一定完整,例如,破坏生产经营罪虽然规定在侵犯财产犯罪一章中,但其保护法益为财产法益与社会主义经济秩序双重法益,原重大环境污染事故罪虽然规定在妨害社会管理秩序罪中,但其保护法益为人身、财产法益与社会管理秩序的复杂法益。而法益的刑事政策功能在涉及对犯罪构成要件进行扩大解释或对刑法规范条文进行修正时,起着批判立法的作用。例如,当刑事政策认为醉酒驾驶行为具有刑事可罚性,则其依据应当在于对公共安全法益的保护,认为对公共安全法益产生抽象危险的场合即具有刑事可罚性,在此基础上,刑法将"醉酒驾驶机动车"规定为危险驾驶罪,发挥的就是法益的刑事政策功能。又如,当刑事政策提出对污染环境犯罪"重典治污,严字当头"[4]以及"零容忍"[5]的要求时,表现在刑法规范上就是从重大环境污染事故罪到污染环境罪的修改,在构成要件上表现为从双重结果到单一结果的门槛降低以及保护前置,在法益保护内容上表现为从人类法益到环境法益的前置。也是在这一政策的主导下,在解释污染环境罪的结果要素"严重污染环境"时,就会在结果的具体化上呈现出从结果本位向行为本位的演变趋势,在法益保护阶段上呈现出对环境法益的实害犯到对环境法益的危险犯的演变趋势,在逻辑上将污染环境案件事实因果流程第二阶段的"严重污染环境"向着在此之前的第一阶段"具有严重污染环境的危险"推进。也可以说,在污染环境罪刑法保护的前置化与司法解释进行了实质性的再次前置化进程中,刑事政

---

[1] "可以按照犯罪所侵犯的法益对犯罪统一进行分类,如现行的洛克法典就是用这种方法按犯罪客观上所侵犯的法益将犯罪分为侵犯人身的犯罪、侵犯财产的犯罪、危害公共安全的犯罪等。"参见 [意] 杜里奥·帕多瓦尼:《意大利刑法学原理 (注评版)》,陈忠林译评,中国人民大学出版社2004年版,第88~89页。

[2] "任何犯罪都必须以侵犯特定法益为自己存在的条件。"参见 [意] 杜里奥·帕多瓦尼:《意大利刑法学原理 (注评版)》,陈忠林译评,中国人民大学出版社2004年版,第88~89页。

[3] "立法者必须以对法益的侵害作为确定可罚性行为的标准。"参见 [意] 杜里奥·帕多瓦尼:《意大利刑法学原理 (注评版)》,陈忠林译评,中国人民大学出版社2004年版,第88~89页。

[4] 周加海、喻海松:《严刑峻法重实效——〈关于办理环境污染刑事案件适用法律若干问题的解释〉的理解与适用》,载《中国环境报》2013年7月9日。

[5] 叶良芳:《"零容忍"政策下污染环境犯罪的司法适用》,载《人民司法》2014年第18期。

策发挥了至关重要的作用，而刑事政策正是通过法益保护内容与法益保护阶段对刑法规范和刑法解释产生影响。

二、法益的确认原则

刑法中的法益，是立法所意欲保护的价值或意义，这一价值与意义是立法者通过立法来实现的。[1]正如德国学者罗克辛所言："正确的解释，必须永远同时符合法律的文言与法律的目的，仅仅满足其中一个标准是不够的。"[2]因此，要对刑法规范构成要件做出合理、正确的解释，必须同时符合法律文本即法条本身所反映的法益内容，同时也要符合刑法目的所欲保护的法益内容，了解法条的目的何在，也就是要了解值得法条保护的法益是什么，根据法条在刑法分则所处的位置、法条对构成要件行为与结果的描述、法条之间的关系以及社会生活事实、社会的一般观念、国民的生活需求等做出合理判断。[3]在这一过程中，法益不仅发挥着解释机能，同时也反过来对刑法规范的合理性发挥着刑事政策机能和批判机能。

（一）符合法条规范实质的法益

刑法法条对罪状的描述中通常并未规定本罪保护何种法益（即保护客体），但罪状中具体规定了行为客体，行为客体就是行为所指向的、作为有形的事实存在的人或物。[4]通过对罪状中行为与行为客体的分析可以发现该罪名的保护客体，二者之间的关系密切，"刑法法益是法条的精神实质，法条是刑法法益的物质载体"，[5]对刑法法益的理解首先要立足于对刑法条文的规范分析。

刑法分则条文以罪状的形式表述犯罪构成，罪状中虽然通常不直接表达具体法益，但具体法益的侵害是符合罪状所描述的构成要件的"实质"，罪状是司法实践中认定具体法益侵害的法律依据，二者是"实质"和"形式"的

---

[1] 刘艳红：《网络时代刑法客观解释新塑造："主观的客观解释论"》，载《法律科学（西北政法大学学报）》2017年第3期。

[2] Claus Roxin, Strafrecht Allgemeiner Teil, Band I, 4. Aufl., C. H. Beck 2006, S. 151. 转引自张明楷：《实质解释论的再提倡》，载《中国法学》2010年第4期。

[3] 张明楷：《避免将行政违法认定为刑事犯罪：理念、方法与路径》，载《中国法学》2017年第4期。

[4] 张明楷：《犯罪构成体系与构成要件要素》，北京大学出版社2010年版，第81页。

[5] 丁后盾：《刑法法益原理》，中国方正出版社2000年版，第52页。

关系。[1]例如，故意杀人罪中，罪状表述为"故意杀害他人的"，并没有明确本罪的法益保护内容，但是根据行为"杀害"以及行为客体"他人"，可以发现本罪的保护法益为公民的生命权；再如投放危险物质罪中，罪状表述为"投放毒害性、放射性、传染病病原体等物质或者以其他危险方法危害公共安全，尚未造成严重后果的"，根据行为客体可以发现本罪的保护法益为公共安全。同理，在原重大环境污染事故罪中，罪状表述"违反国家规定，向土地、水体、大气排放、倾倒或者处置有放射性的废物、含传染病病原体的废物、有毒物质或者其他危险废物，造成重大环境污染事故，致使公私财产遭受重大损失或者人身伤亡的严重后果的"，反映出本罪的直接行为客体虽然是环境，但此处的环境只是作为媒介存在，真正的法益保护内容由最终的行为客体"公私财产"或"人身"决定，由此可以认为本罪保护的最终法益为人身、财产法益；污染环境罪的罪状表述为"违反国家规定排放、倾倒或者处置有放射性的废物、含传染病病原体的废物、有毒物质或者其他有害物质，严重污染环境"，本罪的直接行为客体虽然仍是环境，但此处的环境不仅具有媒介的功能，而且具备了相对独立的地位，据此可以认为本罪保护的法益已经实质性地由原本的人类法益变更为环境法益。

（二）源于目的解释的法益

法益的基础是利益，但并不是所有的利益都能够经由法律的确认而上升为刑法法益，"法益的内容本身是前实定的，但这种内容要上升为法益还必须依靠实定法"。[2]法益概念之所以具有解释论的机能，成为刑法的目的论解释的指导理念，就是因为构成要件是在保护法益的目的指导下制定的。[3]从逻辑上来讲，一个符合立法目的的刑法规范，通过法条的罪状描述就能反映出其要保护的法益内容，但这只是一种理想化的状态，因为在立法技术并没有达到完美状态的情况下，刑法条文并不能完整、准确地反映出其要保护的法益时，仅仅根据法条去判断刑法法益的内容，确实存在着一种潜在的危险，那就是对于本身就不公正的立法，司法人员盲目地去根据法条来进行利益判断，会丧失刑法法益的批判作用。[4]因此在解释刑法规范时，也必须

---

[1] 丁后盾：《刑法法益原理》，中国方正出版社2000年版，第98页。
[2] 张明楷：《法益初论》，中国政法大学出版社2000年版，第163页。
[3] 张明楷：《法益初论》，中国政法大学出版社2000年版，第266页。
[4] 丁后盾：《刑法法益原理》，中国方正出版社2000年版，第52~53页。

回溯制定该条的立法目的，通过对立法目的的探寻从而明确该条旨在保护的法益。

(三) 不同分类标准下的法益

在四要件犯罪论构成体系之下，法益的另一种表述为"犯罪客体"，犯罪客体是刑法所保护的被犯罪活动侵害的社会利益，[1]也就是法益。一个犯罪侵犯的客体可能是单一客体，也可能是复杂客体，客体本身的分类也存在不同的维度，因此在不同语境下，就可能出现对同一犯罪侵犯客体内容的不同解读。

从客体的纵向分类标准来看，可以分为一般客体、同类客体与直接客体。犯罪的一般客体是指一切犯罪所共同侵害的法益，即社会利益的总体。[2]犯罪的同类客体是指某一类犯罪共同侵害的法益，[3]我国刑法分则的章节分类规则就是以"同类客体"为标准，同一章节规定侵犯同一类客体的犯罪，例如《刑法》分则第二章危害公共安全罪的同类客体为"公共安全"，第6章妨害社会管理秩序罪的同类客体为"社会管理秩序"。犯罪的直接客体是指某一犯罪所直接侵害的某种特定的法益，[4]需要通过对罪名的个别分析予以认定，而个别罪名构成要件的规定也反映出该条款旨在保护的直接客体内容。一般客体、同类客体、直接客体三者呈现出法益范围由宽泛、抽象到具体、精确的确认过程，这三个层次之间是包涵与被包涵的关系，所有具体法益的外延总和＝所有的同类法益的外延总和＝刑法法益的外延，[5]为法益的内容提供了不同维度的标准。

从客体的横向分类来看，以法益主体为标准，存在"三分法""两分法"与"一元论"三种分类方式。"三分法"将法益分为国家法益、社会法益与个人法益，国家法益是指以国家作为法律人格者所拥有的公法益，社会法益是指以社会整体作为法律人格所拥有的社会共同生活之公共利益，个人法益是由自然人所拥有，并由刑法加以保护的重要生活利益。[6]"两分法"将法益分

---

[1] 曲新久主编：《刑法学》，中国政法大学出版社2016年版，第59页。
[2] 曲新久主编：《刑法学》，中国政法大学出版社2016年版，第63页。
[3] 曲新久主编：《刑法学》，中国政法大学出版社2016年版，第62页。
[4] 曲新久主编：《刑法学》，中国政法大学出版社2016年版，第62页。
[5] 丁后盾：《刑法法益原理》，中国方正出版社2000年版，第68页。
[6] 林山田：《刑法特论》，三民书局1978年版，第8页以下。转引自张明楷：《法益初论》，中国政法大学出版社2000年版，第240页。

为个人法益和超个人法益,"质相异说"主张超个人法益与个人法益具有不同性质,各有其目的,各有其体系;[1]而另一种对立的"量相异说"认为,超个人法益与个人法益并非质的不同,只有量的差异,二者不存在对立关系,[2]法的价值是以法与人的关系作为基础的,并以人为归宿的意义探究。[3]后者实质上就是"一元论"[4]的立场,认为法益最终都是个人法益。

第二节 原重大环境污染事故罪的法益保护内容

一、原重大环境污染事故罪法益保护内容的立场与理由

在重大环境污染事故罪时代,对于该刑法规范所保护的法益内容就存在不同的观点。通说认为,重大环境污染事故罪的客体为复杂客体,即法益保护内容包括国家环境保护制度、公私财产权与公民健康、生命安全[5]。根据各种学说立场不同的表述主要分为三类:第一类,认为重大环境污染事故罪的客体是国家环境污染防治制度和环境保护管理制度,具体表述分别为国家对环境资源的管理制度[6]、国家环境污染防治和管理秩序[7]等;第二类,认为重大环境污染事故罪的客体是环境法益,具体是环境权和环境生态安全[8];第三类,认为重大环境污染事故罪的客体是双重客体,具体表述为宪法保护的生活环境和生态环境、国家为保护环境而颁布的一系列法律以及公私财产权、人身权[9],或国家对环境污染的防治管理制度和公民的环境

---

[1] 张明楷:《法益初论》,中国政法大学出版社2000年版,第241页。
[2] 张明楷:《法益初论》,中国政法大学出版社2000年版,第241页。
[3] 卓泽渊:《法的价值断想》,载《检察日报》2000年1月6日。
[4] 刘军:《为什么是法益侵害说一元论?:以法益的生成与理论机能为视角》,载《甘肃政法学院学报》2011年第3期。
[5] 高铭暄、马克昌主编:《刑法学》,北京大学出版社、高等教育出版社2007年版,第650页。
[6] 周道鸾、单长宗、张泗汉主编:《刑法的修改与适用》,人民法院出版社1997年版,第691页;杨春洗、向泽选、刘生荣:《危害环境罪的理论与实务》,高等教育出版社1999年版,第170~171页;付立忠:《环境刑法学》,中国方正出版社2001年版,第277页。
[7] 王灿发:《论新刑法关于环境犯罪的规定及其实施》,载《政法论坛》1998年第1期。
[8] 郭建安、张桂荣:《环境犯罪与环境刑法》,群众出版社2006年版,第322页。
[9] 尹常庆:《对重大环境污染事故罪的探讨》,载《环境导报》1997年第6期。

权[1]等。

对于重大环境污染事故罪的法益保护立场存在不同表述的原因有二：其一，根据不同的分类标准，法益保护内容也不尽相同。从同类客体出发，根据重大环境污染事故罪所在的章节来看，其同类客体为社会管理秩序，从节法益来看，其同类客体为对环境资源的保护制度，秩序法益、制度法益等表述都是源于刑法分则同一章节的同类法益得出的结论。从区分法益主体的角度出发，有观点主张"重大环境污染事故罪的客体为双重客体，从国家的角度看，侵犯了国家的环境保护管理制度，妨害了对污染的治理；从公民的角度看，侵犯的是公民的环境权，即公民赖以生存的环境清洁权"，[2]这是"三分法"分类逻辑下国家法益与个人法益的复合。其二，对分则条文中"造成重大环境污染事故，致使公私财产遭受重大损失或者人身伤亡的严重后果"的文义理解不同，重大环境污染事故案件的特殊性在于，其具有造成重大环境污染事故与因该事故致使公私财产遭受重大损失或者人身伤亡的严重后果的双重结果，且双重结果之间具有事实上的因果关系，从最终结果"致使公私财产遭受重大损失或者人身伤亡的严重后果"来看，本罪侵犯的客体为公私财产权与公民健康、生命安全，即保护的法益内容为人身、财产法益；从作为直接行为客体的环境来看，公私财产损失或人身伤亡是对"重大环境污染事故"的具体化，而直接行为客体所反映的犯罪客体为环境本身，该构成要件所保护的法益内容为环境法益；从直接/间接行为客体与双重结果两个角度来看，本罪保护的法益内容应当包括人身法益、财产法益与环境法益。

二、对重大环境污染事故罪法益保护内容的评析

（一）环境保护管理秩序法益的合理性

从我国刑法典的立法体例出发，以同类客体划分的章节表明重大环境污染事故罪具有环境保护管理秩序法益的内涵，而构成要件中"违反国家规定"的描述性规定，说明本罪具有行政从属性，[3]进一步确认了本罪对国家环境

---

[1] 蒋兰香：《环境刑法》，中国林业出版社2004年版，第100页。
[2] 蒋兰香：《环境刑法》，中国林业出版社2004年版，第100页。
[3] 栗相恩：《污染环境罪法益与罪过形式探析》，载《人民检察》2012年第9期。

保护管理秩序这一秩序法益的保护。

传统刑法以保护个人法益为目的，但是随着社会的发展和复杂化，对个人法益的保护阶段开始出现了提前化趋势，这不仅反映在从对个人法益的实害犯转化为对个人法益的危险犯这一刑法保护阶段前置化进程中，更直接反映在法益保护内容从个人法益向着超个人法益的变更上。作为与传统个人法益对应的存在，现代刑法上的集体法益以对秩序本身的保护或对秩序的信赖感的保护为基础，[1]在上升为刑法法益之前，秩序只是一种广义上的法益，并不在刑法的保护目的之内，对该秩序进行保护的最终目的在于保护个人法益。虽然对秩序的违反并不直接侵犯个人法益，但是这种违反对个人法益造成了巨大的威胁，甚至必然会在将来侵犯个人法益。换句话说，秩序与个人法益之间的关系本为手段与目的关系，秩序不具有独立的刑法法益地位，仅仅作为保护个人法益的手段而存在。因此，根本上还是为了加强对个人法益的保护，基于特定领域的集体法益为个人法益保护的前提，刑事立法直接将其作为刑法的保护对象。[2]这种对秩序法益的刑法确认与法益保护前置现象与法定犯时代的到来相伴随，与自然犯主要致力于个人法益保护不同，法定犯侧重于对社会秩序即集体法益的维护，大都基于保护秩序的需要而设定。[3]对秩序法益刑法法益地位的确认：一方面体现在刑法典根据同类法益进行的章节划分中；另一方面体现在行政犯的行政前置规定当中。由此，原本作为个人法益保护手段的秩序，经由刑事立法的确认而上升到刑法法益的高度，并且具有了相对独立性。

当然并非所有学者都认同这一法益保护内容前置化的进程，有观点指出"立法者特别模糊且大范围地拟定这些整体法益，法益保护在现代刑法中遂成为制度保护"。[4]诚然，秩序法益的出现突破了传统个人法益的一元化保护对象限制，在相当大的程度上似乎呈现出以国家管理秩序为核心法益的立场，有突破刑法保障机能的危险，对法治国家的建设不得不说是一种威胁。但是并不能因此就否认秩序法益存在的合理性，也不应当将秩序法益理解为核心

---

〔1〕 王永茜：《论集体法益的刑法保护》，载《环球法律评论》2013 年第 4 期。

〔2〕 王永茜：《论集体法益的刑法保护》，载《环球法律评论》2013 年第 4 期。

〔3〕 孙国祥：《集体法益的刑法保护及其边界》，载《法学研究》2018 年第 6 期。

〔4〕 [德] Prof. Dr. Dr. h. c. mult. Winfried Hassemer：《现代刑法的特征与危机》，陈俊伟译，载《月旦法学杂志》2012 年第 8 期。

法益，而忽略其保护人类法益的手段属性。

作为公共资源的环境既是个人生存的基础，也承载着个人对其进行破坏所产生的集聚后果，经济发展与环境安全之间存在不可避免且难以完全调和的矛盾冲突，而冲突的终点必然导致"公地悲剧"的出现。"公地悲剧"是哈丁（Hardin）等人归结出的"公地条件下导致的过度开发、过度排放和过度生育的悲剧"[1]，在哈丁的"公共牧场"模型中，每增加一头牲畜，牧人（即公地使用者）将获得全部收益，却只需承担由此造成的全部成本（或代价）的一小部分（1/n），因此在上述关于公地和公地使用者假设的基础上，个体利益最大化和集体（社会）利益最大化的激励并不相容，牧民们被锁闭在一个"无限扩大放牧量—全体毁灭"的死胡同当中，牧民无休止扩大放牧的行为不仅对集体而言是非理性的，而且对于每一个体而言也是非理性的毁灭之路。[2]这一模型反映出重视环境保护管理秩序的必要性，由于环境本身是并不具备排他性的公共资源，生产者或经营者可以将生产经营中产生的污染物任意排放于公共环境中，从而以公共资源的损耗作为增加自己经济收入的代价，但由此而产生的环境成本需要每一个个体共同承担，且极有可能造成与收入极不相称的损害后果，如果对环境污染现象不加管理和限制，这种模式发展的历程也必然走向"无限扩大排放量—全体毁灭"的"公地悲剧"。

将国家的环境保护管理秩序上升为刑法法益，一方面是为了实现对个人法益保护的提前化，另一方面也是通过刑法的确认，使秩序法益具备相对的独立性。但需要注意的是，秩序法益的独立性只是相对的，而非绝对的，作为刑法法益的秩序法益不能独立存在。换言之，秩序法益需要依附于传统法益即个人法益而存在。因此在承认国家的环境保护管理秩序法益是重大环境污染事故罪的法益保护内容之一时，也必须清楚地认识到，秩序法益只是本罪的手段法益，而非核心法益。

（二）基于构成要件的法益保护内容评析

重大环境污染事故罪的构成要件为"违反国家规定，向土地、水体、大

---

[1] 阳晓伟、杨春学：《"公地悲剧"与"反公地悲剧"的比较研究》，载《浙江社会科学》2019年第3期。

[2] 阳晓伟、杨春学：《"公地悲剧"与"反公地悲剧"的比较研究》，载《浙江社会科学》2019年第3期。

气排放、倾倒或者处置有放射性的废物、含传染病病原体的废物、有毒物质或者其他危险废物,造成重大环境污染事故,致使公私财产遭受重大损失或者人身伤亡的严重后果"。其中,"违反国家规定"这一构成要件要素反映出具有法定犯特征的秩序法益内容,此处的"国家规定"应当为国家关于环境管理制度相关的规定,例如《环境保护法》《水污染防治法》《排污许可管理条例》等,与之相对应的秩序法益就应当为国家环境保护管理秩序法益,对此几乎不存在争议。

存在争议的问题是,作为结果要素的"重大环境污染事故"与"致使公私财产遭受重大损失或者人身伤亡的严重后果"二者之间的关系,以及基于这两项结果要素,重大环境污染事故罪保护的核心法益究竟是什么?有的观点认为,"重大环境污染事故"反映的法益保护内容是国家环境保护管理秩序,而"致使公私财产遭受重大损失或者人身伤亡的严重后果"反映的法益保护内容是公私财产权与公民健康、生命安全,[1]并且根据行为与结果的先后顺序,认为首先侵犯的是国家的环境保护管理制度,其次才是公私财产权和人身权。[2]这意味着"重大环境污染事故"的表述中虽然没有关于秩序的违反与法定犯行政前置规范的提示,但也被归入秩序法益之中,但是"重大环境污染事故"是对结果要素的描述而非违反秩序的行为,该结果是违反秩序的结果,而非违反秩序行为本身,因此认为"重大环境污染事故"反映的法益保护内容是国家环境保护管理秩序法益的观点令人难以认同。也有观点认为,"重大环境污染事故"本身没有实际内容,必须通过"致使公私财产遭受重大损失或者人身伤亡的严重后果"来表现,二者之间实质上并不存在并列关系,后者是对前者解释。[3]这种观点实际上表明,"重大环境污染事故"只具有承接事实因果流程的媒介功能,而不表示任何法益保护内容,重大环境污染事故罪的法益保护内容仅为"致使公私财产遭受重大损失或者人身伤亡的严重后果"所反映的人身、财产法益。还有观点认为,"重大环境污染事故"与"致使公私财产遭受重大损失或者人身伤亡的严重后果"同为重大环境污染事故罪的结果,必然侵犯了生命权和财产权,同时污染行为必然还会

---

[1] 高铭暄、马克昌主编:《刑法学》,北京大学出版社、高等教育出版社2010年版,第649页。
[2] 高铭暄、马克昌主编:《刑法学》,北京大学出版社、高等教育出版社2010年版,第649页。
[3] 李梁:《污染环境罪侵害法益的规范分析》,载《法学杂志》2016年第5期。

对环境法益即环境权和环境生态安全造成危害和破坏。[1]还有观点主张表面上看起来是对国家环境保护管理制度的破坏,实际上侵犯的是公民环境清洁权,而公私财产重大损失或者人身伤亡的严重后果是环境清洁权遭到侵犯后导致的具体危害。[2]这种观点将构成要件所反映的法益区分为表面法益与实质法益,核心法益为公民的环境清洁权,也就是公民的环境权,即"人类天然拥有的要求生存和生活之安全、幸福的权利"[3],但以这种定义下的环境权作为核心法益,可能存在法益抽象化、精神化的风险。

上述观点虽然都是从构成要件本身出发,但却得出了不同的结论。对于"致使公私财产遭受重大损失或者人身伤亡的严重后果"这一构成要件要素所反映的生命权、财产权基本上可以达成共识,争议的关键在于对"重大环境污染事故"所蕴含的法益的理解。从合规律的事实因果流程来看,行为人因违反环境保护管理制度而造成了重大环境污染事故,但是这一环境污染事故必须达到致使公私财产遭受重大损失或者人身伤亡的严重后果。实际上重大环境污染事故处于违反环境管理制度与造成最终结果的中间地带,违反环境管理制度是重大环境污染事故的"因",公私财产遭受重大损失或者人身伤亡的严重后果是重大环境污染事故的"果",而"重大环境污染事故"自身并不能够独立存在,并不具有法益承载功能,其发挥的只是事实因果流程中承上启下的作用。因此,基于"重大环境污染事故"这一要素的表述从而将环境法益认定为重大环境污染事故罪的法益,并不具备构成要件意义上的解释基础。

(三)基于目的解释的法益内容评析

对重大环境污染事故罪法益的理解,除了从构成要件出发进行形式分析,还需要立足于目的解释,探寻重大环境污染事故罪的立法目的及立法理念,以更好地理解本罪旨在保护的法益内容。

对环境犯罪的规制历程背后,有着不同时期环境伦理的思想基础,在不同的理念指导下,刑法规范所欲保护的法益内容也不尽相同。对刑法关于重大环境污染事故罪立法理念的理解,在很大程度上影响着对重大环境污染事

---

[1] 郭建安、张桂荣:《环境犯罪与环境刑法》,群众出版社2006年版,第323页。
[2] 吴献萍:《环境犯罪与环境刑法》,知识产权出版社2010年版,第166页。
[3] 林晓东:《环境保护的刑事立法》,载《法学论坛》1996年第4期。

故罪核心法益的判断，因此存在人类本位与环境本位两种对立观点：人类本位立场认为，"重大环境污染事故罪的规定是从传统人本主义的立场出发，突出对人类本位利益的保护，将环境保护作为间接目的，凡对空气、水、土壤等自然环境的污染及破坏行为，侵害到人本身的生命、身体和财产等利益的时候，才可动用刑事制裁手段予以处罚"。[1]而环境本位立场认为："重大环境污染事故罪的犯罪客体是环境法益，具体是环境权和环境生态安全。由于环境与人类的密切关系，环境受到污染，可能波及公私财产以及人类健康，因此，污染环境的犯罪侵害的对象，还可以是公私财产和人类以及其他生命体。"[2]二者之间最大的区别在于区分重大环境污染事故罪所保护的核心法益，前者以人类法益为直接和最终保护对象，环境只是作为人类法益受损害的媒介而被予以间接保护；后者以环境法益为直接保护对象，即便在没有侵害人类法益的情况下，环境法益本身也应受到保护，如果出现了因环境污染造成人类法益损害的完整事实因果流程，则环境法益与人类法益都是重大环境污染事故罪的法益保护内容，也就是说，环境本位的立场并不认为重大环境污染事故罪的保护目的仅为人类法益，以环境权和环境生态安全所表征的环境法益本身就具有独立的刑法法益地位，之所以规定对造成人身、财产损害的结果，是源于经验事实的重大环境污染事故会合规律地造成人类法益损害，因而才在事实层面具备保护人类法益的特征。

这两种观点的对立反映出对事实与规范的认识存在不同理解。从事实层面而言，合因果流程的事实为：行为人违反国家规定，实施了污染环境的行为，由此造成了重大环境污染事故，而事故可能会进一步造成公私财产遭受重大损失或者人身伤亡的严重后果。但是在对经验事实进行抽象类型化以形成刑法规范时，并不是简单地对合规律的客观事实的归纳总结，而是首先需要对客观事实进行局部或全部选取，以确定制定刑法规范的前提性经验事实。重大环境污染事故罪的特殊之处在于，合规律的客观事实与该罪规范化时所选取的经验事实并不一致，合规律的客观事实包括两类：一类是违反国家规定，实施了污染环境的行为，由此导致重大环境污染事故，其行为对象和最

---

[1] 王秀梅：《环境刑法价值理念的重构——兼论西部开发中的环境刑法思想》，载《法学评论》2001年第5期。

[2] 郭建安、张桂荣：《环境犯罪与环境刑法》，群众出版社2006年版，第321~322页。

第二章　污染环境罪双重法益保护立场的理论证成

终结果都是针对环境而言的，以保护环境为直接目的，因污染环境而导致的人身、财产损失被作为第二重结果，也就是加重结果予以间接保护。另一类是违反国家规定，实施了污染环境的行为，由此导致重大环境污染事故，但是需要此事故造成足够严重的后果，即公私财产遭受重大损失或者人身伤亡的严重后果，其直接行为对象虽然是环境，但此处的"环境"只是作为侵害人类法益的媒介存在，在没有人类法益受损的情况下，即便造成了重大环境污染事故，也不足以引起刑法的关注，只有当人类法益遭受损害时，才能达到入罪的门槛。

重大环境污染事故罪构成要件明确要求造成"公私财产遭受重大损失或者人身伤亡的严重后果"的规定意味着，本罪在立法时以上述第二种合规律的客观事实为经验事实基础。因此，应当认识到，重大环境污染事故罪的立法目的在于保护因发生重大环境污染事故进而造成公私财产遭受重大损失或者人身伤亡的严重后果，即其核心法益在于作为人类法益的财产权和生命权，至于环境只是在合因果的事实流程下保护人类法益的媒介，环境本身并不是刑法所欲保护的法益。换言之，在重大环境污染事故罪的语境下，环境本身虽然是一种利益，但尚不具有被刑法确认为刑法法益的地位。

虽然也有学者指出，"刑法是通过保护人和财产来间接保护环境"[1]，但是这种观点有待商榷，关键在于判断刑法是否有"保护环境"的立法目的，以及是否应当有这种目的。上述观点认为，在当前的刑法规范下，"环境本身不是刑法所要保护的社会关系的载体，只有人的利益才具有刑法上的意义"[2]，但是从应然的角度出发，刑法这种规定"忽视了生态环境本身所具有的价值，从而难以起到预防、控制环境犯罪的功能"[3]。这一观点具备对实然的批判与对应然的倡导，在实然层面，论者意识到重大环境污染事故罪并不保护环境，只关注人的利益，因此法益保护内容仅为人类法益，而不包括环境法益，之所以能够实现对环境的保护，不是由立法目的主导的，而是由重大环境污染事件特殊的因果流程决定的，甚至可以说，"间接保护环境"的效果只是偶然产生的，是保护人类法益的附随效果；但是在应然层面，应

---

[1] 马明利：《刑法控制环境犯罪的障碍及立法调适》，载《中州学刊》2009年第3期。
[2] 马明利：《刑法控制环境犯罪的障碍及立法调适》，载《中州学刊》2009年第3期。
[3] 马明利：《刑法控制环境犯罪的障碍及立法调适》，载《中州学刊》2009年第3期。

当将保护环境作为立法目的和立法理念，将环境法益上升为刑法法益。

从立法目的来看，重大环境污染事故罪的初衷并不在于一般性地保护生态环境，而在于救济因对环境的危害而造成的人类生命、健康和财产利益的损失。[1]原因在于当时的环境刑法立法理念受到粗放型经济发展模式的影响，政策上在发展经济与保护环境的博弈中选择了前者，只有在对环境的污染造成更严重后果时才予以规制，这种以对个人法益造成实际危害结果为构成条件的立法理念，具有明显的经济转型初期"先发展、后治理"的特点。[2]这类立法，明显基于传统人本主义法益思想，主张以人类为中心来确立"环境"的范围而形成了"人类环境"的概念，破坏生态环境仅仅是侵犯人类利益的媒介，放任对环境的污染是为了追求人类经济利益，惩治破坏环境的行为最终也是为了保护人类的利益。[3]即便是在环境犯罪整体立法之下，对环境的保护也只是通过将自然资源作为对人类有经济价值的资源进行保护而实现的，所谓的"环境法益"只是资源利益所反射出来的一种利益，尚未成为环境刑事立法者所要直接保护的目的法益。[4]而"把重大环境污染事故罪的法益解释为国家的环境管理制度，进而通过公私财产权或者公民健康、生命安全来具体化"[5]的观点，也是在人本主义法益观立场下，通过保护秩序法益最终实现保护人类法益的目的。

因此，从目的解释的立场出发，重大环境污染事故罪以损害人类法益作为刑法保护目的，在人类法益之前保护的秩序法益和环境利益都不具有独立性，秩序法益是保护人类法益的手段法益，环境利益是保护人类法益的媒介，对重大环境污染事故罪核心法益保护内容的评析，不能脱离人类中心法益观的刑法保护目的。

---

[1] 蒋兰香、周训芳：《从传统法益到生态法益——20世纪各国环境刑法法益保护观的变迁》，载《外国法制史研究》2005年第0期。

[2] 钱小平：《环境刑法立法的西方经验与中国借鉴》，载《政治与法律》2014年第3期。

[3] 蒋兰香、周训芳：《从传统法益到生态法益——20世纪各国环境刑法法益保护观的变迁》，载《外国法制史研究》2005年第0期。

[4] 蒋兰香：《环境犯罪基本理论研究》，知识产权出版社2008年版，第150页。

[5] 李梁：《污染环境罪侵害法益的规范分析》，载《法学杂志》2016年第5期。

第三节 污染环境罪法益保护内容前置化的表现

学界普遍认为，重大环境污染事故罪采取的是人类中心的法益观，因此其核心法益保护内容最终必然落于人类法益。但是在2011年《刑法修正案（八）》将第338条修改为污染环境罪后，作为立法基础的法益观是否发生了变化仍处于争论之中，是保留着人类中心的法益观，还是立法理念已经转化为生态学的法益观，抑或采取了折中的生态学的人类中心法益观？要回答这一问题，取决于如何理解"严重污染环境"，对这一问题的回答，也反过来决定了如何认定"严重污染环境"。[1]因此，要理解"严重污染环境"的内涵，必须首先明确其保护法益的内容。

一、通过修改构成要件实现的法益保护内容前置化

（一）法益变更的判断逻辑

伴随着《刑法》第338条从重大环境污染事故罪修改为污染环境罪，除了刑法分则条文关于构成要件的形式表述发生了改变，其实质侧面所反映的法益保护内容也发生着相当程度的改变。由于法益本身不是犯罪构成要件的组成部分，需要通过构成要件以及立法目的对具体的法益内容进行分析。以构成要件为依据的法益保护内容可以通过作为行为客体的形式要件予以还原；由立法目的所确立的法益内容需要回溯立法目的的本意，以立法目的为指导对规范进行目的解释。在这一过程中可能存在两个导致对法益产生不同理解的偏差：第一，在立法者修改法律时所主张的立法目的指导下加以类型化的犯罪构成，并没有真实地反映出立法目的，因此在对构成要件进行解释时，自然不可能与立法目的达成一致，解释结论要么是为了迎合立法目的而强行改变犯罪构成要件要素的文义，要么是坚持对文义的客观解释而与立法目的不相符；第二，遵循立法目的重塑的犯罪构成，在司法适用中需要面对更加复杂的案件事实，刑法规范一经制定就具有稳定性，其与始终处在变动中的社会现状之间必然不能保持同步，立法的目的是适用，否则就会变成屡遭批判的象征性立法或者不得不接受被扩大解释、缩小解释乃至类推解释的命运，

---

[1] 张明楷：《污染环境罪的争议问题》，载《法学评论》2018年第2期。

而刑法规范在适用时会更多地受到司法目的和刑事政策的影响,当产生于过去的立法目的与适用于当下的司法目的和刑事政策之间不能保持同步时,基于两种目的对刑法规范进行的目的解释,就可能得出不同的结论,这种目的基础的不一致也是造成法益立场不一致的重要原因。例如有学者认为,保护法益的变更包括"立法变更"和"时代变更"两种类型:前者是指刑法立法明确规定具体犯罪保护法益的变更,后者则是指虽然刑法条文没有变化,但随着时代变迁,刑法条文的目的已经改变的情况。[1]然而,这种表述违反了法益确认的原则。确认一个罪名所保护法益内容的基础是刑法条文与立法目的,这是法益解释机能发挥作用的基础。如果随着时代变更,立法机关认为某一犯罪对原法益的保护力度不足或应将新的利益上升为刑法法益,可以通过刑法修正的方式实现法益变更,这种情况下,"时代变更"引起的是刑法对其所应当保护利益的关注,乃至对新的利益的确认,但"时代变更"本身并不是直接导致刑法条文保护法益变更的理由,"时代变更"蕴含的是致力于社会有序运行的刑事政策与司法理念发生的变化。同样,对于"任何一个刑法条文都是立法者在特定目的指导下形成的,但在时过境迁之后,即使法条文字没有任何变化,法条目的也可能已经发生改变"[2]的观点,所谓的"法条目的发生改变"指的是司法理念和刑事政策发生改变,而非立法理念发生改变。司法理念本应与立法理念保持一致,但一致性的标准是由立法理念确定的,司法理念应是对立法理念的忠诚遵守,但是目前现实的司法理念更多的是与刑事政策相关联,以应对迅速发展变化的社会问题,当刑事政策和司法理念没有发生本质上的改变时,法条的目的自然能够与立法目的相适应,但当刑事政策和司法理念已经与立法理念不一致时,在刑事政策与司法理念指导下所主张的法益保护内容发挥的就是法益的批判功能,而非法益的解释功能,从而对刑法规范应然立场提出修正性的倡导。

(二)污染环境罪的法益保留与变更

如前所述,污染环境罪在重大环境污染事故罪的基础上进行了修正,维持原本的同类客体章节的安排与"违反国家规定"要素的保留意味着以国家

---

[1] 熊亚文:《法益概念的解释论机能及其实现——兼论污染环境罪的法益判定与司法适用》,载《西部法学评论》2016年第3期。

[2] 张明楷:《刑法分则的解释原理》,中国人民大学出版社2011年版,第86页。

环境保护管理秩序为内容的秩序法益自然地延续至污染环境罪的法益保护内容当中，但同时也只具有手段法益的地位，污染环境罪所保护的复杂法益中的核心法益仍需要通过其他构成要件要素的规定及立法目的和立法理念的转换进行判断。

《刑法修正案（八）》对第338条的修改，除了扩大污染领域、增加污染物种类范围之外，最大的修改在于将原"造成重大环境污染事故，致使公私财产遭受重大损失或者人身伤亡的严重后果"的结果要素修改为"严重污染环境"。虽然理论通说认为"严重污染环境"既包括发生了造成财产损失或者人身伤亡的环境事故，也包括虽然还未造成环境污染事故，但长期违反国家规定，超标准排放、倾倒、处置有害物质，已使环境受到严重污染或者破坏的情形[1]，由此得出，污染环境罪的法益保护内容既包括原重大环境污染事故罪保护的国家环境保护管理秩序法益与生命、财产法益，还包括侵害环境本身反映出的环境法益。然而，其中存在两个问题：第一，"严重污染环境"的表述是否代表着对环境法益的刑法确认？第二，将原重大环境污染事故罪所保护的生命、财产法益保留在污染环境罪基本犯的法益当中，使得后者所保护的法益同时包括生命、财产法益与环境法益，将两种不同类型的法益放在同一基本犯的法益对象中给予同等评价，将具有不同社会危害程度的法益内容等而视之，是否忽视了污染环境罪在保护法益内容上本应具有的分层构造？

对第一个问题的回答，首先需要明确"严重污染环境"的性质是结果要素还是表征行为严重程度的情节要素。如上文所述，"严重污染环境"这一要素的性质本身尚且存在争议，不妨分情况讨论：第一种情况，如果将"严重污染环境"理解为结果要素，随着构成要件结果要素数量的减少和经验事实部分的提前，污染环境罪的行为客体从原本的经由环境作用于财产或人身，减少为只要作用于环境即可，在事实因果流程上不再考虑后续造成财产损失或人身伤亡后果。由此，作为直接行为客体的环境不再只有媒介作用，而是行为唯一的目的客体，由行为客体反映出其旨在保护的犯罪客体从财产与人身法益提前为环境法益，意味着环境利益通过刑法规范的修改被上升、确认为刑法法益，至于环境法益的内涵和外延，是需要进一步讨论的问题。第二

---

[1] 高铭暄、马克昌主编：《刑法学》，北京大学出版社、高等教育出版社2011年版，第579页。

种情况，如果将"严重污染环境"理解为表述行为严重性的程度要素，则污染环境罪所保护的法益也是从人类法益提前到环境法益，甚至比作为结果要素的环境法益更为提前，即只需要行为的严重性达到危害环境法益的程度，不需要对结果进行评价即可认为目标法益遭到了侵犯。既然如此，是否无论如何理解"严重污染环境"的性质，污染环境罪的保护法益都应当是环境法益呢？如果仅从构成要件要素的文义来看，答案似乎是不言自明的，因此有观点认为，"刑法的修改意味着环境资源本身成为刑法所要保护的对象，具有刑法上的独立意义与价值，之所以设立环境犯罪，在于保护环境本身，而不在于惩罚通过环境进而造成对人的生命、健康和财产的侵害"。[1]通过对这一项修正的解读，表明刑法原本的人类中心法益保护立场开始改变，对前实定法经验事实的选取在因果流程上进行了实质的提前，得出刑法规范具有"保护环境"的立法目的，环境法益正式成为刑法法益。

然而，刑法修正时所明确主张的立法理念似乎与上述结论并不具有一致性。2010年《刑法修正案（八）（草案）》的说明表示本条的修改理由是"为加强刑法对广大人民群众生命健康的保护……调整上述犯罪的构成条件，降低入罪门槛，增强可操作性"[2]。其中，"为加强刑法对广大人民群众生命健康的保护"无疑仍将法益保护的对象限定在人类法益上，与上述将污染环境罪的核心法益保护内容变更为环境法益的分析结论明显矛盾。究其原因在于，污染环境行为在事实层面存在着连续性的双重因果关系，向环境排放污染物的行为本身并不被刑法所关注，环境本身的自净能力也允许适当污染物的存在，而环境作为全人类共有的资源，也不存在排他性的利益归属，是由于对环境一定程度的污染会使人身、财产法益遭受侵害或危险，刑法才对具有相当严重程度的污染环境行为进行规制。因此，即便刑法条文表述为"严重污染环境"，也不意味着污染环境罪旨在保护的核心法益已经转变为环境法益，在核心法益仍为人类法益的情况下，将处罚阶段提前至对人类法益产生危险时，客观表现也可以是对环境的严重损害，此时"严重污染环境"与修改前的构成要件中"重大环境污染事故"的作用并无太大差别，依然是

---

〔1〕 王勇：《环境犯罪立法：理念转换与趋势前瞻》，载《当代法学》2014年第3期。

〔2〕 李适时：《关于〈中华人民共和国刑法修正案（八）（草案）〉的说明——2010年8月23日在第十一届全国人民代表大会常务委员会第十六次会议上》，载http://www.npc.gov.cn/zgrdw/huiyi/lfzt/xfxza8/2011-05/10/content_1664846.htm，最后访问日期：2023年11月9日。

连接污染环境行为与财产、人身损害之间的媒介，环境本身并没有引起刑法的格外关注，环境法益也不具有独立的刑法法益地位。

由此可见，刑法的修改本身就存在着法益保留与变更的争议：国家环境保护管理制度这一秩序法益得以保留，而核心法益为人类法益还是环境法益在理论上并没有统一的结论。但是从立法机关的立法目的出发，本罪的行为客体并不直接反映其所保护的最终法益，本罪的核心法益保护内容仍为与重大环境污染事故罪相同的人类法益。

二、旧司法解释实现的法益保护内容扩大化

在污染环境罪刑法规范本身的法益立场存在争议的情况下，2013年司法解释对"严重污染环境"进行的解释虽然为司法实践提供了可参照的依据，但无疑加重了关于本罪法益保护内容争论的混乱程度。

根据2013年司法解释列举的情形对法益保护内容进行还原，大体可以分为三类：第一类，将"严重污染环境"理解为对污染行为严重程度的要求，即第1条第1项至第4项所列举的情形，"在饮用水水源一级保护区、自然保护区核心区排放、倾倒、处置有放射性的废物、含传染病病原体的废物、有毒物质的""非法排放、倾倒、处置危险废物三吨以上的""非法排放含重金属、持久性有机污染物等严重危害环境、损害人体健康的污染物超过国家污染物排放标准或者省、自治区、直辖市人民政府根据法律授权制定的污染物排放标准三倍以上的""私设暗管或者利用渗井、渗坑、裂隙、溶洞等排放、倾倒、处置有放射性的废物、含传染病病原体的废物、有毒物质的"，以污染物的排放、倾倒、处置地点、数量、方式等情节认定"严重污染环境"的存在；第二类，以多次犯的形式认定"严重污染环境"，即第5项"两年内曾因违反国家规定，排放、倾倒、处置有放射性的废物、含传染病病原体的废物、有毒物质受过两次以上行政处罚，又实施前列行为的"；第三类，将"严重污染环境"解释为包括造成人身、财产损失结果，即第6项至第14项列举的通过污染环境进一步造成严重结果的情形。2016年司法解释在2013年司法解释的基础上，保留了第二、三类情形，对第1类情形的具体规定进行了部分调整和细化，在此基础上又增加了三项列举，将"重点排污单位篡改、伪造自动监测数据或者干扰自动监测设施，排放化学需氧量、氨氮、二氧化硫、氮氧化物等污染物的""违法减少防治污染设施运行支出

100万元以上的""造成生态环境严重损害的"也规定为符合"严重污染环境"的情形。

从旧司法解释制定前后污染环境罪的适用情况变化来看，司法解释的确为本罪的司法适用提供了指导，但是也不得不承认，司法解释对"严重污染环境"情形的列举并没有严格遵循刑法规范所设定的文义边界，更没有保持与立法理念相一致的法益保护内容，在刑法规范本身法益不明的情况下，司法解释列举的情形也存在进一步前置法益保护内容的倾向，并且将不同法益保护对象都归入本罪基本犯的成立范畴内。

具体而言，在不确定刑法规范是否已经将环境法益确认为刑法法益的情况下，假定司法解释具有与刑法规范一致的刑法法益确认功能，以司法解释列举的行为方式与行为对象作为法益保护内容的判断依据进行分析：2013年司法解释前四项列举的情形反映出对特定环境要素的直接侵害，因此其保护法益也应当是环境法益；第5项规定的情形并不能够直接反映出刑法法益保护的对象，更多的是因为累次实施污染环境的行政不法行为，行为人的人身危险性增大，前置的民事赔偿与行政处罚已丧失保护的有效性，进而有必要通过刑法加以调整[1]，其关注的是人身危险性，而非法益侵害性；后九项情形反映出的人身、财产法益保护内容与重大环境污染事故罪的核心法益保持了一致，也就是对人类法益的保护。2016年司法解释新增的三项内容中，前两项的行为对象已经不在于环境本身，而继续向违反环境管理制度推进，其所保护的对象法益也逐渐趋向于秩序性法益的进一步前置。

对旧司法解释持赞成立场的观点虽然承认司法解释"在一定程度上突破了《刑法》第338条的文义，第1条前五项的规定均超出了'严重污染环境'这一用语的含义范围，不符合文义解释的基本要求，有违反罪刑法定原则之嫌"[2]，但也认为"明显突出了环境法益的地位，无疑顺应了人们普遍要求严惩环境污染犯罪的潮流，彰显了国家治理环境污染犯罪的决心"。[3]这种普遍观点恰恰反映出司法解释为何会冒着突破罪刑法定原则的风险也要得出明显不符合文义解释的结论，就是因为司法理念重在回应社会需求与国家目标，

---

[1] 钱小平：《环境法益与环境犯罪司法解释之应然立场》，载《社会科学》2014年第8期。
[2] 李梁：《污染环境罪侵害法益的规范分析》，载《法学杂志》2016年第5期。
[3] 李梁：《污染环境罪侵害法益的规范分析》，载《法学杂志》2016年第5期。

是随着社会政策和刑事政策的变动而变化的动态解释，但是立法理念存在于刑法规范形成之时，或者说是前实定法的静态的理念，有其固有的滞后性与僵化性，二者存在于不同的时空当中，以动态的司法理念来解释内涵相对稳定的刑法规范，难免出现违反罪刑法定原则的情形，但同时因为司法理念回应了社会的需求，因此又会被认为顺应潮流，最终就形成了司法解释既突破了规范，但是又能够适应司法实践的尴尬局面。

由旧司法解释实现的法益保护内容扩大化体现在两个方面：一方面是通过对"严重污染环境"类型的列举，进一步将污染环境罪的核心法益确定为环境法益，巩固了环境法益作为新型刑法法益的地位；另一方面保留了重大环境污染事故罪所保护的人类法益内容，在选取前实定法的经验事实时，既进行了因果流程的前阶段选取，又继续保留了符合完整因果流程的经验事实。前一方面实现了犯罪门槛的降低、法益保护内容的前置，后一方面延续了对原严重结果的保护、法益内容的保留，实际上是对法益保护内容的扩大化，且这种扩大没有考虑结果和法益的分层。旧司法解释的确对法益保护内容的前置起到了很大的推动作用，但对人类法益的保留和分层问题并不是司法解释造成的，这一问题的根源在于刑法规范的表述和意旨，旧司法解释只是通过对类型的具体化，将这一问题暴露得更加清晰，直到2020年污染环境罪再次修正后，2023年司法解释将侵犯人类法益的行为从基本犯"严重污染环境"的情形中剥离，划归"情节严重"的情节加重犯范围，才真正完成了污染环境罪法益保护内容前置为环境法益，并实现了人类法益与环境法益的分层保护。

三、污染环境罪法益保护前置化的立法理念与司法理念分析

"成文刑法在解释和适用里所获得的生机勃勃的发展中，一再追溯到刑法理念所要求的东西，从中得到滋养。如若没有那种追溯，成文刑法的发展将根本无法理解。"[1]

（一）污染环境罪的立法理念

由于重大环境污染事故罪制定于我国开始重视环境问题的初期，很多超前的观点当时就对该罪的立法理念提出了批评，认为"环境资源刑事立法方

---

[1]〔德〕H.科殷：《法哲学》，林荣远译，华夏出版社2002年版，第165页。

面还没有完全摆脱以人身和财产保护为本位的思维，没有更多地体现现代环境保护理念。这实际上还是没有完全摆脱注重对财产权和人身权的保护，而轻视对人类共有的长远利益保护的思维"。[1]重大环境污染事故罪的人类中心立场虽然屡遭批判，但对该罪立法理念的判断至少是明确和客观的。随着《刑法修正案（八）》对第338条的修改，对于本罪立法理念的立场却出现了不同的解读。

尽管前有《刑法修正案（八）（草案）》说明所明确的"本罪的修改旨在加强刑法对广大人民群众生命健康的保护……因此降低入罪门槛，增强可操作性"；后有全国人大常委会法制工作委员会刑法室对修改后罪名的说明"为保障人民群众的生命健康安全，严惩严重污染环境的行为，维护经济的可持续发展……降低了犯罪构成的门槛……从而将虽未造成重大环境污染事故，但长期违反国家规定，超标准排放、倾倒、处置有害物质，严重污染环境的行为规定为犯罪"[2]这两项来自立法机关在立法前后的说明，反映出污染环境罪修正背后的立法理念仍旧是人类中心立场，最终目的是"为保障人民群众的生命健康安全"，而非"保护环境"，核心法益为人类法益而非环境法益。正如刘艳红教授所言，"尽管《刑法修正案（八）》在污染环境罪的最新表述上采用了'严重污染环境'的字样，但在立法说明中却探寻不出对环境犯罪治理早期化立场"[3]。然而学界在对该罪进行分析时，诸多观点声称是在尊重法条本身与"立法原意"的基础上进行目的解释，实际上还是一厢情愿地将额外的"美好愿望"赋予了污染环境罪，例如把此前对人类中心的批判代入污染环境罪，认为本罪的修改回应了这些批判，最普遍的观点认为将入罪要件修改为"严重污染环境"，体现了立法者对环境法益的重视，[4]因此污染环境罪的立法目的在于直接保护环境，而非通过保护人身、财产法益来间接保护环境。具体观点表述包括"修改后的污染环境罪并没有再通过注重对人身、财产的保护来实现环境治理，而是更好地突出了环境资源的生态功

---

〔1〕 焦跃辉：《〈刑法修正案（八）〉体现环境资源保护理念变化》，载《中国环境报》2011年3月24日。

〔2〕 全国人大常委会法制工作委员会刑法室编：《〈中华人民共和国刑法修正案（八）〉条文说明、立法理由及相关规定》，北京大学出版社2011年版，第179页。

〔3〕 刘艳红：《环境犯罪刑事治理早期化之反对》，载《政治与法律》2015年第7期。

〔4〕 喻海松：《污染环境罪若干争议问题之厘清》，载《法律适用》2017年第23期。

能和生态价值本身,而且降低了该罪的入罪门槛,扩大了其刑事追究范围,同时也增强了定罪的可操作性"[1]"这对于强化环境保护意识、保障环境治理效果、提高环境质量具有十分重要的现实意义"[2]等。上述观点均是从法条修改本身得出的结论,认为"严重污染环境"要素的提出,意味着刑法关注的重心从人类中心前置为环境本身,刑法的立法理念从保护人身、财产法益转向保护环境法益。

此类观点进一步主张,在对环境的重视程度及人与环境之间关系的问题上,修改后的污染环境罪抛弃了过去狭隘的人类中心主义的思维模式,把人视为环境的一个组成部分,而不仅仅指环境的使用者,因为按照法律秩序分配环境利益与从这些利益中产生的财产分配相比,生态利益是更基础的问题。[3]环境刑法中虽然没有对"环境生态法益"的直接规定,但已经在实际行动中贯彻了生态文明思维,"严重污染环境"的规定,为"环境生态法益"的纳入排除了逻辑障碍,打开了解释空间。[4]除此之外,还有观点对污染环境罪反映出的国家意志进行解读,认为在环境污染问题当前已经成为影响人类社会存续和发展的重要国际问题的情况下,修改既反映出我国对全球环境污染治理问题的庄严承诺,更是我国为积极参与全球环境污染治理而采取的积极举措。[5]不得不说,这一系列解读的确有一定的道理,但并不一定准确。对环境的重视、对环境治理的积极应对从整体的价值观和国家治理策略来讲是值得肯定的,但对这种正确价值观的分工却并不都在刑法的功能范畴内,正如利益是普遍存在的,但并非所有的利益都能够被上升为法益,也并非所有的法益都属于刑法法益,换言之,刑法保护的法益范围是有限的,刑法的严厉性的确能够反映出对某一问题的重视程度和保护力度,但并不是所有的法益都当然地能够进入刑法的保护范畴内,尤其是在

---

[1] 陈君:《对〈刑法修正案(八)〉关于污染环境罪规定的理解与探讨》,载《北京理工大学学报(社会科学版)》2012年第6期。

[2] 王志祥主编:《〈刑法修正案(八)〉解读与评析》,中国人民公安大学出版社2012年版,第455页。

[3] 王秀梅:《刑事法理论的多维视角》,中国人民公安大学出版社2003年版,第29页。

[4] 张晓媛:《生态文明视野下环境刑法的立场转换——以环境损害的二元特征为视角》,载《中国刑事法杂志》2019年第4期。

[5] 王志祥主编:《〈刑法修正案(八)〉解读与评析》,中国人民公安大学出版社2012年版,第455页。

刑法本身尚未明确是否保护该类法益时，过于超前的解读并不能真实地反映刑法的立法目的。这种超前的解读并不是基于刑法的立法目的或立法本意，更多的是借助刑事政策的形式批判立法的不足，从而提出修正性建议。

（二）污染环境罪的司法理念

污染环境罪司法解释对"严重污染环境"情形的列举反映出更为接近实践的司法理念，例如最高人民法院研究室负责起草司法解释的专家指出，"针对环境污染刑事犯罪的特点，《解释》在深入调研的基础上，创新解释方法，增加规定了几种客观性较强的认定'严重污染环境'的情形"[1]，"从环境污染犯罪的特点看，由于污染损害的显现往往需要有一个过程，且因果关系很难证明，如将'严重污染环境'解释为必须造成实害结果，也会极大地不当限缩污染环境罪的成立范围。这些新增标准客观性强，易于把握和认定，既能体现从严打击污染环境犯罪的立法精神，又能解决此类犯罪取证难、鉴定难的实际问题"[2]。这就表明司法解释的制定目标在于为刑法规范提供具有较强客观性的认定标准，司法解释立足于司法实践，充分考虑了实践中的认定困难，为"严重污染环境"的认定提供了更具可操作性的方案。

在认可司法解释本身具备合理性的前提下，学者们进一步对司法解释背后的司法理念进行了解读，有观点认为，司法解释明确规定要将"造成生态环境严重损害""造成生态环境特别严重损害"纳入考量范畴，实现了环境刑法在生态保护中的重要突破。[3]也有观点认为，基于环境是社会赖以生存的物质基础及污染后果的不可逆转性，环境刑事政策的重心应由惩治结果行为向预防危险行为倾斜，并实现从事后预防、消极惩罚的特殊预防转向事前预防、积极惩罚的一般预防，也即从"惩恶于已然"到"防患于未然"的及时

---

[1] 周加海、喻海松：《严刑峻法重实效——〈关于办理环境污染刑事案件适用法律若干问题的解释〉的理解与适用》，载《中国环境报》2013年7月9日。

[2] 周加海、喻海松：《〈关于办理环境污染刑事案件适用法律若干问题的解释〉的理解与适用》，载《人民司法》2013年第15期。

[3] 张晓媛：《生态文明视野下环境刑法的立场转换——以环境损害的二元特征为视角》，载《中国刑事法杂志》2019年第4期。

转变。[1]不可否认的是，司法解释的确使刑法规范有了更具可操作性的适用标准，但也正是由于其注重适用性，在污染环境罪的立法理念与司法实践本来就没有达到完全一致的情况下，过分倾向于司法实践就可能出现对立法理念的超越，司法解释起草时考虑到"如将'严重污染环境'解释为必须造成实害结果，会极大地不当限缩污染环境罪的成立范围"，但是污染环境罪的成立范围本应由刑法规范予以界定，不同参照标准的选择决定了是"不当限缩"还是"不当扩大"的评价结果，如果刑法规范将"严重污染环境"限定为实害结果，司法解释将其解释为危险结果乃至危险行为，真正需要面对诘责的是司法解释"不当扩大了成立范围"。相反地，从应然性出发，若司法解释中体现的危险结果乃至危险行为的规定是符合社会实践需要的，那么需要面对诘责的就是刑法规范"不当限缩了成立范围"，即犯罪门槛仍然过高，入罪门槛需要进一步降低，刑法保护需要进一步前置。

司法理念在相当大的程度上反映的是刑事政策乃至社会政策的要求，当刑事政策开始侵入刑法解释的领域，以司法理念为指导的司法解释就走上了忽视刑法规范、重视刑事政策的道路，一旦刑法规范的滞后性与刑事政策的超前性达到了无法协调的程度，就必然会面临对司法解释立法化、违反罪刑法定原则的诟病。即便司法解释能够忠实地反映刑法规范的立法意图，在超前的刑事政策影响下，也会出现以此理念为参照而对司法解释与刑法规范的滞后性进行批评的主张，实际上是通过对刑事政策的认可，从而实现立法的批判功能。

（三）污染环境罪法益保护理念的立场选择

刑事立法将刑法理念与将来可能发生的事实相对应，从而形成刑法规范，刑法解释是将现实发生的生活事实与刑法规范相对应，不可能偏离刑法理念来解释刑法规范。刑事立法与刑事司法的理念本应保持一致，倘若司法理念与立法理念背道而驰，立法目的就不可能实现。[2]因此，刑法理念的立场选择对于合理解释刑法规范、准确评价司法解释内容、确定污染环境罪法益保护内容的实然与应然范围具有重要作用。

---

[1] 郭世杰：《从重大环境污染事故罪到污染环境罪的理念嬗递》，载《中国刑事法杂志》2013年第8期。

[2] 张明楷：《避免将行政违法认定为刑事犯罪：理念、方法与路径》，载《中国法学》2017年第4期。

立法理念来自立法机关在制定法律或修改法律时的初始目的，立法意图的还原来自法律条文制定时的客观含义，司法实践关注的是事实能否被规范所涵摄的问题，这本是一个理论上进行三段论逻辑推演即可回答的客观问题，然而司法实践的复杂性决定了不可避免地需要对其进行价值判断，以确定其是否与规范能够保持价值上的一致。此外象征性规范的存在是没有意义的，规范存在的意义在于有效地解决社会问题，与司法实践衔接的规范在适用时更多地受到司法理念的影响，司法理念在不违反立法理念的前提下，指导规范具体应用于司法实践、解决社会问题。但是当司法理念过于独立，在几乎不考虑立法理念，甚至与立法理念相背离的情况下，规范或许看起来具有较好的适用可能性，但会明显暴露出与立法理念相冲突、违反罪刑法定原则的问题，其根源便在于立法理念与司法理念之间的矛盾，这一矛盾根本上源于对刑事政策立场的选择。

对污染环境立法理念与司法理念的不同理解，造成了对本罪法益保护内容的不同解读。如前所述，由立法机关明确阐明的立法理念为"保护人民群众的生命健康"，虽然学理解释将"保护环境"的意图强加于刑法规范的立法理念之上，但可以较为容易地得到纠正，即"保护环境"的最终目的仍旧是"保护人民群众的生命健康"，"严重污染环境"的行为对象虽然是环境，但其最终目的在于保护人类法益，即对严重污染环境的规制并不是出于对"环境法益"的根本保护目的，而是对"人类法益"的提前保护，是法益保护阶段的提前，而非法益保护内容的提前。但是司法理念对此却有不同解读，认为"这一转变也显示出该条所保护的法益发生了由'公私财产和人身'向'环境'本身的根本性转变，体现出立法者对环境保护的重视程度明显提高"[1]，"由传统上基于对公私财产权、公民的生命健康安全的保护而对环境犯罪进行治理，转变为人类的环境权以及生态环境自身，体现了刑法对环境权益独立价值的明确确认及刑法对环境的人文关怀。这种转变符合当代环境生态科学的认识成果和人类在环境保护方面的实践成果，反映了当代环境保护价值导向和理念的发展趋势"[2]当代社会的治理理念的确有向环境保护方向转化的趋

---

[1] 薄晓波：《污染环境罪司法解释评析》，载《环境经济》2013年第10期。
[2] 陈君：《对〈刑法修正案（八）〉关于污染环境罪规定的理解与探讨》，载《北京理工大学学报（社会科学版）》2012年第6期。

势,并且在国家政策、环境治理领域都有着明确地表示,客观来说,环境保护力度的加大、环境保护合作的全球化是大势所趋,但是这并不代表刑法也同时具有了对环境的人文关怀,当我们在解释刑法规范的含义时,解释目标是规范所具有的"实然"含义,而非随着社会变迁后其应当具有的"应然"含义,后者可以通过司法理念得以体现,成为刑法规范修正的参照,但不是刑法解释的理念来源。

立法理念与司法理念之间的冲突揭示的深层问题是刑法规范与刑事政策之间的关系,"李斯特鸿沟"[1]与"罗克辛贯通"[2]是一个争论已久的问题,在污染环境罪刑法规范与司法解释的具体问题上得以再次呈现。需要明确的是,刑事政策并不是正式的法律渊源,不可能直接作为刑事裁判的依据。[3]就法益的功能而言,与刑法规范立足于立法理念的解释立场相对应的是"方法论的法益说",即必须严格坚持从现实法律规定出发的,才可能对"法益"作出正确的解释。[4]与其立场相反的是"现实论的法益说",认为法益尽管只有在受法律保护的情况下才是"法律所保护的利益",但其本身的存在仍应是"现实的",是先于规范存在、不依赖于刑法保护的,"现实论的法益说"主要在刑事政策方面发挥作用,即它可以为立法者选择可罚性行为提供指导。[5]法益是既已存在的利益,经由刑法规范确认上升为刑法法益,对刑法规范所确认的刑法法益的分析,只能立足于规范所反映的"实然"法益内容,此时发挥的是"方法论的法益说"指导下的法益的解释机能。对于刑法规范无意保护的法益或更广泛的利益,即便其存在应受保护性,也只是对"应然"的主张,此时发挥的是"现实论的法益说"指导下的法益的批判机能。把二者混为一谈的结果就是刑事政策与刑法规范之间关系的混同,例如有观点认为"如果将刑事政策作为规范目的的实质性渊源,通过目的解释这一管道,

---

[1] 参见[德]克劳斯·罗克辛:《刑事政策与刑法体系》,蔡桂生译,中国人民大学出版社2011年版,第7页。
[2] 参见[德]许乃曼:《刑法体系导论》,载许玉秀、陈志辉合编:《不移不惑献身法与正义——许乃曼教授刑事法论文选辑》,春风煦日学术基金2006年版,第47页。
[3] 叶良芳:《"零容忍"政策下环境污染犯罪的司法适用》,载《人民司法》2014年第18期。
[4] [意]杜里奥·帕多瓦尼:《意大利刑法学原理(注评版)》,陈忠林译评,中国人民大学出版社2004年版,第91页。
[5] [意]杜里奥·帕多瓦尼:《意大利刑法学原理(注评版)》,陈忠林译评,中国人民大学出版社2004年版,第91页。

则可以将政策性考量注入法条规范的阐释之中,从而实现刑事政策与刑法条文的贯通和融合"。〔1〕在解释污染环境罪的犯罪构成时,"鉴于'零容忍'政策的基本精神是严厉惩治环境污染犯罪,因此,对相关刑法条款的术语、规则的含义进行阐释时,应当采取一定的宽松解释,以降低环境污染犯罪的入罪门槛、扩大刑法的调控范围"。〔2〕这一观点鲜明地呈现出将刑法规范与刑事政策"贯通"的立场,以刑事政策作为刑法规范的解释依据,以司法理念代替立法理念。然而,正是这种"贯通"引发了对污染环境罪中刑法规范构成要件与司法解释所反映的法益保护内容不同的局面,这种跨越"实然"、直奔"应然"的解释方法无疑会对罪刑法定原则产生极大的威胁。若放任刑事政策对立法理念地位的冲击,一味地重视刑事政策的立场,那么结果就是只有在立法理念符合刑事政策要求的情况下,才能够对刑法规范作出同时符合立法理念与司法理念的解释,立法理念指导刑事立法与刑法解释的功能实际上完全受制于刑事政策的立场,相当于虚置立法理念,刑法解释的依据实质上完全在于刑事政策主导下的司法理念,这明显是不合理的。对于这一问题,正确的理解应当是:"面对当前严峻的环境形势以及污染环境罪取证难、认定难的问题,刑法可以并且应当有所作为,包括与时俱进修订污染环境罪的刑事立法,适度扩大犯罪圈、增设危险犯的条款、降低犯罪门槛以及提高刑罚的处罚幅度。但是,在刑事立法没有修改污染环境罪的构成要件之前,污染环境罪的解释必须恪守污染环境罪现有的犯罪构成,并遵循刑法解释的基本原理,否则容易给解释结论带来不确定性,使污染环境罪罪与非罪的界限变得相当模糊,有诱发不当入罪的风险。"〔3〕也就是说,刑法解释的文本是已有的刑法规范,解释的依据是立法理念;而对刑事政策的参考只能在其与立法理念保持一致的范围内使用,若刑事政策与立法理念已经出现了冲突,则应被视为修正刑法规范的依据,而不能试图通过调和矛盾进行刑法解释,以与立法理念相冲突的刑事政策来解释刑法规范,最终都会被证明是徒劳,而且无法回应违反罪刑法定原则的批评。

从刑法的现实情况来看,刑法分则已经将污染环境罪犯罪构成的结果要

---

〔1〕 叶良芳:《"零容忍"政策下环境污染犯罪的司法适用》,载《人民司法》2014年第18期。
〔2〕 叶良芳:《"零容忍"政策下环境污染犯罪的司法适用》,载《人民司法》2014年第18期。
〔3〕 刘伟琦:《污染环境罪司法解释与刑法原理的背离及其矫正》,载《河北法学》2019年第7期。

素修改为"严重污染环境","环境"依然是直接行为客体,立法旨在保护的最终目的法益仍为人类法益,在没有对"环境法益"进行范围限定的情况下,与深陷污染环境罪保护的法益内容究竟是人类法益还是环境法益、环境法益是否具有独立性等无休止的争论相比,更有效的解决方法是在认清污染环境罪特殊事实构造的基础上,回答"环境利益"与"人类法益"之间的关系,能在这二者之间寻找到连接点和平衡点,则立法理念与司法理念完全可以达成一致,从而化解彼此掣肘、矛盾重重的尴尬局面。具体而言,在认可立法理念以保护人类法益为最终法益保护目的的前提下,也要意识到对人类法益的保护并不仅仅体现在对人类法益的实害上,规制对人类法益产生危险的行为的同时也是对人类法益的前置保护,而基于污染环境罪中环境利益与人类法益之间的特殊关系,对人类法益的危险完全可以通过对环境利益的侵害得以呈现。因此,借助环境法益与人类法益之间的特殊关系,可以推导出污染环境罪以保护人类法益为最终目的,以保护与人类法益相关联的环境法益为手段,通过对环境法益的直接保护,从而实现对人类法益的间接保护。因此,经由对人类法益与环境法益之间关系的精细分析,确定污染环境罪所保护的"环境法益"范围,可以实现立法理念与司法理念的一致,同时为污染环境罪法益保护内容是否进行了前置以及前置后保护法益的具体内涵划定合理的边界。

第四节 污染环境罪的法益保护内容:基于不同法益观的立场甄选与边界厘定

一、污染环境罪的法益观立场

在讨论污染环境罪的法益保护内容以及"环境法益"的内涵时,不同的结论背后是不同的法益观立场。目前关于环境犯罪的法益观主要有三种,即人类中心的法益观、生态中心的法益观以及作为折中说的生态学的人类中心的法益观。

(一)人类中心法益观

20世纪60年代之前,人类对环境的认识还停留在"环境不是利益的归属主体,不能反映利益,环境利益只有透过人才能表现出来,故只有反映在人本身的利益上才具有刑法上的意义"[1],因此在环境犯罪领域坚持以人类为中心的人本主义法益观。

纯粹人类中心的法益观认为,环境只是因为给人类提供了基本的生活基础,才受到刑法保护,否则人类没有必要保护环境;所以,只能以人类为中心来理解环境犯罪的保护法益。环境自身不是保护法益,只是行为对象;环境刑法的目的与作用在于保护人的生命、身体、健康法益免受被污染的环境的危害,所以,只有人的生命、身体、健康才是环境犯罪的保护法益。[2]从纯粹的人类中心法益观视角来看,污染环境罪的构成要件表述虽然为"严重污染环境",但此处的"环境"仅作为行为对象而存在,本罪的结果要素由重大环境污染事故罪中"重大环境污染事故"且"造成人身伤亡或财产损失的严重后果"的双重结果前置为单一的"严重污染环境",并不意味着作为行为对象的"环境"具有了刑法法益的地位,也不意味着刑法保护的核心法益转变为环境法益,这种解释思路导致污染环境罪的法益保护内容与重大环境污染事故罪并无区别,刑法规范的修正没有体现法益保护内容的前置化,充其量是对人类法益保护阶段的前置化。作为行为对象的环境并不具有刑法法益的独立地位,而只是发挥着其在环境污染事件因果流程中的媒介作用,最终的保护对象还是人身、财产,由此反映出污染环境罪的法益保护内容仍为人类法益。

(二) 生态中心法益观

随着科学技术的发展,20世纪60年代之后,人类中心法益观逐渐转变为"人本主义与生态主义并重",甚至发展到了"生态中心主义"的法益保护观。刑法视野中的人与自然的关系具有了崭新的含义:环境犯罪的实质并不只是对环境资源保护制度的破坏,而且是对生态法益的损害,生态价值才是刑法介入环境保护的出发点。[3]生态中心法益观所秉持的环境法益理念是广义的环境利益,不需要借助与人类社会之间的关系进行判断,认为环境犯罪的保护法益就是生态学的环境本身(水、土壤、空气)以及其他环境利益

---

[1] 杜澎:《破坏环境资源犯罪研究》,中国方正出版社2000年版,第34页。

[2] Vgl. Olaf Hohmann, Vonder Konsequenzeneinerpersonalen Rechtgutsbestimmungim Umweltstrafrecht, GA 1992, S. 539. 转引自张明楷:《污染环境罪的争议问题》,载《法学评论》2018年第2期。

[3] 蒋兰香、周训芳:《从传统法益到生态法益——20世纪各国环境刑法法益保护观的变迁》,载《外国法制史研究》2005年第0期。

(动物、植物)[1],这些利益具有独立性,与人的生命、身体无关。

持这种法益观的学者认为:"严重污染环境"意味着行为对象发生了改变,从而将其视为法益保护内容的改变,指出"在污染环境罪中,行为客体(对象)与法益保护客体是重合的,对行为对象的侵害意味着环境法益受到了侵害或者危险"。[2]这种将行为对象与法益直接对应的认定方式在形式上似乎不存在问题,由形式侧面的行为对象直接体现出实质侧面的法益保护内容,这一法益保护内容也回应了污染环境罪入罪门槛下降的立法目的。生态中心法益观的判断逻辑简明,但也正是由于只从形式侧面判断,而忽视了两个问题:第一,环境法益原本并非刑法法益,刑法规范的变更是否意味着环境法益得以上升为刑法法益,且能够成为污染环境罪的核心保护法益?第二,"严重污染环境"中的"环境"概念是否需要进行限制,还是指广义上的生态环境?保护环境是一项基本国策,也是全球需要共同面对的任务,但如果对"环境"的范围不进行界定,广义上的生态环境是不是现阶段受到刑法直接保护的对象,答案并不十分明确。

生态中心法益观看似是对新型刑法法益的确认和法益保护范围的扩大,但对法益保护内容进行的性质上的彻底转换,可能无法完成与重大环境污染事故罪的衔接与过渡。而旧司法解释对符合重大环境污染事故罪构成要件情形的保留与新旧司法解释对符合"严重污染环境"的类型列举,在生态中心法益观的立场下,也无法得到合理解释。例如在旧司法解释将"严重污染环境"解释为"造成人身伤亡或财产损失的严重后果"的场合,就需要回答如果核心法益是环境法益,意味着基本犯的法益内容已经前置为环境法益,相应地人身、财产法益就成了结果加重犯的法益,但是旧司法解释将二者同时置于基本犯的成立范围内,无疑忽视了法益保护内容与行为的社会危害严重程度的区别。再如司法解释通过对行为对象、行为方式、污染物数量等的限制来解释"严重污染环境"的成立条件,但如果核心法益是广义的环境法益,那么行为无论是否向特定的环境空间排放、是否以特定方式排放,都可能产

---

[1] Vgl. Arzt/Weber, Strafrecht Besonderer Teil, Lehrbuch, Verlag Ernstund Werner Gieseking, 2000, S. 883f; Wessels/Hettinger, Strafrecht Besonderer Teil, Band I, 26. Aufl., C. F. Müller Verlag, 2001, S. 276. 转引自张明楷:《污染环境罪的争议问题》,载《法学评论》2018 年第 2 期。

[2] 张志钢:《摆荡于激进与保守之间:论扩张中的污染环境罪的困境及其出路》,载《政治与法律》2016 年第 8 期。

生对环境法益的侵害，在这个意义上，司法解释无疑也没有彻底贯彻生态中心法益观的保护理念。

有学者从世界环境刑法立法发展趋势的角度，主张我国的环境刑法也应采纳纯粹生态学的法益观，例如德国刑法对环境法益的独立承认，1997年欧洲理事会《通过刑法保护环境公约》强调各缔约国应采取适当且必要的措施在其国内立法中将所列的故意、过失导致任何人或空气、土壤、水、动植物的实质损害行为规定为犯罪，2003年欧盟部长理事会《关于通过刑法保护环境的框架决议》将对环境要素的侵害作为环境犯罪构成的最低标准，2007年欧洲委员会通过了"通过刑法保护环境"新议案（2007/0022（COD））明确界定"故意或过失对人体健康或环境造成了或可能造成严重损害的违法行为"是环境犯罪、清晰地表明环境法益已经成为与个人法益并列的环境犯罪侵害对象等为由，主张我国的污染环境罪保护法益为环境法益。[1]然而，用其他国家的环境刑事政策来解释我国的环境刑事立法，这本身就存在问题，对刑事立法的解读必须立足于本国的规范条文本身与立法目的。其他国家的刑事政策与刑法规范演变可以为我国的刑事立法提供参考和借鉴，但绝不是提供刑法解释的依据。

生态学的法益观本身也面临着诸多质疑，完全赋予生态环境以独立于人类法益的地位，存在着使环境法益精神化、虚无化的危险。例如，有学者指出："任何法益都必须能够还原为人的具体生活利益，故生态中心主义法益观的逻辑结论不是法益保护的早期化，而是法益保护的虚无化。"[2]哈塞默尔教授就明确指出："如果刑法被用来保护集体性或者弥散性的法益的话，比如说刑法用来保护环境的话，这是很有问题的"[3]，"要在刑法典里面将污染环境的行为进行犯罪化是很简单的事情，但是更深层次的问题是，如果想要构建一个公平合理的解决环境污染问题的刑法方案，可能是相当困难的"。[4]实

---

〔1〕 钱小平：《环境法益与环境犯罪司法解释之应然立场》，载《社会科学》2014年第8期。

〔2〕 黄旭巍：《污染环境罪法益保护早期化之展开——兼与刘艳红教授商榷》，载《法学》2016年第7期。

〔3〕 ［德］基墨：《安全、风险与刑法》，江溯译，载梁根林主编：《当代刑法思潮论坛（第3卷）：刑事政策与刑法变迁》，北京大学出版社2016年版，第295页。

〔4〕 ［德］基墨：《安全、风险与刑法》，江溯译，载梁根林主编：《当代刑法思潮论坛（第3卷）：刑事政策与刑法变迁》，北京大学出版社2016年版，第295~296页。

际上，我国刑法学界也存在对污染环境罪属于象征性立法的质疑，[1]这种立法看似扩大了法益保护的范围、赋予了环境法益以刑法法益的独立地位，但实际上也在很大程度上稀释了法益概念的实在性和具体性。

（三）生态学的人类中心法益观

在人类中心的法益观对法益的保护内容太过保守，生态中心的法益观对环境法益的范围设定又过于抽象和宽泛的情况下，高铭暄教授主张，"人类中心主义"与"生态中心主义"均失之于绝对化，在环境犯罪法益的保护上，也应兼顾人类法益与环境法益两方面，促进人与自然和谐相处。[2]由此，具有折中性质的生态学的人类中心法益观逐渐得到了越来越多的重视和支持，目前的刑法学通说也对折中意义上的这一立场表示了肯定。[3]生态学的人类中心法益观认为"不仅是人的生命健康应当通过环境得到保护，使之免受危险的威胁，而且保护植物和动物的多样性，以及保护一个完整的自然，也都是属于一个符合人类尊严的生活内容的，因此是能够融入一个与人类需要相关的法益概念之中的"。[4]生态学的人类中心法益观既突破了人类中心法益观只关注人身、财产等可直接感知的关涉人类生存、生活的实体性法益，将带有抽象性且与人类生存紧密相连的生态环境、自然资源法益纳入法益保护的关注视野当中，同时又通过与人类生存的关联程度对这类法益加以限制，在面向未来、重视生存环境的同时也尊重社会发展规律和人类的客观认知规律。

生态学的人类中心的法益观对纯粹人类中心的法益观与生态中心的法益观进行了折中，认为水、空气、土壤、植物、动物作为独立的生态学的法益，应当得到认可，但是，只有当环境作为人的基本的生活基础而发挥机能时，才值得刑法保护。[5]哈塞默尔教授对于"如果单纯造成自然本身的损害的话，

---

[1] 刘艳红：《象征性立法对刑法功能的损害——二十年来中国刑事立法总评》，载《政治与法律》2017年第3期。

[2] 高铭暄、郭玮：《德国环境犯罪刑事政策的考察与启示》，载《国外社会科学》2020年第1期。

[3] 周光权：《污染环境罪的关键问题》，载《政治与法律》2024年第1期。

[4] [德]克劳斯·罗克辛：《德国刑法学 总论》（第1卷），王世洲译，法律出版社2005年版，第18页。

[5] Vgl. Gramer/Heine, in: SchÖnke/ SchrÖnder Strafgesetzbuck Kommentar, 26. Aufl., 2001, S.2480. 转引自张明楷：《污染环境罪的争议问题》，载《法学评论》2018年第2期。

还不能动用刑法,只有侵害了个人核心利益才可以动用刑法进行处罚"[1]的主张可以视为生态学的人类中心法益观的一种表述,即基于环境与人类法益之间的关联性,刑法可以将环境利益上升为环境法益,并发挥刑法保护环境法益的功能,但由于环境本身的特殊性,生态中心法益观所主张的广义上的环境法益过于宽泛和抽象,因此必须对刑法所保护的环境法益进行限制。既通过认可污染环境罪的法益保护内容实现了从人类法益到环境法益的前置化,但同时也要通过对"环境法益"的内涵进行限制来限定前置化的边界,不能忽略"环境法益"概念的抽象化特征,更不能放任对"环境法益"的无限解释。对"环境法益"边界进行限制的基础就在于其与人类法益之间的关联性,不能直接以广义上的自然环境来界定"环境法益"的内容。

综上,纯粹人类中心的法益观无论如何解释,都只能得出以人类法益为保护内容的法益立场,环境只是作为行为对象发挥着媒介的作用,即便是修改后的刑法规范也没有赋予环境保护独立的地位,只是将其作为更好地保护人类法益的手段,通过将保护阶段提前,实现对人类法益的前置化保护。纯粹生态学的法益观支持行为对象与法益的统一,环境本身就是刑法法益的保护内容,并不需要考虑其与人类之间的关系,不仅赋予了环境独立的刑法法益地位,而且为环境法益留下了非常广阔的解释空间,使这一本就具有较大抽象性的法益有着趋于虚无的危险。生态学的人类中心法益观对二者做出了具有实践性的调和,通过对"环境利益"与"人类法益"之间关系的联结,实现刑法意义上对"环境法益"保护的确认与保护边界的明确。概而言之,在人类中心法益观立场下,污染环境罪的法益保护内容没有前置,但是法益保护阶段从对人类法益的实害犯前置为对人类法益的危险犯,实质的判断在于行为是否具有侵害人类法益的危险,在逻辑上,这一实质法益侵害结果的判断经由形式侧面的"严重污染环境"而被证实,但"严重污染环境"只起到媒介作用,而不具备确认刑法法益保护内容变更的功能。在生态中心法益观立场下,污染环境罪的法益保护内容发生了质的变化,从人类法益转变为无限制的环境法益,这一环境法益等同于生态法益、自然法益,虽然实现了

---

[1] [德]基墨:《安全、风险与刑法》,江溯译,载梁根林主编:《当代刑法思潮论坛(第3卷):刑事政策与刑法变迁》,北京大学出版社2016年版,第296页。

法益保护内容的前置，但同时也面临着法益保护内容的无限前置乃至虚无的危险。在生态学的人类中心法益观立场下，污染环境罪的法益保护内容前置化进程是理性、克制的，既认为刑法规范通过形式侧面的构成要件修改，实现了经验事实选取阶段的提前，从而反映出对环境法益的刑法确认，但同时也没有忽视对环境法益的范围进行限制，限制的依据就是以具有相对客观、明确内涵的人类法益为参照，实质上是将对人类法益保护阶段的提前转换为法益保护内容的提前，在逻辑上以对人类法益的危险犯与对环境法益的实害犯这两个概念作为衔接点，赋予二者同质性的地位，将法益保护阶段的前置转化为法益保护内容的前置，既使环境法益具备了相对独立的刑法法益地位，又没有忽略立法目的所主张的对人类法益的前置化保护，这种法益保护内容的前置也为司法实践指明了更加简便、直接的认定路径。

二、基于不同分类标准的法益保护内容

目前，学界和实务界关于污染环境罪的法益保护内容存在多种理解和表述，包括：国家环境保护制度和公私财产与公民健康、生命安全[1]、国家关于环境污染防治的管理制度和环境权[2]、国家对环境保护和污染防治的管理秩序[3]、国家和公民的环境权以及自然生态环境本身[4]、公民的环境权和生态安全[5]、人及生物的核心生态法益[6]、生态学的人类中心的法益[7]、环境利益[8]、

---

[1] 谢望原、赫兴旺主编：《刑法分论》，中国人民大学出版社2011年版，第351页；黎宏：《刑法学》，法律出版社2012年版，第861页。

[2] 冯惠敏观点，载冯军、敦宁主编：《环境犯罪刑事治理机制》，法律出版社2018年版，第95页；冯惠敏：《污染环境罪若干问题探讨》，载《山东警察学院学报》2014年第4期；栗相恩：《污染环境罪法益与罪过形式探析》，载《人民检察》2012年第9期。

[3] 王作富主编：《刑法分则实务研究（下）》，中国方正出版社2013年版，第1389页。

[4] 陈庆、孙力：《有关污染环境罪的法律思考——兼论〈刑法修正案（八）〉对重大环境污染事故罪的修改》，载《理论探索》2011年第3期。

[5] 陈庆瑞观点，载冯军、敦宁主编：《环境犯罪刑事治理机制》，法律出版社2018年版，第104页。

[6] "包括人或动物呼吸新鲜空气、饮用清洁水源、生存环境的无毒无害等"，参见焦艳鹏：《刑法生态法益论》，中国政法大学出版社2012年版，第148页。

[7] 张明楷：《污染环境罪的争议问题》，载《法学评论》2018年第2期。具体而言，"生态学的人类中心的法益论，意味着环境刑法实行二重保护：一是以对人的生命、身体、健康等个人法益的保护为中心的刑法规范；二是将环境媒介、动植物等生态法益予以保护的刑法规范"。

[8] 郑牧民、习明：《论污染环境罪的罪过形式》，载《求索》2012年第11期。

环境法益[1]、环境权[2]、环境安全[3]、人与自然的和谐相处[4]、国家环境生态安全[5]等。虽然表述各不相同，但整体上可以分为四类：第一类为国家环境保护管理秩序法益，即"国家环境保护制度""国家关于环境污染防治的管理制度""国家对环境保护和污染防治的管理秩序"此类表述所反映的秩序法益；第二类为传统的人类法益，具体为生命权、财产权；第三类为生态法益，包括生态环境整体和以人为权利主体的环境权；第四类为环境法益，即赋予了环境法益相对独立的刑法法益地位，但与第三类生态法益不同的是，第四类环境法益需通过其与人类法益之间的关联进行界定，从而控制其广泛性和抽象性程度。

上述四类法益之所以同时出现在污染环境罪的法益立场中，一方面的确各有其合理性，另一方面也反映出因对复杂法益之间的关系、位阶缺少剖析，造成了对该罪法益保护内容的简单叠加或删减，忽略了法益之间应有的逻辑关系，也会造成对法益保护内容理解上的差异。

(一) 手段法益与目的法益

尽管最高人民法院、最高人民检察院有关部门在对污染环境罪进行解释时，主张该罪侵犯的客体是"国家对环境保护和污染防治的管理秩序"[6]，

---

[1] 钱小平：《环境法益与环境犯罪司法解释之应然立场》，载《社会科学》2014年第8期；陈洪兵：《解释论视野下的污染环境罪》，载《政治与法律》2015年第7期；侯艳芳：《环境法益刑事保护的提前化研究》，载《政治与法律》2019年第3期；齐文远、吴霞：《对环境刑法的象征性标签的质疑——与刘艳红教授等商榷》，载《安徽大学学报（哲学社会科学版）》2019年第5期；孟辰飞：《环境法益的刑法保护——以刑法谦抑性为视角》，载《中国检察官》2019年第19期；李梁：《环境犯罪刑法治理早期化之理论与实践》，载《法学杂志》2017年第12期；李川：《二元集合法益与累积犯形态研究——法定犯与自然犯混同情形下对污染环境罪"严重污染环境"的解释》，载《政治与法律》2017年第10期；汪维才：《污染环境罪主客观要件问题研究——以〈中华人民共和国刑法修正案（八）〉为视角》，载《法学杂志》2011年第8期。

[2] 李希慧、董文辉、李冠煜：《环境犯罪研究》，知识产权出版社2013年版，第188页；吴伟华、李素娟：《污染环境罪司法适用问题研究——以"两高"〈关于办理环境污染刑事案件适用法律若干问题的解释〉为视角》，载《河北法学》2014年第6期；刘红：《环境权应为环境犯罪客体之提倡》，载《中国刑事法杂志》2004年第5期；王勇：《环境犯罪立法：理念转换与趋势前瞻》，载《当代法学》2014年第3期。

[3] 黄旭巍：《污染环境罪法益保护早期化之展开——兼与刘艳红教授商榷》，载《法学》2016年第7期。

[4] 王鹏祥、孟昱含：《论污染环境行为的刑法治理》，载《中州学刊》2019年第6期。

[5] 穆斌：《生态环境的法益观研究》，载《中国政法大学学报》2020年第3期。

[6] 最高人民检察院公诉厅编、陈国庆主编：《中华人民共和国刑法最新释义（2016年版）》，中国人民公安大学出版社2016年版，第542页。

或者"国家环境保护制度"[1]，但是陈洪兵教授进一步提出疑问，"国家确定环境保护制度的目的又是什么呢？很显然是保护'环境'。既然如此，还不如直接承认污染环境罪所保护的法益就是环境、生态法益或者环境权"[2]。这一观点中就蕴含了手段法益与目的法益之间的关系这一内在逻辑，秩序法益只能是手段法益，在所有的保护秩序法益的刑法罪名中，一定有通过秩序法益保护的目的法益，即与人类法益相关联的某种实体性或抽象性法益。

上文已阐明，我国的犯罪客体类别标准之一为同类客体，污染环境罪规定在刑法分则第六章妨害社会管理秩序罪第六节破坏环境资源保护罪中，就同类客体而言，污染环境罪的保护法益自然包括环境保护管理秩序法益。但是如果认为污染环境罪的保护法益只有环境保护管理秩序，未免止于表面。"环境资源保护管理制度不足以全部概括环境犯罪的客体特征，环境资源保护管理制度只是环境犯罪侵犯的具象社会关系，并非其本质特征。"[3]"构建环境行政管理秩序的目的在于保护环境法益，属于手段行为，违反环境保护管理秩序只是对环境侵害的一种方式，但不是唯一方式。"[4]环境管理秩序只是污染环境罪的手段法益，而非目的法益，上述观点的表述就是将手段法益转化为目的法益，有意阐明手段法益与目的法益之间的关系，突出本罪的目的法益。

当前很多观点也忽视了环境保护管理制度法益的手段法益性质，仅根据刑法分则同类客体的分类方法，认为污染环境罪的保护法益为环境保护管理秩序法益，这种法益认定思路注重的是刑法分则的形式架构，但是忽略了罪名实质侧面反映出的法益内涵，也就是忽略了旨在保护的目的法益。

秩序是社会有序运行必需的一种利益，经由刑法规范的确认上升为受刑法保护的秩序法益，但是这种秩序法益也必须由刑法为其设置边界，因为我国的刑法采取的立法模式是"定性又定量"，在性质相同的情况下，刑法法益与行政法法益极易重合，区分二者保护范畴的唯一方法就是通过对法益侵害程度的"量"的把握。如果不将污染环境罪的秩序法益限定在实施的行为种

---

[1] 张军主编：《〈刑法修正案（八）〉条文及配套司法解释理解与适用》，人民法院出版社2011年版，第320页。

[2] 陈洪兵：《解释论视野下的污染环境罪》，载《政治与法律》2015年第7期。

[3] 赵秉志、王秀梅、杜澎：《环境犯罪比较研究》，法律出版社2004年版，第45页。

[4] 钱小平：《环境法益与环境犯罪司法解释之应然立场》，载《社会科学》2014年第8期。

类、排放污染物种类、造成的危害严重性程度范围内，行政法所保护的环境保护管理制度与刑法所保护的环境保护管理制度就会混为一谈，刑法的谦抑性与最后性也无从谈起。而在生态中心法益观的裹挟下，刑法解释更容易使刑法规制走向法益不断前置、范围不断扩大乃至扮演起行政违反处罚法的角色。

而陈洪兵教授的上述观点也并非追问的终点，保护环境的目的又是什么呢？如果就是为了保护环境自身，那坚持的就是生态中心的法益观立场；如果认为保护环境最终还是为了保护人类法益，就是生态学的人类中心法益观立场乃至人类中心法益观的立场。

环境保护管理秩序法益是污染环境罪所保护的最具宽泛性的手段法益，而环境法益是具有相对独立性的目的法益还是通向人类法益的另一个手段法益，关系到其是否具有刑法法益的独立地位，抑或是必须以人类法益为判断基础，这一问题的明确对"严重污染环境"的解释范围具有重要影响。

（二）直接法益与间接法益

重大环境污染事故罪与污染环境罪的构成要件反映出，制定该罪状所参考的经验事实具有因果流程上的阶段性，两罪名在事实上存在于同一套因果流程里，即行为人的直接行为对象是环境，通过向环境排放污染物，造成环境污染，而后经由环境间接作用于人身或财产，致使公私财产遭受重大损失或者造成人身伤亡的严重后果。重大环境污染事故罪构成要件类型化所依据的前实定法经验事实为具有完整因果流程的事实，其直接行为对象是环境，间接行为对象是财产或人身；而污染环境罪虽然省略了对间接行为对象的规定，但无法改变事实因果流程的客观性，即便将构成要件从"造成重大环境污染事故，致使公私财产遭受重大损失或者人身伤亡的严重后果"改为"严重污染环境"，但是对财产与人身法益的侵害危险依然存在，只是在"造成重大环境污染事故、致使公私财产遭受重大损失或者人身伤亡"的场合被认定为对人身、财产法益的实害犯而与污染环境罪对人身、财产法益的危险犯相区别。"严重污染环境"完全可以被解读为，将原本只能规制突发性且对人身、财产造成实害结果的环境事故范围扩大到累积性且对人身、财产法益存在危险的污染环境行为，这一转变既可以被视为是法益保护内容从人类法益转化为环境法益，也可以被视为法益保护内容没有变化，只是在表述上省略了对间接行为对象和结果的描述。但实际上，无论是间接行为对象还是间接法益都没有被删除，只不过在法益保护阶段上从规制对间接法益的实害犯转向了对间接法益的危险犯，实现了对间接法益保护阶段的提前。正如有学者所言，环境刑法所保护之法益，并不只是生命法益、身体法益或财产法益，而且亦包括所谓之"环境法益"，即生态环境之破坏将足以导致生命、身体或财产之危险，故以刑法保护环境法益，亦属间接地保护个人之生命、身体或财产法益。[1]

当然也有观点对直接法益与间接法益的认识恰好相反，认为"环境法益首先是人类的生命、健康或重大的财产这些直接法益，其次是人类的生命、健康赖以存在的自然生态系统或其中的要素这些间接法益"。[2] 细究之下，这种观点的表述并不严谨，其所称的"直接法益""间接法益"不是基于行为对象做出的区分，而是基于法益观的立场将目的法益作为直接法益对待，将为保护目的法益而存在的手段法益作为间接法益对待，其准确的表述应当是"环境法益的最终目的是保护人类的生命、健康或财产法益，通过保护人类法益赖以存在的自然生态系统或其中的要素这些手段法益得以实现"。

（三）主要法益与次要法益

污染环境罪与重大环境污染事故罪整体的事实因果流程所具有的特殊行为构造反映出其行为对象具有多重性，涉及的法益也是复杂法益，但是对于复杂法益之间的主次关系却存在不同的理解。

有学者认为："重大环境污染事故罪是侵犯复杂客体的犯罪，其侵犯的主要客体是国家的环境资源保护管理制度，次要客体是生命、健康、财产权。修订之后，取消了侵害次要客体的结果要求，代之为'严重污染环境的'程度要求，使得本罪从结果犯转变为危险犯，改变了上述主、次要客体错位的情形。这种变化，表面上是取消了上述严重结果的规定，实际上则是取消了本罪的次要客体，使得环境权成为本罪的主要客体与本质特征。"[3] 还有学者主张，"污染环境罪所保护的主要法益不是公共安全，而是环境本身，不特定多数人的人身、财产安全只能是该罪所保护的间接、次要、反射性法益，对于污染环境罪构成要件的解释，必须始终围绕环境法益展开"。[4] 这两种观点

---

[1] 刘红：《环境权应为环境犯罪客体之提倡》，载《中国刑事法杂志》2004年第5期。
[2] 张勇：《整体环保观念下污染环境罪的理解与适用》，载《新疆社会科学》2011年第6期。
[3] 王勇：《环境犯罪立法：理念转换与趋势前瞻》，载《当代法学》2014年第3期。
[4] 陈洪兵：《解释论视野下的污染环境罪》，载《政治与法律》2015年第7期。

似乎将主要法益、次要法益的区分与直接法益、间接法益相等同,是以符合事实因果流程的判断逻辑来区分主要法益与次要法益,如果说直接法益和间接法益在因果流程上具有时间性,那么主要法益和次要法益的区分依据应当是刑法法益保护目的下对不同法益的侧重,两者的区分标准并不相同。另有观点认为,"污染环境罪的法益应该是复合性的,其主要法益应当是环境权,次要法益应当是国家关于环境污染防治的管理制度"。[1]这一观点的表述意识到了主要法益与次要法益的区分标准,但是将法益保护内容的讨论集中在环境保护管理秩序法益与环境法益上,而回避了对人类法益是否为主要法益或次要法益的探讨。其中存在着两个误区:

第一,上文已对国家环境保护管理秩序法益进行了确认与说明,秩序法益的确是延续自重大环境污染事故罪至污染环境罪的法益保护内容之一,但其只是作为同类客体与手段法益而存在,并不是污染环境罪所要保护的最终目的法益,当刑法将秩序法益作为其主要法益时,就很容易逐渐变为行政违反处罚法,"行政前置性"也会被解读为"行政从属性",从而逐渐丧失刑法独立的法益保护地位及刑法与行政法"定量"区分的界限。当秩序成为刑法的主要保护法益,本应归属于行政秩序范畴内的秩序法益也可以毫无障碍地被纳入刑法规制范围内,刑法法益的解释机能与批判机能都会受到极其严重的影响。例如,司法解释中列举的"通过暗管、渗井、渗坑、裂隙、溶洞、灌注等逃避监管的方式排放、倾倒、处置有放射性的废物、含传染病病原体的废物、有毒物质的"情形可被认定为符合"严重污染环境",实施此类行为就符合了污染环境罪的构成要件该当性;但是在《环境保护法》和《排污许可管理条例》中,对于同样的行为规定施加行政处罚,刑事犯罪与行政违法的区别仅仅在于排放、倾倒、处置污染物的种类不同,但污染物的种类仅是污染环境罪构成要件要素的一部分,"严重污染环境"才是罪名成立的结果判断标准,上述司法解释的列举在缺少违法与犯罪"量"的区分时,极易造成行政违法与刑事犯罪界限的混同,刑法由此沦为行政违反处罚法。因此,为了避免这种不当的演变趋势,必须对秩序法益的地位和作用进行清晰地界定,秩序法益只能作为复杂法益中的手段法益、次要法益而存在,不可能成为污染环境罪保护的主要法益,在讨论污染环境罪的核心法益保护内容时,可以

---

[1] 栗相恩:《污染环境罪法益与罪过形式探析》,载《人民检察》2012年第9期。

直接排除对秩序法益的讨论。

第二，污染环境罪的主要法益与次要法益只能在环境法益与人类法益之间进行讨论，其中涉及的问题是环境法益与人类法益之间的关系，如前所述，生态中心的法益观立场会主张侵害环境本身即为"严重污染环境"，广义上的生态环境利益不仅被确认为刑法法益，而且具有完全独立的法益地位。而生态学的人类中心法益观立场会主张环境法益具有相对独立的刑法法益地位，其作为保护人类法益的手段法益而被纳入刑法法益保护范围之内，只有与人类法益紧密相连的环境法益才是"严重污染环境"所保护的主要法益，在生态学的人类法益观立场上，污染环境罪所保护的主要法益仍为人类法益，表现于外就是"以保护人类法益为目的"的环境法益。

综上，在承认国家的环境保护管理秩序法益确为污染环境罪保护的法益之一，且仅为手段法益的基础上，对污染环境罪目的法益、主要法益的确定就取决于对不同法益观立场下"环境法益"内涵的理解，站在生态中心法益观的立场上会认为环境法益具有独立性，污染环境罪的目的法益、主要法益为环境法益；站在生态学的人类中心法益观立场上，环境法益就是人类法益的手段法益，是具有相对独立性的刑法法益。因此，在确定"环境法益"是否为刑法法益时，势必要首先完成法益观立场的选择，即便是形式上都呈现为对"环境法益"的保护，其背后不同的法益观也会导致对环境法益具体内涵的不同理解。

三、污染环境罪法益保护内容的具体展开

（一）污染环境罪的法益观立场选择

对于污染环境罪法益保护内容的应然立场为何，取决于对法益观立场的选择。每一种法益观的存在都有与其相适应的社会基础，脱离特定时期的生产力发展水平而批判原有的人类中心法益观或提倡生态中心法益观，的确在逻辑上能够回应环境保护的政策目标，但是与生产力发展水平不相适应的法益观在适用中势必遇到阻碍甚至无法正常运行。

尽管刘艳红教授基于社会生产力的现实，主张"我国环境犯罪治理应坚守以侵害或者威胁人的生命身体等保护法益的人类中心主义环境法益观，以

充分实现刑法的谦抑主义"。[1]苏永生教授也认为:"从立法理念上,我国的环境刑法显然没有坚持生态学的人类中心主义,而依然坚持的是传统的人类中心主义。"[2]但上述观点值得商榷,从重大环境污染事故罪到污染环境罪的构成要件变更来看,"立法者从人类中心主义向生态人类中心主义的立法思想转变,但立法理念与客观结果体现出法益保护的模糊"。[3]不可否认的是,在对重大环境污染事故罪进行修正时,立法者虽然没有直接从人类中心法益观立场转向生态中心法益观,但也并非继续坚守原重大环境污染事故罪的人类中心法益观,而是明显呈现出立场转换的迹象。

从刑法规范来看,污染环境罪的立法、甚至整体的刑事立法都出现了法益保护内容前置化的趋势,结合司法解释所反映的司法实践与政策导向,也有不少"纯环境损害"的情形被定罪量刑,这些举动都是紧紧围绕着更好地保护人的生活这一人类核心诉求展开的。[4]因此,人类中心法益观立场并非坚如磐石、不可动摇,实际上的争议只是源于对这一立场改变程度的探讨是还未发生实质上的改变?还是已经转化为生态中心的法益观?抑或通过折中的生态学的人类中心法益观来实现过渡和平衡?例如陈洪兵教授认为,将"严重污染环境"作为污染环境罪构成要件中的危害结果,从实质上反映了环境刑法保护的重心已经从公私财产和人身安全逐步转向生态环境本身,"环境法益"成为污染环境罪保护的基本法益。[5]需要注意的是,这一观点并没有对环境法益的内涵进行限制,也没有确切地反映法益观立场到底是生态中心法益观还是生态学的人类中心法益观,但是值得肯定的是,其准确地指出了传统人类中心法益观立场的动摇和改变。

法益来源于对利益的确认,利益是一个更为广泛和基础的概念,环境本身是一种利益,经由不同部门法的确认而上升为各种法益。在环境法范畴内,环境被认为是生态学上的法益,但是在生态学上拥有法益地位,不代表在刑法上就自然地获得了刑法法益地位。如罗克辛教授所言,"自然界当中的各种

---

[1] 刘艳红:《环境犯罪刑事治理早期化之反对》,载《政治与法律》2015年第7期。

[2] 苏永生、高雅楠:《论德国环境刑法中的危险犯》,载《中国地质大学学报(社会科学版)》2020年第1期。

[3] 穆斌:《生态环境的法益观研究》,载《中国政法大学学报》2020年第3期。

[4] 安然:《污染环境罪既遂形态的纠葛与厘清——复合既遂形态之提倡》,载《宁夏社会科学》2016年第1期。

[5] 陈洪兵:《解释论视野下的污染环境罪》,载《政治与法律》2015年第7期。

元素，包括空气、土壤、动物、植物等均应当视为是与人类平等的独立的法益，称之为生态学上的法益。但这些独立的法益只有与人的基础生活发生关联，或者作为人类生存的基础的情况之下，才可以得到刑法的特殊保护"。[1] 能够成为刑法保护法益的环境，并不因为其存在于自然当中，具有生态学上的法益地位，从而就当然地受到刑法保护，而是因为其与人类生存基础紧密相连。生态学的人类中心法益观的优势就在于，表面上看是将环境作为刑法法益保护，但实际上能够将人类法益内化在生态法益当中，其构造本身就具备同时容纳两种法益的功能，如此便能够很好地应对污染环境罪的行为构造方面的不协调问题。[2]

以"严重污染环境"实现的犯罪门槛下降，体现在对人身、财产法益造成危险的阶段就介入保护，在这个意义上可以理解为污染环境罪并没有对核心法益进行前置，只是提前了保护介入的阶段，因此对"严重污染环境"的解释不可以脱离人身、财产法益这一核心内容，纯粹的对环境造成损害或不足以对人类法益造成侵害或危险的情形，就不应被解释进"严重污染环境"的范畴内。而以"严重污染环境"作为构成要件要素的表述又可以作为刑法规范对"环境法益"的确认依据，重大环境污染事故罪中仅仅作为媒介和直接行为客体的"环境"经由刑法的确认，由环境利益而上升为"环境法益"，但是此处的"环境法益"与生态中心法益观视角中广义的"生态法益"具有不同的内涵，此处的"环境法益"承载着与人类法益之间的紧密关联程度，对环境法益的侵害最终反映出对人类法益的危险。在这个意义上，对人类法益的危险与对环境法益的侵害具有了一致性，实现调和的关键在于将"环境法益"的内涵限制在与人类法益的关联性当中。也可以说，污染环境罪形式上所直接表现出的法益保护对象为环境法益，而实质上所要保护的仍然为人类法益，环境法益的范围由其与人类法益之间的关系决定，在实质上对人类法益造成危险的行为，与在形式上对环境法益造成侵害的行为，虽然法益侵害内容和程度不同，但是可以认为二者具有相当性，由此同时实现了环境法益与人类法益的关联。因此，必须兼顾人类中心主义与生态中心主义，综合

---

[1] [德] 克劳斯·罗克辛、陈璇：《对批判立法之法益概念的检视》，载《法学评论》2015年第1期。

[2] 穆斌：《生态环境的法益观研究》，载《中国政法大学学报》2020年第3期。

二者来理解污染环境罪的保护法益,生态学的人类中心法益观无疑是最适宜理解污染环境罪法益保护内容与法益内部转换关系的立场。

此外,这种法益观也符合两分法的法益分类方法,从法益的两分法角度来看,生命、财产法益属于个人法益,环境法益属于超个人法益,刑法理论在把法益划分为个人法益和超个人法益的同时,对超个人法益又做了"必须能够还原为个人法益"的限制。[1]环境法益本身并非个人法益,而是由个人法益集聚形成的集合法益,并且不具备个人专属性和排他性,能够引起刑法保护的环境法益只限于"人类的环境利益",而且只限于对人类生存与发展具有重要意义的环境利益。[2]当代刑法当中所保护的普遍法益,最终都能还原为个人法益,并没有超出传统法益论的初衷。[3]还原的依据就在于普遍法益与人类法益之间的关联,这种关联不仅仅体现在环境是人类生存的条件,而是因为污染环境会造成对人类法益的危险乃至实害,刑法保护的最终目的实质是保护人类法益,二分法的法益分类方法也是借由对人类法益的危险,将超个人法益提升为刑法法益,从而呈现出形式上保护超个人法益的情形,换句话说,本质上不存在脱离传统人类法益的超个人法益。

因此现阶段最适合污染环境罪的法益观立场应当为生态学的人类中心法益观,只是立法理念显然没有清晰地表达这一法益观立场,过去对人类法益的强调使得其充斥着人类中心法益观的色彩;刑法修正时构成要件的改变与犯罪门槛的下降又昭示着其在原本人类中心法益观基础上迈出了一大步,难免被解读为已经采用了生态中心主义法益观立场。

值得注意的是,2020年《刑法修正案(十一)》为污染环境罪增设了第三档"后果特别严重的"的情形及法定刑,并将其对应的构成要件要素进行了具体化,使得"后果特别严重的"这一规范的构成要件要素有了具体的适用依据,条文中虽然没有改变污染环境罪基本犯所要求的构成要件要素,也没有专门明确本罪的法益保护内容,但其中已经隐含着立法者的法益观与本罪所保护法益内容的立场。具体而言,较为明晰的是第3项和第4项所反映的法益保护内容,其中第4项"致使多人重伤、严重疾病,或者致人严重残

---

[1] 黎宏:《日本刑法精义》,法律出版社2008年版,第27页。
[2] 刘之雄:《环境刑法的整体思维与制度设计》,载《法学论坛》2009年第5期。
[3] 黎宏:《结果本位刑法观的展开》,法律出版社2015年版,第15页。

疾、死亡的"的情形无疑属于对人类法益造成实害的情形，即对人类法益中生命法益和健康法益的侵害。第 3 项"致使大量永久基本农田基本功能丧失或者遭受永久性破坏的"即对人类法益中财产法益的侵害，且该犯罪对象限于基本农田，即与人类利益关系密切的财产法益。第 1 项"在饮用水水源保护区、自然保护地核心保护区等依法确定的重点保护区域排放、倾倒、处置有放射性的废物、含传染病病原体的废物、有毒物质，情节特别严重的"中实际存在着两类环境法益，第一类为与人类法益关系相当密切的"饮用水水源保护区"，向此类保护区违规排放污染物且情节严重的，是通过对环境法益的直接侵害间接对人类法益造成危险乃至实害；第二类为以"自然保护地核心保护区"为代表，与人类法益联系相对不那么紧密，而与生态法益更为接近，隐含着从人类法益向生态法益过渡的法益保护目的变迁，但也没有完全转化为对纯生态法益的保护，采取的是一种循序渐进的过渡策略。最后，第 2 项"向国家确定的重要江河、湖泊水域排放、倾倒、处置有放射性的废物、含传染病病原体的废物、有毒物质，情节特别严重的"亦反映出与上述第 1 项所保护的生态法益较为类似的法益保护立场。因此，从《刑法修正案（十一）》对污染环境罪的修正内容来看，总体上呈现出的是生态学的人类中心法益观。

生态学的人类中心法益观可以说是现阶段对环境犯罪法益立场做出的适应生产力发展水平的最大努力，也是对"严重污染环境"最恰当的解读，既承认对环境法益的重视，又不使其脱离人类法益的核心诉求。污染环境罪保护的法益是以人类法益为实质内核的环境法益，"严重污染环境"赋予了污染环境罪双重法益保护内容，既承认了污染环境罪的法益保护内容由人类法益前置为具有相对独立地位的"环境法益"，又没有脱离环境法益与人类法益之间的关系，同时坚持这种形式上法益保护内容的前置，实质上是对以人类法益为最终法益的保护阶段的前置，是将对人类法益的实害前置为对人类法益产生危险的阶段，这种危险就体现在对与人类法益密切关联、可以被还原为人类法益的那部分环境法益的侵害上。

（二）污染环境罪的双重法益保护内容

从重大环境污染事故罪到污染环境罪，无论是立法理念还是刑法规范构成要件的表述，均对纯粹的人类中心法益观进行了一定程度的突破，在保留国家环境保护管理秩序法益作为手段法益的基础上，污染环境罪所保护的核心法益由人类法益向环境法益进行了一定程度的前置，只是在生态中心法益观与生态学的人类中心法益观之下,"环境法益"具有不同的内涵,明确"环境法益"的内涵是回答"严重污染环境"法益内容与解释边界的关键所在,也是坚持现阶段生态学的人类中心法益观立场、避免走入与当前社会发展不相适应的生态中心法益观"理想误区"的关键所在。

1. 环境法益具有可还原性

从个人法益与超个人法益的关系来看,超个人法益应当可以还原为个人法益。但是基于生态中心的法益观立场,环境法益则具有了独立的地位,生态中心的法益观认为"与传统法益不同,环境法益未必能够还原成个体利益或者群体利益"。[1]在这种立场下,对"严重污染环境"的解释范围就会逐渐从与人类相关的环境法益扩张到与人类关系并不密切的环境法益上。鉴于"环境"概念本有的特殊性,其有两重含义,广义上的环境是作为地球生物生存空间而存在,而狭义上的环境与人类关系密切,此类环境受损的直接后果是对人类法益的危险或实害。但有观点却提出明显的反对意见,认为"环境资源本身成为刑法所要保护的对象,具有刑法上的独立意义与价值,之所以设立环境犯罪,在于保护环境本身,而不在于惩罚通过环境对于人的生命、健康和财产的侵害"。[2]上述观点在立法目的与立法理念上进行了扩张,主张刑法设立环境犯罪的目的"在于保护环境本身",但是环境犯罪的立法目的真的是"保护环境本身"吗?诚然,保护环境是一项基本国策,也是一项社会政策,但《刑法》第2条明确规定:"中华人民共和国刑法的任务,是用刑罚同一切犯罪行为作斗争,以保卫国家安全,保卫人民民主专政的政权和社会主义制度,保护国有财产和劳动群众集体所有的财产,保护公民私人所有的财产,保护公民的人身权利、民主权利和其他权利,维护社会秩序、经济秩序,保障社会主义建设事业的顺利进行。"并没有将"保护环境"作为其基本任务之一。单纯从"严重污染环境"的表述中不加区分地认为污染环境罪的立法目的在于保护环境,或者将社会治理目标直接经由刑事政策引入刑法规范中的做法都是不妥当和不准确的,正如有学者谨慎地提醒道,"环境资源犯罪惩治既要摒弃《刑法修正案(八)》出台之前绝对人类法益保护的指向,

---

[1] 喻海松:《污染环境罪若干争议问题之厘清》,载《法律适用》2017年第23期。

[2] 王勇:《环境犯罪立法:理念转换与趋势前瞻》,载《当代法学》2014年第3期。

也要警惕割裂地强调与人类法益完全无涉的自然法益纯粹论".[1]对污染环境罪法益保护内容的确认,一方面需要结合从重大环境污染事故罪到污染环境罪的刑法修正目的,另一方面也需要通过选择恰当的法益观立场对"环境"的概念进行界定,刑法对环境法益的承认也只是将其作为必须还原为个人法益的超个人法益看待,最终目的还是为了加强对个人法益的保护。

2. 环境法益具有相对独立性

就我国目前的现实而言,污染环境罪的保护法益在形式层面的确进行了前置,即从以人身、财产为代表的人类法益向环境法益转化,但是"对于环境法益的内容解读必须关注环境资源、环境生态本身所内含的社会性意义,而不能仅将其理解为纯粹物理世界的、自然意义下的环境媒介,否则只是将'环境保护'沦为所谓的'自然保护'"。[2]刑事立法对自然法益的独立保护不宜理解为刑法对与人类法益完全无涉的自然法益进行保护。[3]例如司法解释规定向"饮用水水源一级保护区、自然保护区核心区"排放、倾倒或处置污染物的行为属于"严重污染环境",但并没有将上述排放区域的范围无限扩大,如果刑事立法真的以保护自然法益为目的,那么根本无须列举排污的具体环境对象,广义的生态环境或自然法益本可以涵盖一切范围。因此,承认污染环境罪保护的法益内容由人类法益前置为环境法益,不意味着承认环境法益的绝对独立地位,拥有绝对独立性的环境法益与广义的环境所代表的生态法益无异,但污染环境罪所保护的环境法益仅具有相对独立性,其应当服从于环境法益的整体性特征。[4]

3. 避免走向生态中心法益观的"理想误区"

还有观点对法益的保护进行了循序渐进的前置,认为污染环境罪保护的法益"不仅包括人类的生命、健康和财产等传统权利,而且涵盖范围更广阔的人类的环境权,即全体社会成员所享有的在健康、安全和舒适的环境中生活和工作的权利,进一步还包括生态环境利益本身,即以整个生物界为中心

---

[1] 侯艳芳:《环境法益刑事保护的提前化研究》,载《政治与法律》2019年第3期。
[2] 古承宗:《刑法的象征化与规制理性》,元照出版社2017年版,第206~207页。
[3] 侯艳芳:《环境法益刑事保护的提前化研究》,载《政治与法律》2019年第3期。
[4] 侯艳芳:《环境法益刑事保护的提前化研究》,载《政治与法律》2019年第3期。

而构成的为生物生存所必需的外部空间和无生命物质的总和"[1]，这种观点或许是污染环境罪最为理想的演进路径，但并不是当前现实的污染环境罪核心法益保护内容，对刑法规范的解读和对刑法法益的探寻如果脱离实际、空谈前景，乃至为刑法增设其原本不具备的功能，反而会对刑法规范的解释和适用造成严重困扰。

生态中心法益观对刑法功能的殷切期待可以理解，意图以刑法的严厉性规制严重的环境污染问题也不失为一种对策，但把刑法视为解决一切社会问题的"万能钥匙"是一种不切实际的幻想。[2]就我国目前的生产力与生产关系现状来看，在刑法中贯彻生态中心的法益观并不现实。在对环境法益内涵的扩张过程中，走得更远的观点是"将生态安全上升为国家安全范畴，将保护国家生态安全作为刑法法益"。[3]这依然是生态中心法益观的体现，在生态学领域其合理性不难证成，但在刑法法益范畴内是偏向秩序法益的主张和倾向，甚至比2016年司法解释规定的"生态环境严重损害"所反映的法益内容更加抽象，也更加偏离污染环境罪"严重污染环境"背后与立法理念相一致的法益保护立场。

张明楷教授明确支持生态学的人类中心法益观，主张"环境刑法实行二重保护：一是对人的生命、身体、健康等个人法益的保护为中心的刑法规范，二是将环境媒介、动植物等生态法益予以保护的刑法规范"[4]。从环境法益与个人法益之间存在的两种可能的逻辑关系来看：第一，生态学的法益最终必须与人的法益具有关联性，不能还原为人的生命、身体、健康、自由、财产的环境法益，必须从生态学的人类中心的法益观中予以排除；第二，只要生态学的法益与人类中心的法益不相抵触，就需要对生态学的法益予以保护。[5]张明楷教授明确反对第一种逻辑关系，支持第二种逻辑关系，理由为"第一种逻辑关系实际上导致生态学的法益并不是独立的保护法益，使得生态学的

---

[1] 陈庆、孙力：《有关污染环境罪的法律思考——兼论〈刑法修正案（八）〉对重大环境污染事故罪的修改》，载《理论探索》2011年第3期。

[2] 高铭暄主编：《刑法学原理》（第2卷），中国人民大学出版社2005年版，第195页。

[3] 穆斌：《生态环境的法益观研究》，载《中国政法大学学报》2020年第3期。

[4] Rudolf Rengier, Zur Bestimmmugund Bedeutungder Rechtsgüterim Umweltstrafrecht, NJW1990, S. 2506ff. 转引自张明楷：《污染环境罪的争议问题》，载《法学评论》2018年第2期。

[5] [日] 町野朔编：《环境刑法的综合的研究》，信山社2003年版，第83页。

人类中心的法益论与纯粹人类中心的法益论并没有实质的区别"[1]。然而，令人疑惑的是，在生态学的人类中心法益观之下，环境法益本来就不应是刑法所保护的完全独立的法益，刑法保护的环境法益是经过选择的，是相对独立的法益，只有那些与人类法益联系密切的环境法益才能在生态学的人类中心法益观指导下被纳入污染环境罪的法益内容之中，只有能够还原为个人法益的环境法益才符合刑法对超个人法益的限制。按照张教授对第一种逻辑关系的批评理由，是否也可以说第二种逻辑实际上导致生态学的法益成为独立的保护法益，使得生态学的人类中心的法益论与纯粹的生态学的法益并没有实质区别？当然，张教授在主张第二种逻辑关系的同时也强调"环境法益最终可以还原为个人法益，保护环境最终也是为了保护人类中心的法益"[2]，其还原的方法为采用"阻挡层法益构造"来保护背后层法益，指出"生态学的法益是阻挡层法益，而人类中心的法益则是背后层法益。于是，仅侵害了环境的行为也能成立本罪，通过侵害环境进而侵害了个人的生命、身体、环境权等法益的，同样也能成立本罪"。[3]"阻挡层法益构造"本身的功能无可厚非，但是上述论述明显忽略了阻挡层法益与背后层法益之间的关系，以及阻挡层法益的范围是否应受到限制的问题。在不考虑阻挡层法益范围的情况下，任何先在于人类法益的法益内容都可以成为阻挡层法益，例如纯粹的秩序法益也可以成为人类法益的阻挡层法益，任何违反国家相关规定，排放、倾倒、处置相关污染物的行为都可能侵犯秩序法益，那是否意味着这些秩序法益也应当作为人类法益的阻挡层法益予以认可？从而将污染环境罪的法益保护内容前置到对秩序的违反，由此模糊行政违法与刑事犯罪之间的界限？

实际上污染环境罪的法益保护逻辑是线性的：重大环境污染事故罪的核心法益非常明确具体，即以人身、财产法益为内容的人类法益；而污染环境罪为了降低入罪门槛，通过"严重污染环境"将原本仅有媒介功能的行为对象"环境"确认为犯罪客体——"环境法益"，此处的"环境"并非广义上的环境，而是继承了其致力于保护人类法益的媒介功能，起到的是"阻挡层功能"，且该阻挡功能并非仅有抽象意义上的作用，而是与人类法益联系密

---

[1] 张明楷：《污染环境罪的争议问题》，载《法学评论》2018年第2期。
[2] 张明楷：《污染环境罪的争议问题》，载《法学评论》2018年第2期。
[3] 张明楷：《污染环境罪的争议问题》，载《法学评论》2018年第2期。

切，通过侵害该环境法益，能够直接引起侵害人类法益的危险。如果不考虑环境法益与人类法益之间的关联程度，在"保护环境"理念的引导下，所有的环境因素都可以被污染环境罪的"环境法益"纳入其中，与人身、财产法益关系的密切性在所不论，在这种逻辑助推下，任何违反环境保护管理秩序的行为也都具有"阻挡层功能"，因此在解释"严重污染环境"时，就会逐渐走向对行政违法行为的刑法规制，最终以刑法完成"保护环境"的任务，而作为前置法的行政法、侵权法等再无用武之地的局面，实际上秉持的是生态中心的法益观立场而非生态学的人类中心法益观立场。

因此，忽略刑法法益的边界范围来讨论"阻挡层功能"是很危险的，对刑法法益的扩张限度也必须秉持严格的原则，在污染环境罪的法益观从纯粹人类中心法益观转向生态学的人类中心法益观的情况下，必须谨慎解释环境法益与人类法益之间的关系，以对人类法益的现实危险来限制环境法益的范围，遵守超个人法益应当具有可还原性的要求，不能混淆手段法益与目的法益、直接法益与间接法益、主要法益与次要法益之间的关系。在生态文明思想转型的新时代背景下，环境刑法应当关注与人类生存条件密切相关的环境资源和环境生态，考虑环境侵害的二元特征，改变环境犯罪中仅对人身、财产损害的强调或者对生态环境损害的模糊规定，建立相互区分又相互衔接的救济机制。[1]

相对于重大环境污染事故罪明确以人类法益作为其核心的法益保护内容，污染环境罪的立法目的中虽然没有表明对法益保护内容的前置，但根据其犯罪构成表述来看，污染环境罪的法益保护内容在保留作为手段法益的秩序法益之外，其核心法益已经由纯粹的人类法益前置为相对独立的环境法益。这一前置进程的理念基础在于对传统的人类中心法益观的修正，转变为符合生产力发展水平与社会需求的生态学的人类中心法益观。

在法益保护内容前置化的过程中，污染环境罪所保护的法益已经从人类法益前置为环境法益，由于环境法益概念作为超个人法益、集体法益具有抽象性与不确定性，需要借助其与人类法益的关系进行范围限定，以免突破生态学的人类中心法益观而迈向理想化的生态中心法益观，由此将狭义的"环

---

〔1〕 张晓媛：《生态文明视野下环境刑法的立场转换——以环境损害的二元特征为视角》，载《中国刑事法杂志》2019年第4期。

境法益"理解为广义的"生态环境",使环境法益的概念抽象化乃至虚无化。

综上所述,污染环境罪所保护的环境法益与生态中心主义法益观之下的广义环境法益(即生态法益)具有显著的区别,其应当具有可还原性、相对独立性。在污染环境罪中,形式上相对独立的环境法益实质上是作为保护人类法益的手段法益而存在。根据污染环境罪与重大环境污染事故罪特殊的事实因果流程及人类法益与环境法益之间的特殊关系,污染环境罪实际上是通过对法益保护内容的前置,将对人类法益的实害前置为对人类法益的危险,而这一危险在形式上则以侵害环境法益的形式表现出来,其对人类法益与环境法益实行双重保护,而法益保护内容前置的边界则由环境法益的内涵所决定,其范围的确定取决于环境法益与人类法益之间关联程度的具体分析。当然不得不承认的是,环境法益不可避免地具有一定的抽象性,因此即便是一再强调其具有可还原性,但这一概念的边界并不是清晰明确的,必然受到政策因素以及社会发展的影响。但生态学的人类中心法益观是污染环境罪法益保护内容前置边界的原则性限制,在对污染环境罪法益保护内容具体化时,不应跨越这一边界,走入生态中心法益观的领域之内。

第三章

污染环境罪具体危险犯构建

第一节 污染环境罪犯罪类型的争论与原因分析

一、污染环境罪犯罪类型的争论

就犯罪类型而言，重大环境污染事故罪几乎没有争议地被认为属于结果犯、实害犯。但是对于污染环境罪的犯罪类型，一直存在着不同立场的争论。决定污染环境罪犯罪类型的结果要素"严重污染环境"最根本的解释困境在于法益保护内容不明，在法益保护内容不明确的情况下讨论由法益保护阶段（即对法益的侵害程度）所表征的犯罪类型，无疑会因为基础对象的不同而得出不同的结论。例如，如果在坚持人类中心法益观的立场下，认为"严重污染环境"保护的核心法益是人类法益，那么对人类法益造成实害的情形成立实害犯，对人类法益造成危险的情形成立危险犯；如果在坚持生态学的人类中心法益观的立场下，认为"严重污染环境"保护的核心法益是具有可还原性的环境法益，对环境法益的侵害本身就意味着对人类法益的危险，那么在对环境法益造成实害的情况下，同时符合对环境法益的实害犯与对人类法益的危险犯；如果在坚持生态中心法益观的立场下，环境本身具有独立的法益地位，对环境法益造成实害的情形成立实害犯，对环境法益造成危险的情形成立危险犯。因此，讨论一种犯罪是危险犯还是实害犯，必须在确定法益观立场与法益保护对象的前提下才能有效对话，否则必然造成混乱——持人类中心法益观立场的学者与持生态中心法益观立场或生态学的人类中心法益观立场的学者可能都会得出"严重污染环境"具有实害犯或危险犯性质的结论，但是此"实害"非彼"实害"，针对人类法益的实害与针对环境法益的实害

第三章　污染环境罪具体危险犯构建

反映出不同的立法理念和污染环境罪的保护阶段，若不对基础问题加以厘清，势必差之毫厘、谬以千里。

（一）结果犯

主张污染环境罪为结果犯的观点认为，刑法的修正改变了只有事故型污染才能构成污染环境罪的立法格局，但并未改变该罪结果犯的性质。[1]该类观点主要从三个方面展开：第一，从污染环境罪的构成要件来看，刑法条文在本罪罪状的表述中使用的是"严重污染环境"，而并没有使用纯行为类型的表述或"足以严重污染环境"的表述，而"严重污染环境"明显是指产生了严重的污染环境的结果，因此仍然属于结果犯，即行为人实施了污染或破坏环境的行为，但并未造成"严重污染环境"，或只是对环境、人身健康造成了一种危险状态，或仅仅是一般违法行为，并不能构成污染环境罪。[2]第二，有观点以污染环境罪为过失犯罪作为本罪应为结果犯的理由，因为过失犯罪一般只有在造成刑法所规定的案中后果时才能构成。[3]第三，污染环境罪是法定犯罪，行为造成"严重污染环境"的结果是该罪成立的条件。在实践中，污染环境的行为既可以表现为突发性的环境污染，也可以表现为继发性或渐进性的环境污染，在后一种情形下，结果并不能通过客观现象实时显现，至于是否有"严重污染环境"的结果需要司法部门通过专业技术手段加以鉴定，对于尚未造成严重环境污染结果的行为，显然不能以本罪论处。[4]

然而上述理由也不无疑问：第一，结果犯立场最有力的支持论据是从文义上理解，"严重污染环境"指的是造成严重污染环境的结果，但是"严重污染环境"与传统的人身伤害、财产损失等结果不尽相同，传统的人身伤害、财产损失等是具有可视性的客观结果，有相应的标准予以佐证人身伤害、财

---

[1] 李希慧、董文辉、李冠煜：《环境犯罪研究》，知识产权出版社2013年版，第207页；冯军：《污染环境罪若干问题探讨》，载《河北大学学报（哲学社会科学版）》2011年第4期；张勇：《整体环保观念下污染环境罪的理解与适用》，载《新疆社会科学》2011年第6期；王志祥主编：《〈刑法修正案（八）〉解读与评析》，中国人民公安大学出版社2012年版，第458页；高峰：《污染环境罪法律适用困境之破解》，载《人民检察》2014年第7期。

[2] 高峰：《污染环境罪法律适用困境之破解》，载《人民检察》2014年第7期。

[3] 冯军：《污染环境罪若干问题探讨》，载《河北大学学报（哲学社会科学版）》2011年第4期；王志祥主编：《〈刑法修正案（八）〉解读与评析》，中国人民公安大学出版社2012年版，第458页。

[4] 冯军：《污染环境罪若干问题探讨》，载《河北大学学报（哲学社会科学版）》2011年第4期；王志祥主编：《〈刑法修正案（八）〉解读与评析》，中国人民公安大学出版社2012年版，第458页。

产损失的程度,如构成轻伤、重伤、致人死亡、造成财产损失的数额等均可衡量,且行为与结果之间的因果关系相对清晰、易于证明。而"严重污染环境"这一语义明确的要素却无法解决实践中的证明难题,其是否受到现实侵害,判断方法也不像在侵害生命、身体、财产场合那样直接客观,加害行为和秩序等受损之间的因果关系也并不一目了然〔1〕,如果无法客观界定"严重污染环境"的结果是否存在,则无疑将其置于系犯罪成立的必要条件但无法证成的境地,这也是2011年《刑法》修改之后一段时间内污染环境罪无法适用的原因之一,同时这一现象也说明污染环境罪前置化程度可能存在实践上的考虑不足之处。第二,以过失犯罪作为污染环境罪是结果犯的理由存在一个基础性的问题,即污染环境罪是不是过失犯罪本来就存在争议,只有在首先确认污染环境罪为过失犯的情况下,才能从逻辑上得出本罪为结果犯的结论,但是如果认为污染环境罪的主观罪过为故意时,则并不能够得出本罪必然为结果犯的唯一结论。第三,重大环境污染事故罪旨在规制突发性的造成重大环境污染事故且造成人员伤亡或财产损失的犯罪,污染环境罪的修正本就是为了扩大只能包括突发性且造成人身财产损失的重大环境污染事故罪的成立范围,将渐进性、累积性严重污染环境的情形也纳入本罪规制的范畴之内,而"严重污染环境"是结果要素还是行为的程度要素,不仅需要考虑文义本身的含义,同时需要考虑可操作性,即"严重污染环境"是否可以有客观的结果评价标准,还是只能为其设定程度性的评价标准,抑或需要判断是否具有结果发生的危险即可。

在结果犯属性之下,进一步存在着实害结果犯与危险结果犯两种犯罪类型,即结果要素可以细分为实害结果与危险结果,这两种犯罪类型的分类依据在于对法益的侵害程度。对重大环境污染事故罪来说,其构成要件表明只有对人类法益的实害结果才成立本罪,即重大环境污染事故罪必然为实害结果犯。在污染环境罪中,若认为污染环境罪的保护法益为环境法益,"严重污染环境"在文义上应当表现为对环境法益的实害犯,但鉴于"严重污染环境"在司法实践中所面临的证明难题,司法解释针对环境法益侵害情形的列举表明对环境法益的危险犯亦可成立本罪,即为污染环境罪法益保护阶段的扩大

---

〔1〕 黎宏:《结果本位刑法观的展开》,法律出版社2015年版,第12~13页;黎宏:《结果无价值论之展开》,载《法学研究》2008年第5期。

解释提供了方向：污染环境罪既可能是实害结果犯，也可能是危险结果犯。

（二）行为犯

有观点认为，《刑法修正案（八）》将重大环境污染事故罪的成立条件"造成重大环境污染事故，致使公私财产遭受重大损失或者人身伤亡的严重后果"改为污染环境罪的"严重污染环境"，是环境立法由结果犯向行为犯扩张的表现。[1]还有观点认为，这种修改在很大程度上弱化了危害结果在本罪犯罪成立中的地位，从而将尚未造成重大环境污染事故、公私财产遭受重大损失或者人身伤亡的严重后果但对环境有严重污染的行为纳入了刑法调整的视野，从而使其以本罪的行为犯予以体现。[2]亦即认为"严重污染环境"不是对结果的描述，而是对"行为程度"的规定。[3]

这类观点依据的理由包括：第一，符合当前立法从结果犯向行为犯、抽象危险犯增加的趋势。[4]第二，符合打击环境污染刑事犯罪的现实需要，具体而言包括两个方面：其一，解决实践中的因果关系认定难的困境；其二，结果犯打击滞后，应侧重前置化预防，以防止进一步造成严重后果。[5]所以，难以认为污染环境罪仍然属于实害犯或者结果犯，只应从行为犯或者危险犯的角度把握污染环境罪的成立条件。[6]第三，在认定犯罪成立与否时，只需考察行为人是否实施了环境污染和破坏行为以及是否达到了诸如"严重污染环境"或"情节严重"的程度，清晰地反映了国家保护环境和资源的立法意图。[7]

对上述主张的质疑在于：第一，上述观点所谓"弱化了危害结果"中的"危害结果"，指的是"造成重大环境污染事故，致使公私财产遭受重大损失或者人身伤亡的严重结果"，但修改后的犯罪构成中依然有"严重污染环境"

---

［1］ 李涛：《污染环境罪属于行为犯而非结果犯》，载《检察日报》2016年11月9日。

［2］ 张建、俞小海：《关于环境犯罪刑法调控的评说——以〈刑法修正案（八）〉对环境犯罪的修改为线索》，载《中国检察官》2011年第13期。

［3］ 张建、俞小海：《关于环境犯罪刑法调控的评说——以〈刑法修正案（八）〉对环境犯罪的修改为线索》，载《中国检察官》2011年第13期。

［4］ 李涛：《污染环境罪属于行为犯而非结果犯》，载《检察日报》2016年11月9日。

［5］ 李涛：《污染环境罪属于行为犯而非结果犯》，载《检察日报》2016年11月9日。

［6］ 陈洪兵：《论污染环境罪中的"严重污染环境"》，载赵秉志主编：《刑法论丛》（2017年第2卷），法律出版社2017年版，第344~379页。

［7］ 王勇：《从〈刑法〉修订看中国环境犯罪立法观转变》，载《环境保护》2011年第7期。

的"危害结果"表述,仅仅以前一个"危害结果"要件的删除作为本罪被修改为行为犯的依据,未免过于片面,完全没有考虑"严重污染环境"同样应当也具有危害结果的性质。第二,刑事立法的修改的确有扩大入罪范围与保护前置化的趋势,但整体趋势并不能作为个罪犯罪类型转变的依据,正如不能以危险驾驶入罪、帮助行为正犯化、预备行为正犯化等刑事立法现实作为污染环境罪转化为行为犯的依据,对个罪犯罪类型的确认不能脱离其构成要件的表述、法益保护的内容以及立法目的的实现。第三,污染环境罪的立法目的是否在于"保护环境",以及其背后究竟应采用何种法益观立场,不仅关系到本罪的法益保护内容,而且关系到对犯罪类型的认定。污染环境的行为的确可能造成环境或人身、财产严重损失的后果,刑法也的确有预防犯罪的功能,但是否因此就可以认为刑法只有预防功能?或者刑法应当在预防环境污染领域尽其所能发挥预防环境污染意义上的预防功能?支持行为犯立场的学者强调,认定"严重污染环境"的时候,我们要废弃的是结果标准,坚守行为标准,就是以事前的预防性思维取代事后的惩罚性思维,坚持环境犯罪刑事治理的早期化。[1]在这种逻辑下,任何犯罪都不应当等到结果出现再行处罚,在实施犯罪行为时即可入罪更有利于实现刑法预防功能的实现。换句话说,刑法分则规定的犯罪中将结果要素删除,都规定为行为犯,更有利于预防犯罪,这种逻辑显然过于激进。第四,不可否认的是污染环境罪的确弱化了重大环境污染事故罪所要求的危害结果,但从构成要件的文义出发,该弱化的内容为从双重结果变为单一结果,仍然在结果犯的范畴内,是结果犯语境下结果内容的变化,而非删除结果要素导致的行为犯与结果犯的犯罪类型之别。因此,污染环境罪构成要件之"严重污染环境"在文义上就是对结果要素的描述,能否将其解释为对行为程度的要求,是论证污染环境罪行为犯能否成立的关键所在。

对于污染环境罪"行为犯"立场最大的支持力量莫过于2013年司法解释的出台及延续至2016年司法解释、2023年司法解释对符合"严重污染环境"情形的"行为"列举。在2013年6月18日最高人民法院、最高人民检察院召开的司法解释新闻发布会上,时任最高人民法院研究室主任胡云腾法官在

---

[1] 王勇:《论司法解释中的"严重污染环境"——以2016年〈环境污染刑事解释〉为展开》,载《法学杂志》2018年第9期。

回答记者提问时表示："这部司法解释着重考虑了对环境污染现象从严打击，降低了污染环境罪的定罪量刑门槛，同时从结果犯变成行为犯，只要有相应的行为，就可以定罪，过去认定环境污染犯罪的每一项标准都有个结果，现在不少标准规定只要有相应的行为，就可以定罪了。"[1]司法解释如此规定的原因在于"当前环境形势、污染的情况非常严重，在某些地区可以说是非常严峻，所以在司法解释中着重考虑了从严打击"。[2]然而以司法解释的规定得出污染环境罪已转化为行为犯的结论是存疑的：犯罪类型的判断依据应当是刑法规范，而非司法解释，司法解释将作为结果要素的"严重污染环境"解释为"实施了特定的严重污染环境的行为"本身是否为越权解释尚存争议，以此司法解释为依据认为污染环境罪已被修改为行为犯，无疑在判断对象上就存在基础性错误，相当于直接默认司法解释的正确性，而忽略了对罪刑法定原则的坚守。虽然有学者在2016年司法解释施行后，通过实证研究发现，"从司法实践数据看，97%以上的案件均为行为犯，可见2016年司法解释已经实质性地改变了《刑法修正案（八）》对于污染环境罪的定性"[3]，这一结论的得出同样存在偷换犯罪类型判断依据的问题。污染环境罪的司法适用困境就在于"严重污染环境"结果的解释难题与证明难题，司法解释将"结果证明难"的问题转换为"不必证明结果，只要有相关行为即可"，自然能够迎合司法实践的需要，即便是其他的结果犯，若删除其结果要素，只保留行为要素，通常也会在很大程度上降低司法机关的证明责任，司法机关也更倾向于选择行为犯入罪模式，因此司法实践数据只是对司法解释必然效果的一个正常反映，并不能说明污染环境罪已经实质性地被改变为行为犯。此外，此类观点也并未深入分析司法解释中所规定的"行为"的特殊性，只是从其文字表述上认定"行为犯"属性，但实际上无论是旧司法解释还是2023年新司法解释中所列举的"行为"，都是以法益侵害性为出发点，在此类所谓的"行为犯"中并非没有结果，只是基于污染环境事实流程的特殊性与"严重污

---

[1]《两高司法解释：降低定罪量刑门槛从严打击环境污染犯罪》，载http://www.court.gov.cn/zixun/xiangqing/7849.html，最后访问日期：2023年11月9日。

[2]《两高司法解释：降低定罪量刑门槛从严打击环境污染犯罪》，载http://www.court.gov.cn/zixun/xiangqing/7849.html，最后访问日期：2023年11月9日。

[3] 严厚福：《污染环境罪：结果犯还是行为犯——以2015年1322份"污染环境罪"一审判决书为参照》，载《中国地质大学学报（社会科学版）》2017年第4期。

染环境"这一构成要件要素的证明难题,通过列举对环境法益极有可能造成实害或具体危险的行为实现本罪的法益保护前置化,但每一项行为的列举都是以特殊的环境法益为核心,即此类环境法益必须与人类法益紧密关联,例如规定了特定地点、特定区域、使用特定的方法等附加条件加以限制,推定在此类特定情形下实施的行为均已侵犯环境法益、符合"严重污染环境"的要求,因而具有刑事违法性。

(三)情节犯

在2011年《刑法》修正之初,对于污染环境罪是结果犯还是行为犯的争论并不太激烈,讨论的升级源于2013年司法解释的出台,由于前几项对行为的描述与后几项对人身财产损害后果的描述共同存在于司法解释对"严重污染环境"的类型化列举中,似乎使污染环境罪同时具备了行为犯与结果犯的特征,因此有观点提出了类似"折中"的立场,主张污染环境罪既不完全是行为犯也不完全是结果犯,污染环境罪属于典型的情节犯。[1]还有学者认为,从刑法规范本身进行分析,将污染环境罪法条简化为"违反……规定,排放、倾倒或者处置……有害物质,严重污染环境的,处……"后,不难发现"严重污染环境"既可以是一种结果(结果型),是违规行为、排放/倾倒/处置行为的结果,类似于原法条中的"造成重大环境污染事故",也可以是一种行为状态或行为属性(行为型),是违规行为、排放/倾倒/处置行为危害环境法益的属性表现。[2]同样持情节犯立场的观点表述还有:以立法本意为宗旨、以环境保护法预防原则为前提,"严重污染环境"应当包含"严重地污染"与"严重的污染"两层内涵,表征了污染行为情节严重和污染行为后果严重。[3]严重污染环境即是指"污染环境的情节或后果严重",严重污染环境的具体情形可分为结果犯、行为犯。[4]上述情节犯立场都是通过将"严重污染环境"解释为"情节严重",使其能够同时包容严重污染环境的结果与具有相当严重程度的行为,由于"情节"是比"结果"更具抽象性的概念,相当于将文义上的

---

[1] 黄旭巍:《污染环境罪法益保护早期化之展开——兼与刘艳红教授商榷》,载《法学》2016年第7期。

[2] 刘艳红:《环境犯罪刑事治理早期化之反对》,载《政治与法律》2015年第7期。

[3] 刘清生:《论污染环境罪的司法解释》,载《福州大学学报(哲学社会科学版)》2013年第5期。

[4] 陈庆瑞:《污染环境罪的司法适用问题》,载《人民司法》2016年第4期。

结果要素解释为其上位概念情节要素,这在要素属性的逻辑转换上是合理的,但是在对要素性质的认定上明显是偷换了概念。而且,即便将"严重污染环境"解释为"情节严重",后者是否也能包括"通过严重污染环境进而造成人身、财产重大损失"这种情形是存疑的。

持情节犯立场的观点认为,从司法解释对"严重污染环境"的情形列举来看,因为"并不是所有的行为构成都能够清楚地归类于结果犯罪或者单纯的活动犯罪的,有时,人们只能根据具体案件来加以区分"。[1]这意味着具体罪名完全有可能既是行为犯又是结果犯,污染环境罪就是如此,"严重污染环境"被视为一种综合性的定罪要素,应当理解为"污染环境情节严重"。[2]因此,司法解释第1条并非混淆行为犯与结果犯的规定,而是对情节犯的正确展开。负责起草环境污染司法解释的法官也主张"严重污染环境"的修改使得《刑法》第338条从结果犯变为情节犯[3]。基于污染环境罪的情节犯属性,应当将"严重污染环境"这一要件的情形多样化,还应当从特定区域污染环境、危险废物污染环境、排放特定污染物超标、隐蔽排污、多次排污、篡改、伪造自动监测数据或者干扰自动监测设施、违法减少防治污染设施运行支出、违法所得等角度加以判断。[4]但这种多角度的判断方式并非都是在严格解释"严重污染环境",也并非提供判断"严重污染环境"的客观标准。从污染环境案件因果流程来看,任何解释如果不能明确界定"严重污染环境",那就只有两个选择,要么通过对"足以严重污染环境"行为的规定实现前一阶段的保护,要么经由对"通过严重污染环境进而造成人身、财产重大损失"的规定,以第二重结果反推"严重污染环境"的存在,这两种思路本质上都不是对"严重污染环境"的直接解释。情节犯的提出,也只是为了给这两种解释思路提供理论上的合理支持而已。

情节犯看似解决了污染环境罪行为犯与结果犯之争的难题,也对司法解释不同犯罪类型并存于同一条款作出了合理解释,但这一结论仍值得商榷。

---

[1] [德]克劳斯·罗克辛:《德国刑法学 总论》(第1卷),王世洲译,法律出版社2005年版,第217页。

[2] 黄旭巍:《污染环境罪法益保护早期化之展开——兼与刘艳红教授商榷》,载《法学》2016年第7期。

[3] 喻海松:《污染环境罪若干争议问题之厘清》,载《法律适用》2017年第23期。

[4] 喻海松:《污染环境罪若干争议问题之厘清》,载《法律适用》2017年第23期。

虽然我国刑法中存在大量以"情节严重""情节恶劣"表述的情节犯，但这并不意味着任何规范的构成要件要素都可以被解释为与"情节严重""情节恶劣"具有相当性的含义，因为构成要件本身就是对犯罪情节的描述，若将所有要素都解释为"情节"，相当于将原本明确的行为要素、结果要素等模糊化，更不利于探寻目标构成要件要素的内涵与外延。在普通的结果犯中，例如《刑法》第342条非法占用农用地罪的构成要件为"违反土地管理法规，非法占用耕地、林地等农用地，改变被占用土地用途，数量较大，造成耕地、林地等农用地大量毁坏"，若将"数量较大，造成耕地、林地等农用地大量毁坏"的结果解释为"情节严重"，从语词的逻辑意义上看似乎没有问题，但解释的方向应致力于使抽象的概念具体化，而非将具体的概念抽象化，"情节严重"明显是一个内涵更宽泛的概念，"结果"的内涵明显小于"情节"。同理，将污染环境罪解释为情节犯，需要将结果要素"严重污染环境"解释为"情节严重"，同样是将一个具体的结果要素抽象为范围更广的情节要素，在抽象之后又对情节要素进行具体化，当然可以得出其包括结果与行为两种要素。通过这两个过程，看似具有逻辑上的合理性，但实则是利用了概念间的逻辑关系，实现了对刑法规范所规定的构成要件要素含义的不当扩张。污染环境罪对于"严重污染环境"的解释困境并不在于这一结果要素无法从逻辑上被解释，而在于司法实践中难以证明存在"严重污染环境"的结果以及行为与结果之间具有刑法上的因果关系。将污染环境罪解释为情节犯，只是在面对"严重污染环境"解释困境时的无奈之举，以刑法规范为解释文本，根本无法得出污染环境罪被转化为情节犯的结论。

此外，随着2020年《刑法修正案（十一）》对污染环境罪的基本犯与加重犯罪状的修改，"情节严重的"以情节加重犯的形式被规定在法条当中，同时就意味着污染环境罪基本犯成立条件中的"严重污染环境"不可能被解释为"情节严重"，自此，污染环境罪基本犯可以解释为情节犯的理由已经不复存在。

（四）危险犯

在行为犯、结果犯与情节犯的争论之外，更大的问题在于污染环境罪是否为危险犯，是具体危险犯还是抽象危险犯？如果认为污染环境罪不是危险犯，那么是否应当设置危险犯，以及应当设置具体危险犯还是抽象危险犯？有观点认为，《刑法修正案（八）》对《刑法》第338条最重要的修改就是将犯罪构成要件由原来的"造成重大环境污染事故,致使公私财产遭受重大损失或者人身伤亡的严重结果"修改为"严重污染环境",意味着将该罪由实害犯变为危险犯。[1]也有观点主张"污染环境罪由结果犯转化为危险犯"[2]或"把重大环境污染事故罪由实害犯修改为具体危险犯"[3],更有观点进一步认为立法与司法解释的修改,意味着污染环境罪从结果犯变成了抽象危险犯[4]。上述三种表述本身就潜含着一种概念上的误解,即将结果犯与实害犯混同,同时认为结果犯与危险犯是相互对立的概念。

主张污染环境罪为危险犯的部分观点认为:"这一修改突破了过去只重视短期利益和人身利益保护的局限,同时着眼于长远利益和生态利益的价值,降低了犯罪构成的门槛。"[5]"严重污染环境"既是对污染物的毒害性程度的要求,也是对污染行为本身的限定。[6]污染环境罪既是行为犯,也是一种准抽象危险犯。[7]然而上述表述并没有从危险犯系以法益侵害程度为分类标准这一核心概念出发,仍立足于形式上表现为对行为的列举,而没有深入实质侧面确定本罪的法益保护内容,只能反映出论者的"行为犯"立场。以行为犯作为危险犯的成立依据虽然不无道理,但并非严谨的犯罪类型分类所依据的方法,在这一点上,李梁教授的论述更为严谨,"《环境污染解释》第1条承认了污染环境罪是危险犯,而且其中的危险是对环境的危险。可见,《环境污染解释》虽然未增加污染环境罪侵害法益的种类,但实现了对环境利益的提前保护,加强了刑法对环境利益保护的力度"。[8]强调"其中的危险是对环境的危险",突出了法益保护的对象以及对法益侵害的程度,在此意义上才

---

[1] 高铭暄、陈璐:《〈中华人民共和国刑法修正案(八)〉解读与思考》,中国人民大学出版社2011年版,第124页;陈庆、孙力:《有关污染环境罪的法律思考——兼论〈刑法修正案(八)〉对重大环境污染事故罪的修改》,载《理论探索》2011年第3期。

[2] 王社坤:《环境污染犯罪司法解释中抽象危险犯条款之批判》,载《南京工业大学学报(社会科学版)》2016年第4期;李希慧、董文辉:《重大环境污染事故罪的立法修改研究》,载《法学杂志》2011年第9期。

[3] 欧阳本祺:《论刑法上的具体危险的判断》,载《环球法律评论》2012年第6期。

[4] 刘艳红:《象征性立法对刑法功能的损害——二十年来中国刑事立法总评》,载《政治与法律》2017年第3期。

[5] 李希慧、董文辉:《重大环境污染事故罪的立法修改研究》,载《法学杂志》2011年第9期。

[6] 陈洪兵:《解释论视野下的污染环境罪》,载《政治与法律》2015年第7期。

[7] 陈洪兵:《解释论视野下的污染环境罪》,载《政治与法律》2015年第7期。

[8] 李梁:《污染环境罪侵害法益的规范分析》,载《法学杂志》2016年第5期。

可以说，污染环境罪具有危险犯属性。

本罪的犯罪类型与立法理念同样关系紧密，立法理念决定了犯罪类型，通过对犯罪类型的解读又能反映出立法理念的立场。例如有学者认为，"行为人的行为只要达到了'严重污染环境的'程度即可构成犯罪，而无需有严重结果的存在，相应的犯罪则由结果犯转化为危险犯。这种由结果犯向危险犯的转变，不仅通过降低行为程度要求从而扩大了打击范围，使得虽没有造成重大环境污染事故但是严重污染环境的行为能够受到应有的刑罚惩罚；更主要的是，这种从结果犯向危险犯的转变，标志着环境犯罪的立法理念的转变，即从人类中心主义向环境本位的转变"[1]。虽然污染环境罪背后的立法理念并非该论者所言的环境本位，但上述论证思路至少表明论者在讨论犯罪类型时意识到了应当联系立法理念进行探究，而非仅仅在构成要件的表述上进行纯文字性的争论。还有观点主张，"在司法实践中，却出现了一种过于彰显生态法益观的倾向。这种倾向使得污染环境罪从实害犯，跨越了具体危险犯的藩篱，直接演变成了抽象危险犯"[2]。这种观点也意识到，对犯罪类型的判断终究无法脱离特定的法益观立场，从不同的立场出发，可能对同一条款作出不同的解释，而每种解释可能都被冠以"目的解释"之名，因此并非所有的"目的解释"都出自同一立场、能够得出同一结论，立法目的与司法目的的偏差、立法理念与司法理念的不同，都会导致对某一具体问题的解读持有不同的观点。

反对污染环境罪为危险犯的理由主要包括以下几个：第一，污染环境罪的构成要件中并未采用"足以造成严重后果的""引起……严重危险的"等常用的危险犯的表述方式，而是规定了"严重污染环境"的结果要素，污染环境罪的犯罪类型仍为结果犯，而非危险犯，依据污染环境罪的犯罪构成，只有出现"严重污染环境"的实害结果时，才能认定为"严重污染环境"[3]。第二，污染环境罪包括两个梯度的法定刑[4]，但是"根据立法惯例，不区

---

〔1〕 王勇：《环境犯罪立法：理念转换与趋势前瞻》，载《当代法学》2014年第3期。

〔2〕 石珍：《污染环境罪的微观透视——以296例裁判文书为分析对象》，载《人民司法》2015年第9期。

〔3〕 陈君：《对〈刑法修正案（八）〉关于污染环境罪规定的理解与探讨》，载《北京理工大学学报（社会科学版）》2012年第6期。

〔4〕 该观点提出时污染环境罪仅有两个梯度的法定刑，2020年《刑法修正案（十一）》将污染环境罪的法定刑扩展为三个梯度，修改后依然存在本观点所提及的问题，因而将这一理由保留。

程度一般的危险和程度严重的危险、不会对危险犯设置两个梯度的法定刑；我国现有的立法原理下，也无法在具体危险犯（或者抽象危险犯）的内部划分程度"。[1]因此，从刑法分则条文本身及其罪刑设置出发，应当否定污染环境罪为危险犯的观点。

此外也有学者虽然不认为污染环境罪可以成立危险犯，但却主张污染环境罪应当设置危险犯[2]，认为"没有把排放、倾倒和处置污染物造成严重污染环境的危险状态的行为纳入刑法处罚的范围有失明智。从有关国际公约和国外立法的规定来看，鉴于环境污染犯罪具有严重的社会危害性，一般将造成污染环境的危险状态的行为都纳入刑法处罚的范围"。[3]这一观点恰恰是上述支持污染环境罪为危险犯的观点所使用的论据，也就是说不同的学者对"严重污染环境"是否包括"危险状态"存在不同的解读，认为"严重污染环境"包括"危险状态"的，就认同本罪的危险犯立场，反之则对其予以否定，问题的争议点集中在"严重污染环境"是否包括了"危险"。

还有观点跳出了单一的犯罪类型的束缚，认为污染环境罪并非纯粹的危险犯，而是兼有实害犯与危险犯属性，认为"立法者不采用常用的危险犯的表述，正是为了避免用一种标准来判断所有'污染环境'的情形，也就是说，可将'严重污染环境'理解为广义的危害结果，它既包括实害的损害结果，也包括危险状态，甚至可以包括具体的污染行为"。[4]

严格来说，"严重污染环境"的结果要素属性不应被动摇，但在考虑贯彻立法理念、回应司法实践难题、污染环境案件因果流程的特殊性以及司法解释类型化思路的基础上，应当认识到，以"严重污染环境"作为成立污染环境罪的结果要素的确在逻辑上实现了刑法保护的前置，但若将此结果限定在实害结果上，也只能完成逻辑上的刑法保护前置化，但由于其处于事实因果流程中最难证明的位置上，无法解决司法实践中的证明难题。从结果要素本身的性质出发，在区分实害结果与危险结果的基础上，考虑将污染环境罪继

---

[1] 姜文秀：《污染环境罪与重大环境污染事故罪比较研究》，载《法学杂志》2015年第11期。
[2] 王志祥主编：《〈刑法修正案（八）〉解读与评析》，中国人民公安大学出版社2012年版，第463页。
[3] 王志祥主编：《〈刑法修正案（八）〉解读与评析》，中国人民公安大学出版社2012年版，第463页。
[4] 陈庆、孙力：《有关污染环境罪的法律思考——兼论〈刑法修正案（八）〉对重大环境污染事故罪的修改》，载《理论探索》2011年第3期。

续向危险犯方向进行适应性扩大解释是一个可行的解决方案。

二、污染环境罪犯罪类型存在争论的原因

（一）犯罪分类标准混淆

如上所述，在讨论污染环境罪的犯罪类型时，很多观点实际上在混用行为犯、结果犯、实害犯与危险犯概念，但这四个概念的分类标准并不一致。通说认为，行为犯与结果犯的区分标准在于构成要件要素中是否包含结果[1]，行为犯是以法定犯罪行为的完成作为既遂标志的犯罪，结果犯是指不仅要实施具体犯罪构成客观要件的行为，而且必须发生法定的犯罪结果才构成既遂的犯罪。[2]实害犯与危险犯是根据犯罪对法益的侵害程度进行的区分，对法益造成实际损害的是实害犯，仅对法益造成危险的是危险犯。[3]因此，行为犯与结果犯是以刑法分则规定的构成要件中是否仅以行为作为犯罪构成要件，抑或是规定了结果要素作为区分标准；而实害犯与危险犯需要首先确定对象法益的内容，通过判断犯罪对法益的侵害程度从而确定犯罪的类型。在此意义上，结果犯可能是实害犯，也可能是危险犯；危险犯可能是结果犯，也可能是行为犯。因此，应当分别在规范违反与法益侵害两个维度上使用行为犯与结果犯、实害犯与危险犯这两对概念，而不能混用。

此外，一个犯罪可能同时具有行为犯与结果犯的双重属性，也可能同时具有实害犯与危险犯的双重属性。前者通常以构成要件对于行为要素和结果要素的规定为判断依据，或以情节犯包容行为犯与结果犯；后者则存在两种形式，分别表现为对同一法益的不同保护阶段规定，或对双重法益的不同保护阶段规定。具体举例而言，由于实害犯与危险犯需要以特定的法益保护内容为前提，一个犯罪可能对其保护的法益既规定了实害犯，也规定了危险犯，例如《刑法》第330条妨害传染病防治罪的结果要素为"传播或者有传播严重危险"，本罪就同时具有了实害犯与危险犯的双重属性。而对第338条污染环境罪而言，在上一章论证的基础上，以生态学的人类中心法益观为出发点，

---

[1] 张明楷：《刑法学》，法律出版社2021年版，第216页。

[2] 陈洪兵：《中国式刑法立法模式下的结果犯与实害犯》，载《杭州师范大学学报（社会科学版）》2017年第5期。

[3] 陈洪兵：《中国式刑法立法模式下的结果犯与实害犯》，载《杭州师范大学学报（社会科学版）》2017年第5期。

可以认为污染环境罪的核心法益保护内容为人类法益与环境法益的双重法益，对两种法益的保护阶段分别体现为人类法益的危险犯与环境法益的实害犯，这种针对不同法益的不同保护阶段也同时体现出实害犯与危险犯的双重属性。

因此，在判断一个犯罪的犯罪类型时，不能简单地说本罪为行为犯、结果犯、实害犯或危险犯，这并不是一个四选一的问题，而应当通过对构成要件要素性质的分析、法益保护内容与各个法益分别对应的保护阶段进行更为精细的区分。

（二）基于对刑法规范的学理解释与司法解释得出不同结论

上述关于污染环境罪犯罪类型的观点，并非依据同一文本得出的结论，一般认为污染环境罪为结果犯、实害犯的观点，选用的解释文本是刑法规范本身；而主张行为犯、危险犯的观点大都是对司法解释进行解读之后得出的结论。

从刑法规范的角度对污染环境罪的犯罪类型进行讨论时，通过文义解释不难得出"严重污染环境"为结果要素的结论。而主张情节犯的观点在此基础上进一步扩展，认为"严重污染环境"实际上是情节要素，其内涵是"污染环境情节严重"，同时包括"污染行为情节严重"和"污染环境后果严重"两种情形，在情节犯的立场下，污染环境罪可以同时具有行为犯与结果犯属性。

从司法解释的角度对污染环境罪的犯罪类型进行讨论时，存在着多种理解。有学者认为，2013年司法解释第1条前五项所列举的并非"严重污染环境"这一实害结果本身，而是"严重污染环境"的某些特定行为类型。[1]最高人民法院研究室刑事处法官认为，2013年司法解释第1条前五项对排放地点、排放量、超标程度、排放方式以及多次犯的规定，实现了对污染环境的"行为入罪"。[2]因此，从这几项规定来看，可以认为污染环境罪可以成立行为犯。但是同样是2013年司法解释第1条后九项规定的却是因"严重污染环境"而进一步导致的人身伤亡或财产损失后果。因此，有学者认为司法解释

---

[1] 张志钢：《摆荡于激进与保守之间：论扩张中的污染环境罪的困境及其出路》，载《政治与法律》2016年第8期。

[2] 喻海松、马剑：《从32件到1691件——〈关于办理环境污染刑事案件适用法律若干问题的解释〉实施情况分析》，载《中国环境报》2016年4月6日。

将污染环境罪从"结果犯"变成了"行为犯"和"结果犯"并存[1]。这一解释结论引发了更激烈的讨论,有学者质疑,行为犯与结果犯是同一分类标准下相对立的两种犯罪类型,在逻辑上无法共存,构成要件中是否规定了结果要素,决定了该罪应认定为结果犯还是行为犯,同一刑法条款不可能既是行为犯,又是结果犯。[2]而张明楷教授认为,一个行为是行为犯还是结果犯,取决于如何理解犯罪的保护法益,司法解释并不是将逻辑上无法共存的犯罪类型强行使之共存,而是由于环境犯罪的保护法益的特殊性,使行为犯与结果犯可以共存。[3]另外,司法解释中还暴露出两大问题:第一,2013年司法解释第1条前五项的列举侧重于对行为描述而忽视结果,这使污染环境罪在规范违反层面从结果犯走向行为犯,在法益侵害层面直接从实害犯逐渐走向抽象危险犯,如果说通过将刑法规范所要求的"严重污染环境"从实害结果解释为危险结果,仍是在结果犯范畴内的前置,那么通过司法解释直接将"严重污染环境"解释为"具有严重污染环境的抽象危险",就已经超越了规范设定的结果犯范畴,必然引发无法解释的质疑。第二,2013年司法解释的列举没有区分法益保护内容与法益侵害程度,结果就是使"严重污染环境"的类型列举中包含了对人类法益的实害犯、对环境法益的实害犯、对环境法益的危险犯等,甚至有走向秩序法益侵害犯乃至危险犯的倾向,这种对法益保护内容与法益保护阶段同时进行的跳跃式前置,不仅超越了刑法规范构成要件要素的文义,而且直接突破刑法与前置法之间的界限,使其成为行政违反处罚法。

(三)基于不同法益保护内容得出不同结论

实害犯与危险犯的判断必须以确定的法益保护内容为基础,然而上述诸多观点在讨论污染环境罪为实害犯还是危险犯时,并没有在确定核心法益的基础上展开。由于污染环境罪法益保护内容的复杂性,除了保护作为手段法益的秩序法益之外,还具有对人类法益与环境法益保护的二重性特征。具体而言,现有的观点中,所谓的实害犯可能包括对环境法益的实害犯与对人身、

---

[1] 严厚福:《污染环境罪:结果犯还是行为犯——以2015年1322份"污染环境罪"一审判决书为参照》,载《中国地质大学学报(社会科学版)》2017年第4期。

[2] 张志钢:《摆荡于激进与保守之间:论扩张中的污染环境罪的困境及其出路》,载《政治与法律》2016年第8期。

[3] 张明楷:《污染环境罪的争议问题》,载《法学评论》2018年第2期。

财产法益的实害犯,危险犯也可能包括对环境法益的危险犯与对人身法益的危险犯,不同的犯罪类型背后又代表着不同的法益观。例如,如果不首先明确核心法益的内容,在生态中心法益观之下可能认为应当规制环境法益的危险犯,在人类中心法益之下可能认为应当规制对人类法益的危险犯,二者均为危险犯,但并不是同一个意义上的危险犯。

例如有学者将2013年司法解释列举的"严重污染环境"情形所反映的犯罪类型表述为,"前五种情形显然属于危险犯,即并不要求严重污染环境之实害结果发生,只要造成严重污染环境的危险,就成立污染环境罪;而后九种情形属于典型的实害犯,即只有造成实害结果的,才成立污染环境罪"。[1]很显然,上述观点的意思是,前五种情形所谓的危险犯针对的是环境法益的危险犯,后九种情形所谓的实害犯针对的是人类法益的实害犯,是在不同的法益保护内容基础上得出的犯罪类型结论。因此,有学者对此表示反对,认为"就人身法益本身而言,将人身健康的实害结果作为评价'严重污染环境'的标准,实际是将环境法益与其侵害的加重结果置于同一层面进行评价,不符合法益侵害的比例原则以及罪责刑相一致原则,难以符合合理性原则的要求"。[2]

因此,在讨论污染环境罪是实害犯还是危险犯时,必须首先确定本罪的法益保护内容,在此基础上才有进一步正确认定犯罪类型的可能。

三、对污染环境罪犯罪类型概念的澄清

(一)行为犯与结果犯的概念区分

虽然通说认为行为犯与结果犯的区分标准在于构成要件要素中是否包含了结果[3],但是目前也存在不同观点。支持这一立场的观点的学者如日本的前田雅英教授,认为"许多构成要件是明确要求行为与结果的结果犯,但例外地也存在只要具备行为就能视作成立的构成要件,这被称作举动犯或单纯行为犯"[4]。德国的乌尔斯·金德霍伊泽尔教授认为:"如果犯罪的构成要件中要求需要在外界造成特定事态,亦即要求行为之结果(或者只是'效果'

---

[1] 苏永生:《刑法解释的限度到底是什么——由一个司法解释引发的思考》,载《河南大学学报(社会科学版)》2014年第1期。
[2] 钱小平:《环境法益与环境犯罪司法解释之应然立场》,载《社会科学》2014年第8期。
[3] 张明楷:《刑法学》,法律出版社2021年版,第216页。
[4] [日]前田雅英:《刑法总论讲义》,曾文科译,北京大学出版社2017年版,第35页。

或'结果')……那么,这样的犯罪就是结果犯。与之相对应,如果犯罪的构成要件只表述了一种行为进程,而没有提及什么'结果',那么,它便是(朴素的)行为犯。"[1]这种观点的判断标准最具直观性与客观性,判断构成要件中是否有对结果要素的规定即可区分行为犯与结果犯。第二种观点认为,行为犯与结果犯的区别在于行为是否侵害了特定的对象。[2]如日本的町野朔教授指出:"对客体(行为对象)的侵害属于构成要件要素的犯罪,称为结果犯。与此相对,对客体的侵害不是构成要件要素的犯罪,称为(单纯)行为犯或举动犯。在结果犯中,要求行为通过对客体造成侵害结果来侵害、威胁法益;但在行为犯中,只要求行为直接侵害、威胁法益。"[3]这种观点和通说的表达方式不同,但实质上极其相似,都是以构成要件是否规定了对行为对象的侵害结果作为判断依据。第三种观点虽然区分行为犯与结果犯,但并不是以构成要件中结果要素存在与否作为判断依据,而是认为行为犯与结果犯的区别在于行为终了与结果发生之间是否有时间上的间隔。[4]如日本的平野龙一教授认为:"犯罪还分为结果犯与行为犯(也称单纯行为犯),一看便知二者的区别好像在于,结果犯以发生结果为必要,而行为犯不以发生结果为必要,其实并非如此,二者的区别仅仅在于:结果犯在行为的终了与结果的发生之间具有时间上的间隔,行为犯则没有这种间隔。"[5]第四种观点是反对行为犯的概念,如德国的李斯特教授认为:"任何一种犯罪均以某种结果为前提。因此,在刑事不法中区分'结果犯'和纯粹的不以结果为前提的'行为犯'是不正确的。"[6]

根据上述四种对行为犯与结果犯不同的分类标准来理解"严重污染环境",也会得出不同结论,这在很大程度上依然取决于对"严重污染环境"的理解。例如根据乌尔斯·金德霍伊泽尔教授的分类标准,如果将"严重污染

---

[1] [德] 乌尔斯·金德霍伊泽尔:《刑法总论教科书》,蔡桂生译,北京大学出版社2015年版,第66~67页。

[2] 张明楷:《法益初论》,中国政法大学出版社2000年版,第347页。

[3] [日] 町野朔:《刑法总论讲义案I》,信山社1995年版,第143页。转引自张明楷:《法益初论》,中国政法大学出版社2000年版,第347~348页。

[4] 张明楷:《法益初论》,中国政法大学出版社2000年版,第346~347页。

[5] [日] 平野龙一:《刑法总论I》,有斐阁1972年版,第118页以下。转引自张明楷:《法益初论》,中国政法大学出版社2000年版,第347页。

[6] [德] 李斯特:《德国刑法教科书》,徐久生译,法律出版社2006年版,第180页。

环境"理解为对外界造成环境污染的特定事态，那么污染环境罪就是结果犯，如果"严重污染环境"只是对行为程度的表述，那么污染环境罪本身就是行为犯的规定。按照町野朔教授的观点，污染环境罪的直接客体（行为对象）是环境，对环境的侵害属于构成要件要素，可以直接以此认定污染环境罪为结果犯。根据平野龙一教授的观点，若行为人实施了"违反国家规定，排放、倾倒或者处置有放射性的废物、含传染病病原体的废物、有毒物质或者其他有害物质"的行为，如果是在突发性重大环境污染事故中，通常行为终了与环境严重污染的结果之间没有时间间隔，可认定为结果犯，但如果是在累积性环境污染事故中，行为终了与环境严重污染的结果之间有相当的时间间隔，则应被认为是行为犯，但这种认定结论明显不合理。而第四种观点主张所有犯罪都是结果犯，这种结果可以认为是我国刑法中规定的广义上的"危害社会的结果"，在此观点下区分行为犯与结果犯既没有标准，也没有意义。

在理解"结果犯"概念时，首先要对"结果"概念进行明确。高铭暄、马克昌教授认为，我国《刑法》规定的"危害社会的结果"有广义和狭义之分，广义的危害结果是指由行为人的危害行为所引起的一切对社会的损害事实，包括属于犯罪构成要件和不属于犯罪构成要件的结果；狭义的危害结果是指作为犯罪构成要件的结果，也就是对直接客体所造成的损害事实。[1]日本学者认为："所有的犯罪都伴随着一定的结果，这既有独立于行为人动作的结果的情形，也有行为人的动作本身就是结果的情形。"[2]前一"结果"概念侧重于行为引起后果的形式判断，后一"结果"的概念更侧重于法益侵害的实质判断，例如张明楷教授就明确指出"行为犯也必须具有侵犯法益的性质，否则不可能构成犯罪"[3]。在行为犯与结果犯的区分中，以刑法规范所规定的构成要件是否规定了结果要素作为判断标准是最为合理的，通过构成要件即可以明确地区分行为犯与结果犯。

（二）情节犯的概念界定

我国刑法分则中存在很多以"情节严重""情节恶劣"作为构成要件要素的罪名，例如第133条之一危险驾驶罪第1项规定，在道路上追逐竞驶，

---

[1] 高铭暄、马克昌主编：《刑法学》，北京大学出版社2014年版，第72页。
[2] [日] 松宫孝明：《刑法总论讲义》，钱叶六译，中国人民大学出版社2013年版，第45页。
[3] 张明楷：《刑法学》，法律出版社2021年版，第216页。

情节恶劣时才成立本罪；第 219 条侵犯商业秘密罪，在列举了侵犯商业秘密的行为之外，还要达到"情节严重"的程度才成立本罪。这种概括性规定成为相关犯罪成立所必需的特别要求，情节犯是与结果犯、危险犯、行为犯等犯罪类型相关联又不完全重合的一种犯罪类型。

对于什么是情节犯，我国学者有不同的表述，有学者认为"把情节是否达到一定严重程度作为划分罪与非罪标准的犯罪称为情节犯"[1]，但在"严重程度"的表述上存在不同立场：第一种观点明确以构成要件中"情节严重"或"情节恶劣"的表述作为情节犯的认定依据，例如"针对刑法中情节的规定对具体犯罪认定的影响状况，将那些以刑法明文规定的'情节严重'或者'情节恶劣'作为构成犯罪的必备要件的犯罪叫作情节犯。情节犯成立的标志是具备刑法分则规定的'情节严重'或'情节恶劣'，如果刑法分则没有特别注明这一要件，则此种犯罪就不是情节犯"。[2]第二种观点认为，只要有一定的概括性定罪情节即可认为属于情节犯[3]，但是何谓"概括性定罪情节"则又是一个不明确的概念，在构成要件中存在规范的构成要件要素时，规范的构成要件要素本身就是不明确的概念，若将其视为概括性定罪情节，则无疑会扩大情节犯的范畴。虽然将情节犯理解为"一定的概括性定罪情节作为犯罪构成必备要件的犯罪"是对第一种观点的实质内涵提炼，并且指出了情节犯之情节的内涵为"概括性定罪情节"，但是这一观点也遭到了反对。反对意见认为，由于"情节是否达到一定严重程度"的范围过于宽泛，每种犯罪的犯罪构成都是广义上对"情节"的描述，但是"犯罪情节"不等于"情节犯"，如果照此理解，结合我国刑法对犯罪概念的规定，刑法中的所有犯罪都是情节犯，显然不妥。[4]

对于情节犯研究较为全面的李翔教授总结道："所谓情节犯，是指我国刑法分则中明确规定以'情节严重（情节恶劣）'作为犯罪成立的情节要求或者以此作为认定犯罪既遂形态的犯罪类型，这也是基本（纯正）情节犯的概念。"[5]虽然

---

[1] 王美茜：《情节犯的立法完善》，载《松辽学刊（人文社会科学版）》2001 年第 6 期。
[2] 叶高峰、史卫忠：《情节犯的反思及其立法完善》，载《法学评论》1997 年第 2 期。
[3] 刘艳红：《情节犯新论》，载《现代法学》2002 年第 5 期。
[4] 李翔：《刑事政策视野中的情节犯研究》，载《中国刑事法杂志》2005 年第 6 期；李翔：《情节犯研究》，北京大学出版社 2018 年版，第 20 页。
[5] 李翔：《情节犯研究》，北京大学出版社 2018 年版，第 21 页。

"情节严重"与"情节恶劣"也属于"概括性定罪情节"的一种,但后者是前者的上位概念,二者之间只具有单向的逻辑推导关系和包容关系,不应突破"情节严重"或"情节恶劣"的形式范畴以扩大本就具有模糊性的情节犯的成立范围,否则就会导致对刑法中规范构成要件要素难以解释时,冠之以"情节犯"属性,进而实质性地扩大构成要件要素的内涵。由于情节犯在刑法规范中的模糊性最终都是通过司法解释得以具体,也会放任刑事立法粗疏化,由司法解释实质性地完成立法的任务,这并不利于我国刑法的精细化发展,也不利于刑法规范与司法解释合理分工,更加不利于对罪刑法定原则的遵守。

情节犯立场能够解决的是司法解释中争议最大的"二年内曾因违反国家规定,排放、倾倒、处置有放射性的废物、含传染病病原体的废物、有毒物质受过两次以上行政处罚,又实施前列行为的"被认定为"严重污染环境"的合理性,因为"二年内受到二次以上行政处罚后再实施污染环境的行为,也只是表明其多次实施了该行为,并不表明其行为造成了'严重污染环境'"。[1]尽管最高人民法院研究院起草司法解释的专家将此项情形的合理性解释为"符合此项规定的,说明行为人主观恶性大,客观危害严重,将其纳入刑事处罚范围,并不会导致打击过严的问题,更加符合宽严相济刑事政策的精神"[2]。但是以主观恶性大、客观危害严重代替对行为程度与结果要素的构成要件要求,依然无法回应该项内容不符合构成要件该当性的质疑。对于这一项的情形,可以考虑用多次犯的理论解决。有学者认为,基于中国独特的违法与犯罪二元化立法体系,在行政违法与刑事犯罪之间,没有绝对的性质差异,中国刑法是借助情节和数额两个中介,建立了从违法到犯罪的桥梁,而"多次"作为犯罪中的情节要素,同时又充当了违法性评价的要素。司法解释规定大量的多次行为入罪化的动因,就在于弥补轻微违法行为的刑法评价在二元化立法体系下的固有缺陷。由此,多次行为入罪化与二元化立法体系,形成了共生关系。[3]我国刑法对情节入罪的评价角度,一般会从法益侵害后果、法益侵害对象、法益侵害方式等多角度衡量,"多次"属于侵害法益的方式。[4]因此,将情节犯

---

〔1〕 张明楷:《简评近年来的刑事司法解释》,载《清华法学》2014年第1期。

〔2〕 周加海、喻海松:《严刑峻法重实效——〈关于办理环境污染刑事案件适用法律若干问题的解释〉的理解与适用》,载《中国环境报》2013年7月9日。

〔3〕 李怀胜:《多次行为入罪化的立法价值与体系性反思》,载《政治与法律》2020年第7期。

〔4〕 李怀胜:《多次行为入罪化的立法价值与体系性反思》,载《政治与法律》2020年第7期。

用于解释多次犯是合理的，但若以情节犯作为污染环境罪的基本犯类型则有失精准。

(三) 实害犯与危险犯的概念区分

实害犯与危险犯的区分标准与行为犯和结果犯本身并非对应关系。在法益侵害说看来，行为犯也必须具有侵害法益的实质，[1]而刑法理论的通说认为，结果是对法益的侵害或侵害的危险。[2]其中"侵害的危险"不是指作为行为属性的危险，而是指作为结果的危险，以对法益的现实侵害作为处罚根据的犯罪属于侵害犯（实害犯），以对法益侵害的危险作为处罚根据的犯罪属于危险犯。[3]对于实害犯和危险犯来说，二者均有"结果"，但这个"结果"与结果犯意义上的"结果"不是同一个概念，此处的"结果"指的就是法益侵害，实害犯与危险犯的区分标准是对法益的侵害程度不同。

污染环境罪本来就是具备复杂法益保护内容的罪名，且法益之间具有逻辑上和实质上的转换关系，在承认本罪同时保护人类法益与环境法益双重法益的情况下，不能简单地说污染环境罪是实害犯还是危险犯。同一个行为所产生的法益侵害后果，针对不同的法益，可能存在不同程度的侵害效果。从污染环境罪的构成要件对"严重污染环境"的结果要求来看，如果以环境法益为判断对象，则污染环境罪的基本犯应为对环境法益的实害犯，且形式上对环境的实害犯就意味着实质上对人类法益的危险犯；虽然构成要件中没有体现人类法益，但基于立法目的与环境法益的确定基准，仍应当认为污染环境罪的法益保护内容也包括人类法益。如果以人类法益为判断对象，则污染环境罪的基本犯应当是对人类法益的危险犯。由此，针对不同的法益保护对象，污染环境罪兼具实害犯与危险犯的双重属性，准确地说，污染环境罪基本犯兼具对环境法益的实害犯与对人类法益的危险犯双重属性，至于是否能够或应当包容对环境法益的危险犯与对人类法益的实害犯，则是需要进一步讨论和厘清的问题。

---

[1] 张明楷：《刑法学》，法律出版社2021年版，第216页；张明楷：《法益初论》，中国政法大学出版社2000年版，第349页。

[2] [日]平野龙一：《刑法总论Ⅰ》，有斐阁1972年版，第118页；[日]西田典之著、桥爪隆补订：《刑法总论》，弘文堂2019年第3版，第84页，转引自张明楷：《刑法学》，法律出版社2021年版，第214页。

[3] 张明楷：《刑法学》，法律出版社2021年版，第214页。

第二节　生态学的人类中心法益观立场下法益保护阶段探究

一、对"严重污染环境"要素的性质再定位

（一）对"严重污染环境"的文义解释再定位

上文已经从对刑法规范进行文义解释的立场出发，指出重大环境污染事故罪构成要件之"造成重大环境污染事故，致使公私财产遭受重大损失或者人身伤亡的严重后果"在属性上应当被认定为结果要素，成立该犯罪所要求的结果为双重结果，在事实因果流程上，行为直接作用于"环境"，以环境为媒介，间接造成公私财产重大损失或者人身伤亡的严重后果，行为的直接客体是环境，间接客体是财产或人身，最终结果以造成财产和人身的损害得以呈现。而修正为污染环境罪后，"造成重大环境污染事故，致使公私财产遭受重大损失或者人身伤亡的严重后果"的表述改为"严重污染环境"，对"严重污染环境"要素属性的不同理解，造成了对本罪持不同犯罪类型立场的局面。

如果认为"严重污染环境"就是删除了对人身、财产损害结果的要求，使本罪的结果从双重结果变为单一结果，污染行为的行为客体"环境"不再只有媒介的性质，而是经验事实因果流程选取的终点，此时"严重污染环境"的性质类似于"造成重大环境污染事故"，同属于结果要素的范畴，污染环境罪自然为结果犯。只是此结果犯与重大环境污染事故罪的结果犯所要求的结果内容不同，污染环境罪的基本犯构成要件结果只要"严重污染环境"，相当于对完整经验事实只选取了其中一部分，不需要实现完整的因果流程，只需要进展到第二阶段"严重污染环境"即可，如果进一步造成了第三阶段的财产和人身损害，则已经超出了基本犯要求的结果范畴，此时需要讨论的是"严重污染环境"是否包括"致使公私财产遭受重大损失或者人身伤亡的严重后果"，还是应当在结果上区别基本犯结果与加重犯结果，将这种情况规定为结果加重犯，与基本犯结果"严重污染环境"明确区分。

如果认为"严重污染环境"是对行为程度的描述，即是对"违反国家规定排放、倾倒或者处置有放射性的废物、含传染病病原体的废物、有毒物质或者其他有害物质"的行为性质进行进一步限定。因为在一般情况下，排放、倾倒或者处置有放射性的废物、含传染病病原体的废物、有毒物质或者其他

有害物质的行为本身就是污染环境的行为，只是可能存在污染程度上的轻重之别，以及基于环境自身的修复能力而可能造成"严重污染环境"的结果，也可能不会造成这一结果，如果将"严重污染环境"理解为对行为的限定，则不需要证明是否出现了结果，只需要判断类型化行为是否存在即可。

还有学者从语言学角度进行分析，认为对"严重污染环境"可能存在两种理解：侧重在动词"污染"上理解时，"严重"二字是状语，它表达的是："严重地污染"，此即行为情节严重。如若侧重在宾语"环境"上理解，则"严重"二字是定语、是形容词，它表达的是："严重的污染"，即"严重污染了"环境，表明的是污染结果的严重。可见，"严重污染环境"词组既表达了行为情节的严重，也陈述了行为结果的严重。[1]但是这种试图通过将"严重污染环境"解释为情节要素的观点明显过于牵强，不过是为了解决司法实践证明难题和为司法解释提供理论支撑，属于带有目的性和导向性的勉强解释，很难说是对刑法规范文本原意的遵循。

从文义上来看，结合重大环境污染事故罪构成要件的规定，很容易将"造成重大环境污染事故，致使公私财产遭受重大损失或者人身伤亡的严重后果"这一结果要素的逻辑延伸到对"严重污染环境"的理解上，将"严重污染环境"理解为与"重大环境污染事故"具有类似的性质，也是对结果的一种描述。这种逻辑本身是顺畅的，但是在司法适用中同样存在一个前提性的问题，就是"造成重大环境污染事故"本身应当是一个独立且可证明的结果要素。如果"造成重大环境污染事故"并不具有可供判定的客观标准，那么以其为基础的"结果"在重大环境污染事故罪的司法实践中就是一个不可判断的对象。有学者在分析"重大环境污染事故"与"致使公私财产遭受重大损失或者人身伤亡的严重后果"之间的关系时发现，"造成重大环境污染事故"本身没有实际内容，必须通过"致使公私财产遭受重大损失或者人身伤亡的严重后果"来表现，二者之间实质上并不存在并列关系，后者是对前者的解释，即"造成重大环境污染事故"就是"致使公私财产遭受重大损失或者人身伤亡的严重后果"。[2]由于该罪的判断重点在于"致使公私财产遭受重大损失或者人身伤亡的严重后果"，因此是否"造成重大环境污染事故"即

---

[1] 刘清生：《论污染环境罪的司法解释》，载《福州大学学报（哲学社会科学版）》2013年第5期。
[2] 李梁：《污染环境罪侵害法益的规范分析》，载《法学杂志》2016年第5期。

便无法判断，似乎也无关紧要，只要造成了财产损失或人身伤亡的结果，就默认"重大环境污染事故罪"的存在，构成要件该当性的满足实际上是依靠财产损失或人身伤亡结果来实现的，而"重大环境污染事故"要素在逻辑上就具有"不需单独判断"的地位。

同样，继承自"重大环境污染事故"的"严重污染环境"本身从文义上的确是一个结果要素，但必须通过其他的形式对其加以解释，如果将"严重污染环境"与原重大环境污染事故罪的"造成重大环境污染事故"作一致理解，仍需要第二重结果对其加以解释，那么污染环境罪对"严重污染环境"的修正是否有实在的意义必然引发质疑。

(二)"严重污染环境"的特殊性再宣示

污染环境罪的两次刑法修正在逻辑上是妥当的，实现了犯罪门槛的下降、刑法保护的前置与分层，但是刑法规范上的合理性遭遇的是司法实践证明难的困境。按照刑法规范对构成要件的要求，司法机关需要查明环境遭到了严重污染这一结果，并证明该结果系与特定行为之间存在刑法上的因果关系，这一任务需要借助专业的环境污染评估技术，需要消耗大量资金、时间成本，还存在结果或因果关系无法证实的难题。换言之，"严重污染环境"作为结果要素，从逻辑上实现了双重结果要素向单一结果要素的前置及因果流程的前置，但从实践上并没有有效解决这一问题。

有学者指出："在早期，由于刑法的保护法益主要限定于个人的生命、身体、财产，因此，当时的法益主要是个人的、具体的生活利益，其是否受到侵害，客观上能够看得见、摸得着。与此相应，在侵害这类利益的犯罪当中，行为和结果之间的因果关系一清二楚，犯罪的主要类型也是以对上述利益造成客观损害结果（包括具体威胁）为内容的侵害犯。相反地，由于环境、秩序、感情之类的普遍法益的内容极为抽象，其是否受到现实侵害，判断方法也不像在侵害生命、身体、财产场合那样直接客观，加害行为和秩序等受损之间的因果关系也并不一目了然，因此，对其保护就再也不能采取传统的侵害犯的犯罪构成模式，而有必要设置一种不必过分强调侵害结果就能判断其成立的犯罪构成模式，这就是所谓抽象危险犯或者行为犯的犯罪构成模式。"[1]

---

[1] 黎宏：《结果本位刑法观的展开》，法律出版社2015年版，第12~13页；黎宏：《结果无价值论之展开》，载《法学研究》2008年第5期。

实际上，环境是否遭到严重污染是一个抽象的结论，并不存在如人身伤亡、财产损失这类客观可视的损害结果。"严重污染环境"在逻辑上是一个确定的概念，但在事实因果流程中却不是一个可以轻易用"是或否"来回答的概念，其处于事实因果流程的第二阶段，相比这一阶段的证明难题，证明存在第一阶段实施足以严重污染环境的行为或者说具有严重污染环境危险的行为，或者证明第三阶段"因严重污染环境而造成人身、财产损失"，以此结果来反向推导第二阶段事实的存在，都是更具有实践可行性的选择。

因此，"严重污染环境"概念上的合逻辑性与实践上的抽象性决定了其是一个性质特殊的结果要素，不能以传统实害结果犯的判断标准来衡量"严重污染环境"。在刑法规范逻辑顺畅的情况下，也必须根据其特点所反映出的实践可证明程度，考虑在认可"严重污染环境"作为结果要素的基础上，通过法益侵害程度的扩大解释，将针对环境法益的实害结果扩大解释为针对环境法益的危险结果，在不改变污染环境罪结果犯的前提下，通过对法益侵害程度的扩大解释，实现对"严重污染环境"的合理解释。

二、基于双重保护法益的实害犯与危险犯立场选择

（一）污染环境罪法益保护内容的立场重申

在重大环境污染事故罪时期，就有批评意见认为"重大环境污染事故罪属于结果犯，要求具有法定的结果才能定罪处罚，这不利于环境保护"[1]，"我国环境刑法不注重通过直接预防方式保护环境，只注意通过惩罚方式间接预防犯罪，环境保护的目的性不是太明显"。[2]上述观点再次反映出一个理念性的问题——刑法规定环境犯罪是不是为了保护环境？"环境"具有普通自然犯乃至大多数法定犯的行为对象都不具有的特殊性，其具有相当的自净能力，可以容纳一定的污染物而不产生任何危害后果，但若受到侵害也可能会造成十分严重的后果，如同"薛定谔的猫"[3]。如果过于强调环境保护的目标，

---

〔1〕赵秉志主编：《刑法修正案（八）理解与适用》，中国法制出版社2011年版，第401页。
〔2〕蒋兰香：《环境犯罪基本理论研究》，知识产权出版社2008年版，第150页。
〔3〕"薛定谔的猫"是奥地利著名物理学家薛定谔提出的一个思想实验，是指将一只猫关在装有少量镭和氰化物的密闭容器里。镭的衰变存在概率，如果镭发生衰变，会触发机关打碎装有氰化物的瓶子，猫就会死。如果镭不发生衰变，猫就存活。根据量子力学理论，由于放射性的镭处于衰变和没有衰变两种状态的叠加，猫就处于死猫和活猫的叠加状态。这只既死又活的猫就是所谓的"薛定谔的猫"。

无疑会站上生态中心法益观立场,将刑法作为环境保护的一个手段,而可能忽略在当下生产力水平下需要考虑的经济发展需要,从而忽略刑法保护的环境法益与前置法保护下的生态法益的区别。又由于环境是人类生存的基础,很多对环境的损害也会在一定程度上与人类法益相关联,因此也很容易将环境法益的内容无限扩大,而忽略刑法所保护的环境法益的限制程度要求。在预防性刑法立法模式与早期化治理大势所趋的时代,难免将"预防环境污染"的任务赋予具有最后性和谦抑性的刑法,正是在这种司法理念下,有观点认为,污染环境罪的修改反映出我国刑事立法强化对环境污染犯罪行为进行惩治的理念,在激发社会公众对环境权益、环保实践关注的同时,进而促使对环境犯罪行为从"惩恶于已然"到"防患于未然"的策略转变。[1]然而,在承认刑法作为社会治理手段之一的前提下,也必须理性认识到,"环境犯罪确实是为了保护环境,但这种保护并不优先于人类的生产生活"[2]。例如司法解释中对于"在饮用水水源一级保护区、自然保护区核心区排放、倾倒、处置有放射性的废物、含传染病病原体的废物、有毒物质"的规定是考虑到行为地点与人类法益的密切关联性,推定或拟制此类行为具有侵害环境法益的危险,并且通过侵害环境法益对人类法益产生危险具有合理性。但如果是在非饮用水水源区实施的相关行为,也能够产生侵害环境的危险乃至实害,但是因为此处的环境法益与人类法益之间的关联不甚密切,对这类环境法益的危险就不应被纳入污染环境罪的法益保护范围之内。

如前所述,刑法保护是否进行了前置化,在客观方面表现为法益保护内容与法益保护阶段这两方面是否进行了前置,而作为判断基础的法益保护内容需要在适当法益观立场的指导下才能进行准确定位。例如,从人类中心主义的视角来看,我国刑法对"严重污染环境"的立法规定和司法解释意味着刑法治理的早期化,因为对环境法益的侵害犯蕴含着对人类法益的危险犯。但是,从生态中心主义的视角来看,我国环境刑法还停留在侵害犯的阶段,即没有规定对环境的危险犯(对环境的侵害犯的非既遂形态除外)。[3]从生

---

[1] 王利:《强化环境污染犯罪理念 破解污染治理困局:以江苏宣判首例"污染环境罪"环保刑事案件为例》,载《环境保护》2013年第23期。

[2] 安然:《污染环境罪既遂形态的纠葛与厘清——复合既遂形态之提倡》,载《宁夏社会科学》2016年第1期。

[3] 李梁:《环境犯罪刑法治理早期化之理论与实践》,载《法学杂志》2017年第12期。

态学的人类中心法益观视角来看，我国刑法对"严重污染环境"的规定意味着通过保护环境法益从而保护人类法益，根本目的在于保护人类法益，对环境法益的保护是一个得到了刑法法益认可的保护手段，只要能够借助人类法益确定合理的环境法益保护范围，那么对环境法益的具体危险犯也没有超出"严重污染环境罪"结果犯的范畴，其仍属于危险结果犯的合理解释范围。

重大环境污染事故罪明显秉持人类中心的法益观，其规制的对象是对生命、财产法益所代表的人类法益的实害犯。而污染环境罪在重大环境污染事故罪的基础上降低了入罪门槛，从构成要件形式上看是结果要素的减少，从法益保护内容上看是从人类法益向环境法益的转化。如前所述，在生态学的人类中心法益观立场下，污染环境罪的核心法益完全可以表述为，形式上体现为"环境法益"，实质上是通过人类法益危险犯与环境法益实害犯的等价转换，同时保护环境法益与人类法益，并实现对人类法益的保护前置，其中关键的问题是如何界定转化后的"环境法益"的内涵。如果不考虑此"环境法益"与人类法益之间的关联性，一方面会走向与我国当前生产力水平不相适应的生态中心法益观，另一方面也会违背法益概念应当具有可还原性的基本原则。因为"法的价值是以法与人的关系作为基础的，法对于人所具有的意义，是法对人的需要的满足和人对于法的绝对超越的指向。法的价值的探究实际上是法的意义探究，是以法与人的关系为基础，并以人为归宿的法的意义探究。"[1]因此，法益必须与人相关联，刑法对任何客体的保护都必须联系人的利益来理解，刑法对环境的保护实际上是对人的保护，因为环境的恶化就是对人的生命、身体的危险，保护环境最终还是为了保护人的生命、身体[2]。从实质上看，环境法益刑事保护提前化的界限划定应以环境法益的本质特征为依据。环境法益是集合法益，是包含个人法益和自然法益的超个人法益，环境法益刑事保护提前化的具体样态因此具有二元性。[3]也可以说污染环境罪所保护的是双重法益，一面连接着生态的超个人的法益—环境媒介（大气、水、土壤）及其表现形式（动物和植物），一面作为人类生存自然环境组成部分与个人的人类法益关联，人类法益借助于对环境法益的保护而间接

---

[1] 卓泽渊：《法的价值断想》，载《检察日报》2000年1月6日。
[2] 张明楷：《法益初论》，中国政法大学出版社2000年版，第166页。
[3] 侯艳芳：《环境法益刑事保护的提前化研究》，载《政治与法律》2019年第3期。

或者事前获得保护。[1]

前文已明确表明立场，应当在生态学的人类中心法益观指导下，承认污染环境罪的核心保护法益为双重法益，直接法益为环境法益，目的法益为人类法益，刑法通过承认环境法益，可以将制裁阶段提前至环境法益受到侵害和威胁[2]，只是在确定环境法益内涵的时候不能脱离人类法益去抽象地看待环境法益，保护环境的最终目的仍是保护人类利益，就现实保护而言，只能转移为保护与人类生存密切联系的现实整体环境[3]，对上述环境法益的侵害或威胁意味着对人类法益的危险，也只有能够承载对人类法益造成危险的环境法益才是污染环境罪旨在保护的法益内容。

（二）二元法益立场下实害犯与危险犯共存

危险犯与实害犯的分类标准在于对法益的侵害程度是造成了实害还是有造成实害的危险，其出发点首先要对保护的法益内容进行确认。传统的犯罪由于核心法益的单一性，的确很难出现实害犯与危险犯共存的情况[4]，但是污染环境罪的特殊性在于其法益内容本身就具有双重性。由于污染环境罪只需要严重污染环境就足以成立犯罪，而对人的生命、身体、健康等人类中心的法益造成的危险，是以环境污染为前提的，所以，当行为仅产生严重污染环境的实害时，它便既是实害犯也是危险犯，实害犯是对环境法益的实害，危险犯是对人类法益的危险，二者在污染环境罪的特殊法益背景下实现了对等转换。因此，张明楷教授认为"实害犯与危险犯之所以可以并存，就是由于相应的保护法益不同"。[5]

污染环境罪具有二元法益的结构，从直接行为对象反映出其保护的法益为环境法益，但是对环境法益本身的保护并不是污染环境罪刑法保护的最终目的，由于对环境法益的侵害可能进一步侵害人身、财产法益，此时的环境法益才是污染环境罪保护的适格法益。旨在降低犯罪门槛的污染环境罪相对

---

[1] 张志钢：《摆荡于激进与保守之间：论扩张中的污染环境罪的困境及其出路》，载《政治与法律》2016年第8期。

[2] 马春晓：《现代刑法的法益观：法益二元论的提倡》，载《环球法律评论》2019年第6期。

[3] 周光权：《刑法各论》，中国人民大学出版社2016年版，第421页。

[4] 《刑法》第330条妨害传染病防治罪"引起甲类传染病传播或者有传播严重危险的"可视为实害犯与危险犯共存的一例，但本罪实害犯与危险犯共存的原因在于构成要件规定了实害与危险两种侵害形式，其保护的法益内容是一致的，不存在双重法益问题。

[5] 张明楷：《污染环境罪的争议问题》，载《法学评论》2018年第2期。

于重大环境污染事故罪而言，是将原本必须对人类法益造成实害的法益保护要求前置到对人类法益产生危险即可的阶段，而对人类法益产生危险的表现形式就是对环境法益的侵害，因此从刑法规范出发，污染环境罪的犯罪类型演变是从对人类法益的实害犯前置为对人类法益的危险犯，同时原本作为媒介的环境得以上升为"环境法益"，对环境法益造成侵害与对人类法益产生危险可以同时存在于污染环境罪中，但这并不是两个不相关的判断结论，而是具有相当性的法益侵害结果，也可以说是同一个侵害结果的不同表现侧面。在二元法益立场下，实害犯与危险犯可以共存于污染环境罪中，换句话说，对环境法益的实害犯与对人类法益的危险犯是污染环境罪基本犯所保护法益的具体阐述，这一点几乎已经得到了公认。

由于污染环境罪最终的法益保护内容仍旧是人类法益，环境法益之所以被纳入保护范围，仅仅是因为对其的侵害会造成对人类法益的危险，而对环境法益的侵害又可分为实害与危险两种形式，以"严重污染环境"的文义解释不难得出污染环境罪包含针对环境法益的实害犯，而真正的问题在于：第一，污染环境罪的基本犯是否可以或应当包含对环境法益的危险犯，因为在环境法益危险犯的场合下，也可能对人类法益产生危险，换言之，针对环境法益，是否可以或者应当规制危险犯；第二，在以环境法益作为对象法益时，若将污染环境罪的法益保护阶段进一步扩大解释，扩大后的结果是应当在基本犯中只保留环境法益的危险犯，还是形成针对环境法益的实害犯与危险犯共存局面。这是污染环境罪的法益保护阶段层面需要进一步探讨的问题。

三、通过司法解释对法益保护阶段进行扩大解释的具体展开

污染环境罪的立法目的最终在于保护人类法益，对环境法益的实害犯同时也是对人类法益的危险犯的情形自然符合污染环境罪的法益保护目标。尽管从文义解释出发，污染环境罪的基本犯若以环境法益为核心保护法益，则应以实害犯认定，但是正如前文对"严重污染环境"概念特殊性与司法实践适用困境的分析，以对环境的实害来认定"严重污染环境"实践性不足。如同以危险方法危害公共安全罪中无法判断什么是"危害公共安全"，只能以"足以危害公共安全"这一具体危险犯的表述作为基本犯的判断标准，以"造成人身伤亡、财产损失"作为结果加重犯的判断标准。污染环境罪的"严重污染环境"无法应对司法实践中的证明困境，其与以危险方法危害公共安全

罪具有相似性,只能通过对"足以严重污染环境"的判断来认定基本犯结果的存在,以"造成人身伤亡、财产损失"作为结果加重犯的判断标准。除非前置法或刑法规范能够为"严重污染环境"提供一个确定的"结果"判断标准,否则无论如何解释都无法从根本上解决这一问题。

（一）2016 年司法解释呈现出的法益保护阶段扩大化趋势

由于 2013 年司法解释与 2016 年司法解释均以 2011 年《刑法修正案（八）》修改后的污染环境罪为解释对象,因此直接选用经过三年司法实践的检验后又修改完善的 2016 年司法解释为分析对象,探究司法解释的具体列举中所呈现的法益保护阶段立场。从 2016 年司法解释来看,第 1 条对"严重污染环境"类型的列举中只有第 10 项"造成生态环境严重损害的"能够在文义上反映出对环境法益的实害,但由于"生态环境"所表征的环境法益较为抽象,需要通过人类法益关联性进一步限定其范围才能具有实用性,因此该项规定实际上也并非对环境法益实害犯的准确表述。而前九项所列举的情形均只能反映出对环境法益的危险,且各项所反映的危险程度并不一致;第 11 项至第 17 项反映的是对人类法益的实害。由此,污染环境罪法益保护程度存在的问题通过司法解释更清晰地得以呈现:

其一,虽然第 10 项直接反映出对环境法益的实害,但是"生态环境"的概念太过宽泛,甚至有生态中心法益观的色彩,而"造成生态环境严重损害"是一个文义上可以成立但却缺少实际应用可能性的概念。"2019 年纪要"做出的解释中表示"《环境解释》将造成生态环境损害规定为污染环境罪的定罪量刑标准之一,是为了与生态环境损害赔偿制度[1]实现衔接配套,考虑到该制度尚在试行过程中,《环境解释》作了较原则的规定"也并没有直面"造成生态环境严重损害"的含义及判断标准,最后给出的政策性建议是由各地根据本地区的情况自行制定标准[2],因此污染环境罪中对环境法益的实害标

---

[1] 生态环境损害赔偿制度是生态文明制度体系的重要组成部分。党中央、国务院高度重视生态环境损害赔偿工作,党的十八届三中全会明确提出对造成生态环境损害的责任者严格实行赔偿制度。2015 年,中央办公厅、国务院办公厅印发《生态环境损害赔偿制度改革试点方案》（中办发［2015］57 号）,在吉林等 7 个省市部署开展改革试点,取得明显成效。2017 年,中央办公厅、国务院办公厅印发《生态环境损害赔偿制度改革方案》（中办发［2017］68 号）,在全国范围内试行生态环境损害赔偿制度。

[2] 司法实践中,一些省市结合本地区工作实际制定了具体标准。会议认为,在生态环境损害赔偿制度试行阶段,全国各省（自治区、直辖市）可以结合本地实际情况,因地制宜,因时制宜,根据案件具体情况准确认定"造成生态环境严重损害"和"造成生态环境特别严重损害"。

准迄今为止仍是一个抽象的存在，而不具有实际评价的可能性。这再一次表明，刑法规范或司法解释所列举的情形在逻辑上和文义上可能的确具有合理性，但并不一定都具有现实的适用性，在讨论规范的有效性时一定要区分逻辑合理与实践困境的问题。

其二，司法解释对"严重污染环境"前九项情形的列举中所呈现的对环境法益的危险程度也有区别。具体而言，第一项是对特定地点的规定，将污染物排放地点限定为"饮用水水源一级保护区、自然保护区核心区"。根据《水污染防治法》第63条第1款规定，"国家建立饮用水水源保护区制度。饮用水水源保护区分为一级保护区和二级保护区；必要时，可以在饮用水水源保护区外围划定一定的区域作为准保护区。"根据《自然保护区条例》第18条第1款规定："自然保护区可以分为核心区、缓冲区和实验区。"对于自然保护区核心区，禁止任何单位和个人进入，除依法批准外，也不允许进入从事科学研究活动。对于饮用水水源一级保护区和自然保护区核心区，在前置法上本就适用最为严格的保护措施，通过借助前置法对环境对象的分类规定，对环境法益的保护载体进行限制。在上述两个地点排放污染物，就意味着对人类法益的危险与对环境法益的侵害，至于侵害的内容是实害还是危险则在所不论，因为这两个地点的特殊性与重要性决定了对这种重大法益产生危险的行为都应被制止，对该法益产生危险的行为就具有了相当程度的不法。第2项是对排放危险废物数量的规定，第3、4项分别是对不同污染物超标排放倍数的规定，这类规定与刑法中关于数额犯的规定相似，是通过对司法审判实践经验的归纳总结进而设定的界限，具有较强的指导作用。

其三，第5项"通过暗管、渗井、渗坑、裂隙、溶洞、灌注等逃避监管的方式"排放污染物的行为虽然是对特定行为方式的限定，但是否可以直接认定为污染环境罪的"严重污染环境"仍存疑，因为仅仅以行为作为判断对象，前置法如《水污染防治法》第83条[1]和《排污许可管理条例》第34条[2]

---

［1］《水污染防治法》第83条规定："违反本法规定，有下列行为之一的，由县级以上人民政府环境保护主管部门责令改正或者责令限制生产、停产整治，并处十万元以上一百万元以下的罚款。情节严重的，报经有批准权的人民政府批准，责令停业、关闭；……"

［2］《排污许可管理条例》第34条规定："违反本条例规定，排污单位有下列行为之一的，由生态环境主管部门责令改正或者限制生产、停产整治，处20万元以上100万元以下的罚款；情节严重的，吊销排污许可证，报经有批准权的人民政府批准，责令停业、关闭；……"

规定的处理方式是责令改正、限产、停产、罚款等措施，按照《环境保护法》第 63 条〔1〕规定的处理方式是予以行政处罚，按照《刑法》第 338 条〔2〕的规定则应处以刑罚，这就造成了对于同一个行为，可能存在多种处理方案，这也反映出仅以行为作为是否"严重污染环境"的判断依据存在严重不足。第 6 项关于多次犯的规定虽然从单个行为来看并未达到对环境法益产生具体危险的程度，而是基于行为人的人身危险性而将其作为情节犯予以规制。第 7 项"重点排污单位篡改、伪造自动监测数据或者干扰自动监测设施，排放化学需氧量、氨氮、二氧化硫、氮氧化物等污染物的"与上述第 5 项规定具有同样的前置法基础，也同样存在第 5 项面对的问题。尤其是第 8 项"违法减少防治污染设施运行支出一百万元以上的"本质上是违反环境管理制度的行政违法行为，甚至理论上可能出现在没有涉及排放、倾倒、处置污染物的行为时，仅基于前置的行政违法行为就进入了污染环境罪的规制范围内，距离"严重污染环境"这一入罪门槛越来越远。上述 4 项规定的情形都不能直接达到对刑法所保护的环境法益产生实害的程度，通过司法解释对实践总结后，在处罚手段上提前到相关行为实施时即可予以刑罚处罚，而如此规定的合理性若无法在法益保护内容与法益保护阶段得到解释，则势必始终面对来自理论与实践的质疑。

其四，第 11 项至第 17 项是继受自 2013 年司法解释与 2006 年司法解释对重大环境污染事故罪"致使公私财产遭受重大损失或者人身伤亡的严重后果"的解释，很明显是对加重结果的规定，也就是对人类法益实害犯的规制。

综上，从 2016 年司法解释对"严重污染环境"列举的情形所反映的法益侵害内容来看，在污染环境罪基本犯成立的范围内除了保留第 11 项至第 17 项所确定的人类法益实害犯的规定，第 10 项规定可以视为是逻辑上确定的对环境法益实害犯的规定，其他九项均不能表现出环境法益实害犯的特征，都是在此基础上进一步扩大解释，各自表征的危险程度也不相同。

在坚持本书以生态学的人类中心法益观为指导所构建的二元法益结构的

---

〔1〕《环境保护法》第 63 条规定："企业事业单位和其他生产经营者有下列行为之一，尚不构成犯罪的，除依照有关法律法规规定予以处罚外，由县级以上人民政府环境保护主管部门或者其他有关部门将案件移送公安机关，对其直接负责的主管人员和其他直接责任人员，处十日以上十五日以下拘留；情节较轻的，处五日以上十日以下拘留；……"

〔2〕《刑法》第 338 条规定："……处 3 年以下有期徒刑或者拘役，并处或者单处罚金；情节严重的，处三年以上七年以下有期徒刑，并处罚金；……"

前提下，污染环境罪刑法规范最终的法益保护内容为对人类法益的危险犯，其直接表现为对环境法益的侵害，由"严重污染环境"文义所表现的对环境法益的实害犯与对人类法益的危险犯可视为同一程度的法益侵害内容，以此法益侵害内容为参考系，对环境法益的危险犯就是对污染环境罪法益侵害程度的扩大解释，对人类法益的实害犯应当被视为污染环境罪的结果加重犯。2016年司法解释没有基于法益保护内容与法益保护程度将基本犯结果与加重犯结果进行分层，无疑是一项应当被注意到并及时修改完善的疏漏。

（二）2023年司法解释呈现出的法益保护阶段

2023年8月8日发布的《最高人民法院、最高人民检察院关于办理环境污染刑事案件适用法律若干问题的解释》（2023年）对"严重污染环境"情形重新进行了列举，通过与2016年司法解释的对比（见表3-1 2023年与2016年司法解释对"严重污染环境"的情形列举）能够明显看出司法机关对法益保护立场的态度已发生了巨大改变。

表3-1 2023年与2016年司法解释对"严重污染环境"的情形列举

2016年司法解释"严重污染环境"的18项列举（已失效）	2023年司法解释"严重污染环境"的11项列举
（一）在饮用水水源一级保护区、自然保护区核心区排放、倾倒、处置有放射性的废物、含传染病病原体的废物、有毒物质的	（一）在饮用水水源保护区、自然保护地核心保护区等依法确定的重点保护区域排放、倾倒、处置有放射性的废物、含传染病病原体的废物、有毒物质的（修改）
（二）非法排放、倾倒、处置危险废物3吨以上的	（二）非法排放、倾倒、处置危险废物3吨以上的（保留）
（三）排放、倾倒、处置含铅、汞、镉、铬、砷、铊、锑的污染物，超过国家或者地方污染物排放标准3倍以上的	（三）排放、倾倒、处置含铅、汞、镉、铬、砷、铊、锑的污染物，超过国家或者地方污染物排放标准3倍以上的（保留）
（四）排放、倾倒、处置含镍、铜、锌、银、钒、锰、钴的污染物，超过国家或者地方污染物排放标准10倍以上的	（四）排放、倾倒、处置含镍、铜、锌、银、钒、锰、钴的污染物，超过国家或者地方污染物排放标准10倍以上的（保留）
（五）通过暗管、渗井、渗坑、裂隙、溶洞、灌注等逃避监管的方式排放、倾倒、处置有放射性的废物、含传染病病原体的废物、有毒物质的	（五）通过暗管、渗井、渗坑、裂隙、溶洞、灌注、非紧急情况下开启大气应急排放通道等逃避监管的方式排放、倾倒、处置有放射性的废物、含传染病病原体的废物、有毒物质的（修改）

第三章 污染环境罪具体危险犯构建

续表

2016年司法解释"严重污染环境"的18项列举（已失效）	2023年司法解释"严重污染环境"的11项列举
（六）2年内曾因违反国家规定，排放、倾倒、处置有放射性的废物、含传染病病原体的废物、有毒物质受过两次以上行政处罚，又实施前列行为的	（六）2年内曾因在重污染天气预警期间，违反国家规定，超标排放二氧化硫、氮氧化物等实行排放总量控制的大气污染物受过2次以上行政处罚，又实施此类行为的； （八）2年内曾因违反国家规定，排放、倾倒、处置有放射性的废物、含传染病病原体的废物、有毒物质受过2次以上行政处罚，又实施此类行为的；
（七）重点排污单位篡改、伪造自动监测数据或者干扰自动监测设施，排放化学需氧量、氨氮、二氧化硫、氮氧化物等污染物的	（七）重点排污单位、实行排污许可重点管理的单位篡改、伪造自动监测数据或者干扰自动监测设施，排放化学需氧量、氨氮、二氧化硫、氮氧化物等污染物的（修改）
（八）违法减少防治污染设施运行支出100万元以上的	删除
（九）违法所得或者致使公私财产损失30万元以上的	（九）违法所得或者致使公私财产损失30万元以上的（保留）
（十）造成生态环境严重损害的	删除
（十一）致使乡镇以上集中式饮用水水源取水中断12小时以上的	（十）致使乡镇集中式饮用水水源取水中断12小时以上的（保留）
（十二）致使基本农田、防护林地、特种用途林地5亩以上，其他农用地10亩以上，其他土地20亩以上基本功能丧失或者遭受永久性破坏的	
（十三）致使森林或者其他林木死亡50立方米以上，或者幼树死亡2500株以上的	
（十四）致使疏散、转移群众5000人以上的	
（十五）致使30人以上中毒的	
（十六）致使3人以上轻伤、轻度残疾或者器官组织损伤导致一般功能障碍的	
（十七）致使1人以上重伤、中度残疾或者器官组织损伤导致严重功能障碍	
（十八）其他严重污染环境的情形	（十一）其他严重污染环境的情形

第一，删除了 2016 年司法解释中第 8 项"违法减少防治污染设施运行支出一百万元以上的"与第 10 项"造成生态环境严重损害的"这两种情形。正如上文所言，第 10 项"造成生态环境严重损害的"从语义和逻辑上的确可以作为"严重污染环境"的一种情形，但从目前的实践角度来看，几乎没有任何可操作性，因此 2023 年司法解释将其删除，也反映了来自司法实践立场务实考虑的合理性。第 8 项是明显的行政违法行为，是典型的针对环境法益的危险犯，甚至是抽象危险犯，此类行为通过行政处罚足以规制，本就不应当作为刑事违法的一种情形来对待，本次删除也反映出司法解释在刑法前置化及扩大解释进程中适时、审慎的后退，逐渐明晰合理的法益保护立场。

第二，从体系性的角度来看，2020 年《刑法修正案（十一）》在修改污染环境罪时，就暗含了对法益保护内容与法益保护阶段进行分级规制的意向，在原本"严重污染环境"的基础上增设了第二档"情节严重"的规定，2023 年司法解释在此基础上对 2016 年司法解释列举的 18 种情形进行了分级，将 2016 年司法解释中第 12 项至第 17 项表现为人身伤害、财产损失等形式的"严重污染环境"情形归入"情节严重"当中，实现了污染环境罪所保护的双重法益的分级，将对人类法益的实害情节纳入"情节严重"的范围内，将表现为对环境法益的实害（即对人类法益的危险）乃至对环境法益的危险情形归入"严重污染环境"的范围。

第三，进一步根据司法实践，细化了部分"严重污染环境"情形。例如，在第 1 项中将原本"饮用水水源一级保护区、自然保护区核心区"的地点要素修改为"……等依法确定的重点保护区域"。这一修改有两项意义——"等"字扩大了排放区的范围，而"依法确定的重点保护区域"通过"依法确定"的前提设置起到了限制解释排放范围的作用，并强调了本罪作为行政犯、法定犯在对其进行行政违法前置性判断时对"依法性"的重视，通过对排放区域的限制将本罪的法益保护内容限制在与人类法益具有紧密关联的环境法益之中，避免无限制地通过对"严重污染环境"这一个要素的扩大解释乃至类推解释突破罪刑法定原则与犯罪圈应有的规制范围。

第四，在第 5 项中保留了 2016 年司法解释规定的逃避监管方式之余，又增加了 1 项"非紧急情况下开启大气应急排放通道"的行为；在第 7 项中增加了"实行排污许可重点管理的单位"作为此类行为的主体；在第 8 项中保留了原本的两年内两次以上行政处罚后再次行政违法行为犯罪化的规定，同时在第 6 项中增加了 1 项更为具体的两次行政处罚后再次实施此类行为犯罪化的规定，这一项规定实际上是与 2019 年生态环境部印发的《生态环境部关于进一步规范适用环境行政处罚自由裁量权的指导意见》的衔接，反映出司法解释在列举时充分考虑到了司法实践中常见的不法类型以及与相关前置法的紧密关联。但不得不承认的是，上述四项的规定实质上反映的法益保护立场是对环境法益的危险犯，如果说对于第 5、6、7 项规定的逃避监管方式排放、在重污染天气预警期间超标排放、特定重点排污单位通过规避检测的方式排放特定污染物的形式，因其要素的具体化而可以视为对特定环境产生了具体危险，是针对环境法益的具体危险犯，那么第 8 项则依然要面对与 2016 年司法解释同样的质疑，这实际上也是作为行政违法多次犯共同要面对的质疑——基于行为人的人身危险性而将其作为情节犯予以规制有其合理性，但将本罪的保护前置到对环境法益造成抽象危险阶段，是否过大地扩大了犯罪圈乃至突破了罪刑法定原则。

第五，2023 年司法解释原样保留了 2016 年司法解释中第 2、3、4、9、10 项列举的情形。

从 2011 年、2020 年《刑法》以修正案的形式对污染环境罪的两次修正以及 2013 年、2016 年、2023 年三次配套的司法解释的演变与对比来看，环境法益已经成为污染环境罪的核心保护法益之一，认为污染环境罪可成立对环境法益的实害犯在逻辑上是周延的，但并不是在任何情况下都具有实践性，导致这一结果的原因即在于环境法益自身具有抽象性，其是否遭受实害结果难以直接明确判断。为了通过对环境污染的有效控制以实现环境保护目标，有必要以环境法益的危险犯来界定污染环境罪的基本犯类型，需要说明的是，即便是承认污染环境罪的基本犯为对环境法益的危险犯，也必须符合同时具有人类法益危险犯性质的要求。在认可污染环境罪的法益保护内容已由人类法益前置到环境法益的基础上，也必须认识到仅以实害结果来解释对环境法益的侵害程度所造成的局限和不足，基于"严重污染环境"的特殊性与司法实践和司法解释所反映出的社会现实，应当在法益保护阶段进行扩大解释，在坚持构成要件结果要素的前提下，将该结果要素解释为包括对环境法益产生危险时的危险结果，将保护阶段从对环境法益的实害犯向对环境法益的危险犯推进，在这个意义上，污染环境罪对同一法益保护内容——环境法益——也可以同时成立实害犯与危险犯，从而使得污染环境罪既具有法益内容的双重保护属性，又具有对同一前置性法益（环境法益）的阶段双重保护属性，此时需要进一步讨论的就是污染环境罪的环境法益危险犯应当前置到何种程度，进一步明确本罪在界定为针对环境法益的具体危险犯还是抽象危险犯属性时，何者更具有合理性。

四、污染环境罪法益保护阶段的分层必要性

（一）2023年之前污染环境罪法益保护层级混淆的原因分析

无论是重大环境污染事故罪还是污染环境罪，刑法规范对构成要件进行类型化时所依据的经验事实具有同样的因果流程，即行为人向作为行为对象的环境实施了排放、倾倒、处置特定污染物的行为，借助环境这一媒介进而造成了公私财产损失或人身伤亡的严重后果，重大环境污染事故罪处罚的对象是具备完整事实因果流程的事件，而污染环境罪处罚的对象是只要完成了前部分事实因果流程的事件，然而后部分事实因果流程依然可能发生，相对于污染环境罪的处罚对象而言，是一种加重结果，例如故意伤害罪的基本犯处罚的对象是实施了故意伤害他人的行为并致人轻伤或重伤的结果，但伤害行为还可能进一步造成致人死亡的结果，相对于基本犯的轻伤或重伤而言，死亡结果是故意伤害罪结果加重犯的处罚对象，而不能被基本犯所评价。但是由于污染环境罪是从重大环境污染事故罪降低处罚结果严重程度修正而来，却因为过于关注降低门槛，而忽略了降低门槛后需要重新厘清基本犯与结果加重犯之间的关系，使污染环境罪实际上是在保留原重大环境污染事故罪的基础上扩大了处罚范围，相当于故意伤害罪的基本犯同时包含致人轻伤、重伤和死亡的结果，这无疑忽略了不同结果之间的层级关系。

2016年司法解释第11项至第17项所列举的情形，从其内容上明显是对人身、财产损害结果的规定，依上述情形成立的犯罪类型为结果犯并无争议，但是问题在于所列举情形中的结果并非均为"严重污染环境"基本犯所能涵盖的结果。基于刑法规范与司法解释对犯罪类型的分析之所以会出现不同的立场，有观点指出，这是因为"一方面，现行司法解释通过第1条前八种情形即行为标准的规定，实现了与刑法立法的同步；但另一方面，由于依旧残留着认定重大环境污染事故罪的后九种情形即（双重）结果标准，所以又滞后于刑法立法，呈现出司法解释与立法修正不完全同步的状态，而这种矛盾状态又导致了相关争议的集中爆发"。[1]然而这一论断却未必正确。诚然，2016年司法解释第1条前八种所列举的"严重污染环境"情形通过对行为情节严重程度的规定实现了对污染环境罪的具体化，符合"降低入罪门槛"的立法理念，但是立法理念由于过度追求"降低入罪门槛"，旨在将原本只能规制突发性污染事故的重大环境污染事故罪扩张为能够同时规制渐进性、累积性污染事故，而忽略了污染环境罪本身的特殊性，忽略了污染环境与造成人身、财产损失之间的层级关系。也就是说，立法之初的目的就是扩张污染环境罪的处罚范围，虽然将重大环境污染事故罪修改为污染环境罪，构成要件也进行了变更，但刑法规范修改的本意就是继续将重大环境污染事故罪"造成重大环境污染事故，致使公私财产遭受重大损失或者人身伤亡的严重后果"包括在内，只是在此基础上降低犯罪门槛，将尚未造成公私财产重大损失或者人身伤亡的严重后果也纳入规制范围内。司法解释恰恰是对立法目的的忠诚体现，并不存在滞后于刑法规范的问题。真正有问题的是刑法规范本身，没有考虑到对环境法益与人身、财产法益保护阶段之间的层级关系，因而导致了基本犯与结果加重犯共存于同一基本犯罪构成范围内的局面。

这一存在问题的思路根源可以追溯到2013年司法解释附表1关于修改前后量罪定罪量刑标准的对照表，其中明确保留了重大环境污染事故罪的"公私财产遭受重大损失"与"人身伤亡的严重后果"等结果，然而公私财产损失与人身伤亡后果是重大环境污染事故罪的结果要素，是经由污染环境这一媒介进一步造成的间接结果，在构成要件由原本的双重结果修改为"严重污染环境"的单一结果之后，对经验事实的选取只是整体因果流程事实的前半部分，准确地说是第二阶段，基本犯的结果应当只限于"重大环境污染事故"或"严重污染环境"这一表征对直接行为客体"环境"造成的实害结果，而通过严重污染环境进一步造成公私财产损失或人身伤亡的严重后果是第三阶段的经验事实，应当被作为加重结果对待，即司法解释后9项的规定应是结果加重犯的规定，是对人类法益的实害犯，不应再以此结果作为污染环境罪基本犯成立的依据。

从对法益的保护阶段角度来看，污染环境罪的立法目的是试图通过"严

---

[1] 王勇：《论司法解释中的"严重污染环境"——以2016年〈环境污染刑事解释〉为展开》，载《法学杂志》2018年第9期。

重污染环境"的规定,将法益保护阶段的门槛从对人类法益的实害降低至对人类法益的危险,这种实质上对人类法益的危险表现在形式上就是对环境法益的实害,通过这种转换实现从对人类法益的实害到对人类法益危险的处罚阶段前置,同时实现污染环境罪的法益保护对象从人类法益到环境法益的转化。但是立法理念中由于只考虑扩大范围、忽略法益保护内容和法益保护阶段的层级关系,又将对人类法益的实害同时保留在基本犯之内,虽然完成了降低门槛的任务,但忽略了门槛之上的法益分层问题,造成了污染环境罪的基本犯同时具备对人类法益的危险与对人类法益的实害两种法益侵害程度不同的情形。而由于在认定环境法益的实害犯时,存在实践性的证明困境,司法解释只能通过对环境法益的危险犯形式规定,实质上将法益保护阶段再次前置,由此造成了司法解释中越权进行的"不得已"的法益处罚阶段前置与对人类法益的实害犯这种法益侵害加重情形呈现出明显撕裂的局面。

(二) 污染环境罪法益保护阶段分层的逻辑分析

在生态学的人类中心法益观立场下,当前的污染环境罪具有双重法益保护特征,针对不同的法益保护内容,污染环境罪同时规制对人类法益的危险犯与对环境法益的实害犯,在这个意义上可以说,在污染环境罪中实害犯与危险犯共存。

1. 针对人类法益的保护阶段分层

污染环境罪立法目的在于加强对人类法益的保护,意味着实质上是将法益保护阶段从对人类法益造成实害前置到对人类法益产生危险,前者表示为"致使公私财产遭受重大损失或者人身伤亡的严重后果"结果要素要求,后者通过转化为对环境法益的实害,以"严重污染环境"的结果要素进行要求。在这个转化逻辑中,构成要件结果要素的修改,实质上表明了对人类法益的保护阶段的前置,针对人类法益而言,基本犯应以人类法益的危险犯形式存在。这种法益保护阶段分层的立法模式可以参考刑法第二章危害公共安全罪中的相关刑法规范,例如第116条破坏交通工具罪、第117条破坏交通设施罪的结果要素均为"足以使火车、汽车、电车、船只、航空器发生倾覆、毁坏危险,尚未造成严重后果",是对具体危险犯[1]的规定;而第119条规定

---

〔1〕 梅传强、胡雅岚:《妨害公共交通工具安全驾驶罪的理解与适用》,载《苏州大学学报(哲学社会科学版)》2021年第1期。

"造成严重后果的"规定,从结果来看是前两条中具体危险的现实化,从对法益的保护阶段来看,是对同一交通运输法益造成具体危险与实害的区分。第116条、第117条是对基本犯的规定,而第119条则是相对于前两条的加重犯规定。同理,第114条与第115条也可以视为针对同一法益的具体危险犯与实害犯,从而体现出基本犯与加重犯的规定示例。再如第133条之一危险驾驶罪与第133条交通肇事罪之间也存在危险犯与实害犯之间的关系,危险驾驶罪的规定正是对交通肇事罪法益保护阶段前置的体现,只是危险驾驶罪构成要件中的具体情形分别表现出具体危险犯与抽象危险犯的特征,例如有观点认为,追逐竞驶型危险驾驶罪属于具体危险犯,醉酒驾驶型危险驾驶罪属于抽象危险犯。[1]但总的来说,二者之间也具有基本犯与加重犯的关系。

2020年《刑法》在进行修正时,在基本犯结果中保留了"严重污染环境"的表述,以"情节严重"作为划分情节加重犯的标准,此时仅从刑法规范上似乎只能看出模糊的情节分层,而无法精确到法益保护内容如何分层。但2023年司法解释对"严重污染环境"与"情节严重"的明确列举,表明立法机关与司法机关对区分污染环境罪中人类法益与环境法益的立场。2023年司法解释将此前2013年司法解释、2016年司法解释延续2006年重大环境污染事故罪司法解释对人类法益与环境法益不加区分的混同解释进行明确划分,将直接侵犯人类法益的实害结果作为"情节严重"这一情节加重犯来认定,对应污染环境罪的第二档法定刑,将直接侵犯环境法益的实害犯与危险犯作为"严重污染环境"的基本犯来认定,对应第一档法定刑。可以说,2020年修正的刑法与2023年司法解释已经明确实现了污染环境罪法益保护内容的分级。

当然,刑法中对同一法益的危险犯与实害犯的规定,并非都是如上所述呈现基本犯与加重犯之间的区别。例如第330条妨害传染病防治罪规定的结果要素为"引起甲类传染病以及依法确定采取甲类传染病预防、控制措施的传染病传播或者有传播严重危险的",造成传播的结果或者有传播的严重危险这两种情况都符合本罪的结果要素要求,也就是将针对同一法益的危险犯与实害犯同时规定在基本犯成立范围内。需要说明的是,这种特殊规定并非立法的疏漏,而是考虑到传染病传播的实际特点,刑法保护的侧重点明显偏向

---

[1] 张心向、王强军:《社会风险控制视域下的危险驾驶罪研究》,载《法学杂志》2011年第S1期。

行为中心与预防功能的发挥。

2. 针对环境法益的保护阶段分层

以环境法益为核心,则"严重污染环境"要素意味着污染环境罪基本犯应为对环境法益的实害犯。然而,如上所述,鉴于对环境法益的实害存在证明困境,并不能要求必须在法律上证明这一结果的现实存在,更为有效的方法是通过证明有侵害环境法益的危险即可,以对环境法益的危险犯形式存在。因此,应当在构成要件结果要素上,进一步对环境法益的保护阶段进行适应性的扩大解释。而需要进一步讨论的是,对于环境法益造成的危险需要达到实害危险的程度,还是造成抽象危险即可,如何通过法益保护阶段来扩大或限制"严重污染环境"的情形列举,以实现污染环境罪的法益保护目标。

通过对十几年来两次立法修正与三次司法解释的分析,可以确定污染环境罪已有的前置化程度与进行扩大解释的必要性,污染环境罪基本犯法益保护阶段已经从最初重大环境污染事故罪对人类法益的实害犯经由"对人类法益的实害+对环境法益的实害"再次向着对环境法益的危险犯前置,因而进一步明确对环境法益的危险应达到何种程度,才能更精确地实现污染环境罪法益保护内容与法益保护阶段的合理分层。

第三节　污染环境罪法益保护阶段扩大解释的边界
——具体危险犯与抽象危险犯立场之辨

如前所述,污染环境罪的两次立法修正通过对构成要件的修改与分级,在法益保护内容方面实现了由人类法益到环境法益的前置;在法益保护阶段方面,一方面实现了对人类法益的保护阶段由实害前置为危险,另一方面也建构了对人类法益的危险犯与对环境法益的实害犯的二元并存类型,但事实证明,这种前置程度在平义解释的范围内并不足以解决污染环境罪的适用难题。"严重污染环境"因其特殊性,难以查明结果与因果关系,并非在所有的污染案件中都能够证明环境法益遭到了实害,但等到能证明环境法益遭到实害时,往往已经经由对环境法益的实害实现了对人类法益的实害,由此一来,污染环境罪对法益保护内容与法益保护阶段的前置化便功亏一篑。因此,在立法已有的前置化基础上,司法解释对"严重污染环境"的列举背后的理论依据是对法益保护阶段进行适应性扩大解释,即从对环境法益的实害犯扩大至对环境法益的危险犯,这既是来自司法实践的现实反馈,也是完善污染环境罪刑法保护的必然选择。

需要明确的是,即便承认污染环境罪对环境法益的保护阶段应扩大至产生危险之时,也并不代表所有针对环境实施的污染行为都可以被不断纳入本罪的成立范围之内,危险程度是界定罪与非罪至关重要的因素,对法益内容与侵害程度的判断虽然需要借助一定的价值判断,但也并不能就此忽略其功能。如何确定污染环境罪法益保护程度的边界问题,离不开对环境法益与人类法益之间关系的认识,同样也取决于对立法理念与司法理念的理解,法益保护阶段确定的关键在于,对危险犯之具体危险犯与抽象危险犯的立场选择,这也决定了本罪法益保护阶段前置的边界所在。

一、具体危险犯与抽象危险犯的界限厘清

(一) 具体危险犯与抽象危险犯的区分标准

在危险犯的范畴内,具体危险犯与抽象危险犯的分类标准不尽相同。第一种观点为"一般危险说",认为具体的危险犯是以发生危险作为构成要件要素的犯罪;抽象的危险犯虽然也以发生危险作为处罚根据,但它是不以发生危险作为构成要件要素的犯罪。[1]这种观点具有较为明确的判断依据,即以构成要件要素中是否规定了"危险"的存在,例如我国刑法中规定的"足以发生……危险"或"尚未造成……结果"的规定,都是对危险要素的规定,也表明相应的罪名应认定为具体危险犯。第二种观点为"危险性推定说",认为具体的危险犯与抽象的危险犯都是以对法益侵害的危险作为处罚根据的犯罪,但是前者的危险是需要司法上具体认定的,后者的危险是立法上推定的。[2]"危险性推定说"是针对"一般危险说"对抽象危险不加判断的缺陷提出的,但实质上也并没有对抽象危险进行判断,并没有克服"一般危险说"的缺陷。[3]第三种观点认为,具体的危险是"作为结果的危险",抽象的危

---

[1] 张明楷:《外国刑法纲要》,法律出版社2020年版,第86页;张明楷:《刑法学》,法律出版社2021年版,第214页。

[2] 张明楷:《外国刑法纲要》,法律出版社2020年版,第87页;张明楷:《刑法学》,法律出版社2021年版,第214页。

[3] 张明楷:《外国刑法纲要》,法律出版社2020年版,第87页;张明楷:《刑法学》,法律出版社2021年版,第214页。

险是"行为的危险",在"具体的危险犯中,要求有构成要件上的'危险'这样的'结果',而抽象的危险犯则没有这样的要求"。[1]但是就构成要件的因果逻辑而言,行为的危险中本身就蕴含着结果的危险,规定了结果的危险,就意味着行为本身有危险,二者之间似乎也并没有明确的界限。第四种观点认为,具体的危险犯与抽象的危险犯的区别只是危险程度不同,例如抽象危险犯是具体危险犯的前一阶段,抽象危险意味着发生具体危险的可能性。日本的通说认为,具体危险犯的危险是高度的、紧迫的危险,抽象危险犯的危险是比较缓和的危险。[2]德国刑法理论认为,司法机关在判断抽象危险犯时,只需要判断行为是否符合构成要件的规定,不必判断是否出现了具体危险。[3]张明楷教授主张,具体危险犯中的危险,是在司法上以行为当时的具体情况为根据,认定行为具有发生侵害结果的紧迫(高度)的危险。[4]前田雅英教授则从形式与实质两个方面对具体危险犯与抽象危险犯进行区分,认为形式上,刑法条文以危险的发生作为条件的是具体危险犯,条文上不要求该要件的是抽象危险犯;实质上应认为具体危险犯需要发生法益侵害的现实的、具体的危险,抽象危险犯只需要发生法益侵害的抽象危险就足够了。[5]这一观点再次反映出,从形式上以构成要件的规定作为具体危险犯与抽象危险犯的判断标准相对来说比较清晰,但在实质上要判断发生的是法益侵害的具体危险还是抽象危险,则不可避免地需要对"程度"进行价值判断。

综合上述观点以及我国刑法分则的罪状描述,可以从构成要件表述以及对法益的侵害程度两个方面来区分具体危险犯以及抽象危险犯,其中法益的侵害程度是实质判断内容,构成要件的规定是立法机关对危险犯类型进行的区分和提出的要求,是法益侵害程度在形式侧面的参考依据。就对法益的侵害程度而言,具体危险与抽象危险都是对法益的危险,只是在危险程度上有具体与抽象之别,然而"危险程度"如何界定,反而成为模糊具体危险犯与

---

[1] [日]松生健:《危険犯におはる危険概念》,载《刑法杂志》1993年第24卷第1号。转引自张明楷:《外国刑法纲要》,法律出版社2020年版,第87页。

[2] 张明楷:《外国刑法纲要》,法律出版社2020年版,第87页;张明楷:《刑法学》,法律出版社2021年版,第214页;张心向、王强军:《社会风险控制视域下的危险驾驶罪研究》,载《法学杂志》2011年第S1期。

[3] 张明楷:《外国刑法纲要》,法律出版社2020年版,第87页。

[4] 张明楷:《刑法学》,法律出版社2021年版,第214页。

[5] [日]前田雅英:《刑法总论讲义》,曾文科译,北京大学出版社2017年版,第61页。

抽象危险犯界限的原因所在。相对于法益侵害程度的实质判断而言，通过构成要件来区分具体危险犯与抽象危险犯客观性更强。在立法机关明确要求犯罪构成要件中规定具体危险要素的情况下，即刑法分则罪状所载的构成要件中明确要求了结果要素，且该结果要素为危险结果的，则该罪为具体危险犯，属于结果犯项下的类别，必须在具体案件中判断是否有具体危险；若立法机关在刑法规范的构成要件中只规定了行为类型，该行为本身所蕴含的危险状态就是抽象危险，而没有要求危险要素或结果要素，那么本罪即为抽象危险犯，换言之，我国刑法规范中的行为犯就是抽象危险犯，司法机关面对具体案件时，不需要进行结果和危险程度的判断，只需要认定存在刑法规范类型化的行为即可。

（二）以法益侵害程度区分具体危险犯与抽象危险犯

乌尔斯·金德霍伊泽尔教授主张："具体危险犯是指这样一种犯罪：如果行为人对具有受保护法益之特征的行为客体造成了具体的危险，那么，这种具体的危险就是构成要件的结果，该种犯罪就是具体危险犯。"[1]"如果行为人侵害了对法益的（无忧虑地）自由支配所必要的安全条件，那么，这便是抽象危险。抽象危险犯既可以是行为犯，也可以是不需要以法益侵害作为结果的犯罪。在抽象危险犯的情况下，人们必须只用构成要件来（明确）规定其要涵摄的相应案件事实情况；不存在任何可能需要考察并主观地进行归属的危险之构成要件要素。"[2]罗克辛教授认为："在具体危险犯的场合，分则条文明文规定了具体危险；而在抽象危险犯的场合，分则条文没有规定具体危险，行为本身就蕴含着一定的危险。从司法证明的角度来看，在具体危险犯的场合，需要从司法上证明具体危险的存在；而在抽象危险犯的场合，则不需要从司法上证明危险的存在。"[3]黄荣坚教授认为："刑法理论通说认为，具体危险犯中的危险是具体、紧迫、高度现实化的危险，是需要司法工作人员在个案中进行具体认定的危险；而抽象危险犯中的危险是一种根据人

---

[1] [德] 乌尔斯·金德霍伊泽尔：《刑法总论教科书》，蔡桂生译，北京大学出版社2015年版，第67页。

[2] [德] 乌尔斯·金德霍伊泽尔：《刑法总论教科书》，蔡桂生译，北京大学出版社2015年版，第67~68页。

[3] [德] 克劳斯·罗克辛：《德国刑法学　总论》（第1卷），王世洲译，法律出版社2005年版，第222页。

们的一般生活经验得出的、类型化的、由立法推定的危险,无须司法工作人员在个案中进行具体认定。"[1]从上述具体危险犯与抽象危险犯的概念与特点可以看出,仅从法益的侵害程度对"危险"进行的判断是一种价值判断,而且二者之间也并非泾渭分明,正如黄荣坚教授所言:"抽象危险犯与具体危险犯之间并非代表个案中行为事实上危险程度的区别(并非具体危险犯行为的危险程度就是大于抽象危险犯的行为),而是代表两种不同的立法形式而已。"[2]因此,试图仅从法益侵害的危险程度上区分具体危险犯与抽象危险犯也只是一种相对性的判断,这种对危险程度的判断,在具体案件当中需要根据实际情况一案一判,在污染环境罪刑法规范概括性地规定"严重污染环境"的情况下,通过对法益侵害程度来区分本罪为具体危险犯还是抽象危险犯,以及本罪处罚阶段前置化的边界,未免太过勉强,司法解释列举的情形在相当大的程度上是在代替立法完成危险推定和拟制的任务,而其列举虽然能够反映和回应司法实践的需求,但并不能由此取代刑法规范关于构成要件表述的作用,甚至改变刑法规范的构成要件符合性要求。因此需要说明的是,司法解释所列举的行为类型并非纯粹的行为犯规定模式,而是通过对行为类型、地点等附随情节的具体化,为认定具有"严重污染环境"的实害或危险结果提供参考标准;若将司法解释中所列举的行为直接理解为构成要件行为,则无异于将司法解释所列举的情形视为抽象危险犯的构成要件规定,这种理解无疑是不恰当的。

(三)以罪状中规定的构成要件区分具体危险犯与抽象危险犯

在我国的刑法规范中,罪状中"足以……""危及……""……的危险"等表述形式通常意味着本罪为具体危险犯。如《刑法》第114条的罪状表述为"放火、决水、爆炸以及投放毒害性、放射性、传染病病原体等物质或者以其他危险方法危害公共安全,尚未造成严重后果的……",第116条破坏交通工具罪的罪状表述为"破坏火车、汽车、电车、船只、航空器,足以使火车、汽车、电车、船只、航空器发生倾覆、毁坏危险,尚未造成严重后果的……",由于在犯罪构成中明确要求对"危险"的判断,因此均为具体危险犯。

---

[1] 黄荣坚:《基础刑法学》(下),中国人民大学出版社2009年版,第383页;陈兴良主编:《刑法总论精释》,人民法院出版社2010年版,第198页。

[2] 黄荣坚:《基础刑法学》(下),中国人民大学出版社2009年版,第383页。

仅规定了行为特征的罪状通常意味着本罪为抽象危险犯，例如危险驾驶罪"醉酒驾驶机动车的"被认为是抽象危险犯的典型代表。又如《刑法》第143条生产、销售不符合安全标准的食品罪罪状"生产、销售不符合食品安全标准的食品，足以造成严重食物中毒事故或者其他严重食源性疾病的……"是具体危险犯的表述，而第144条生产、销售有毒、有害食品罪的罪状"在生产、销售的食品中掺入有毒、有害的非食品原料的，或者销售明知掺有有毒、有害的非食品原料的食品的……"，仅有行为类型的描述，而不涉及对危险的判断，表明本罪为抽象危险犯。

但是需要注意的是，以构成要件的规定作为区分具体危险犯与抽象危险犯标准时，判断对象是刑法规范条文，而非司法解释或司法实践总结的经验。尽管司法解释所列举的情形的确代表着一定程度的危险，但在刑法规范条文没有修正的情况下，以司法解释规定的情形作为判断危险犯乃至具体危险犯或抽象危险犯的成立依据，既无法面对司法解释犯罪类型与刑法规范的冲突，也无法合理回答本罪的犯罪类型究竟是什么的问题。例如2016年司法解释第1条前五项规定以增加行为地点、行为方式、污染物种类和数量的情节规定推定或拟制污染环境行为的危险程度，与第6项至第8项规定的行为相比，前者对环境法益产生的危险更为紧迫，后者对环境法益产生的危险相对缓和，在比较的基础上可以认为前五项是对环境法益具体危险犯的规定，第6项至第8项是对环境法益抽象危险犯的规定。但如果从前五项规定本身来看，似乎又仅仅是对行为的拟制，与"足以严重污染环境"或"有严重污染环境的危险"这种表述相比，前者无疑是抽象危险犯的表达形式。只有在刑法规范的构成要件中存在"足以严重污染环境"或"有严重污染环境的危险"这种作为具体危险结果的要素时，才可能在具体案件中对个案是否具有严重污染环境的具体危险进行判断。或者只有在刑法规范将构成要件中的结果要素删除，仅以行为拟制抽象危险的存在，例如规定"违反国家规定，在饮用水水源保护区、自然保护地核心保护区等依法确定的重点保护区域排放、倾倒、处置有放射性的废物、含传染病病原体的废物、有毒物质的，处……"才可以认为污染环境罪成立抽象危险犯。

张明楷教授指出，对于具体危险犯，"是否具有具体危险，需要以行为当时的具体情况为根据,认定行为具有发生侵害结果的紧迫(高度)危险"。[1]而抽象危险犯虽然具有危险,但不需要在司法上判断。具体而言,抽象危险犯既包括刑法分则条文类型化的紧迫危险,也包括刑法分则条文拟制的危险,对于第一种类型,实质上也是紧迫的危险,只不过不需要司法上的具体判断,而第二种类型既可能是紧迫的危险,也可能是比较缓和的危险,但由于难以预测和具体判断,刑法对其同等看待。[2]这是从司法判断的角度上进行的区分,而不是对犯罪类型的划分标准,也就是说,具体危险犯与抽象危险犯是由刑法规范设定的犯罪类型,在司法适用中,分别根据其犯罪类型,依据不同的标准进行司法认定。如果刑法规范规定了本罪为具体危险犯,那么在司法实践中,就必须以行为当时是否存在发生法益侵害的具体危险作为犯罪成立与否的判断标准;如果刑法规范规定了本罪为抽象危险犯,那么在司法实践中不需要对具体危险或危险单独进行判断,只要行为人实施了符合犯罪构成的类型性行为,该类型性行为本身就具有紧迫危险或被立法拟制为具有紧迫危险,因此可以直接通过相应的行为认定抽象危险犯的成立。

二、污染环境罪法益保护阶段应扩大解释为具体危险犯

(一)污染环境罪成立具体危险犯的合理性论证

在污染环境罪法益保护内容已完成前置的情况下,需要讨论对具体保护范围界定的问题。法益保护内容的前置只是刑法保护的一个方面,在此基础上法益保护阶段的范围才真正决定了法益保护的前置化程度,即"环境法益刑事保护提前化界限划定的关键因素在于行为侵害环境法益的具体样态"[3]。环境作为一种稀缺性的资源,污染后较难恢复,即便可以恢复也将付出时间、金钱等巨大的成本,同时也使人的生命、财产在一段时间内遭受一种不确定性的危险,可以说污染环境的后果极其严重,因此对人类赖以生存的环境作一种更加前置化的保护,具有必要性。[4]

有学者认为污染环境罪已经放宽了对危害结果的要求,从原来要求造成公私财产重大损失或造成人身伤亡的严重实害后果,到现在出现严重污染环

---

[1] 张明楷:《刑法学》,法律出版社2021年版,第214页。
[2] 张明楷:《刑法学》,法律出版社2021年版,第215页。
[3] 侯艳芳:《环境法益刑事保护的提前化研究》,载《政治与法律》2019年第3期。
[4] 张庆立:《完善污染环境罪的三点建议》,载《检察日报》2011年9月19日。

境的危险状态〔1〕。或者认为污染环境罪由原来的结果犯修改为危险犯，修订前要求发生危害结果，而修订后则不要求必然发生危害结果，只要有污染环境的危险即可构成污染环境罪。〔2〕上述结论并非完全基于刑法规范本身的规定得出，在很大程度上受到了司法解释与司法实践的影响，严格地说是一种"理想"而非"现实"。"严重污染环境"作为结果要素，若只能被解释为造成严重污染环境的"结果"，而不能被直接解释为"危险状态"或"危险行为"，就会大大限制其适用范围。

有学者根据污染环境犯罪的特点提出，"污染型环境犯罪是向环境输入污染物超过环境承载能力而破坏环境平衡的行为，存在环境自净能力的缓冲区域，宜设置为具体危险犯"〔3〕。相对应的，刑法规范应当将构成要件中的结果要素表述调整为"足以严重污染或破坏环境的"情形，将其作为严重污染或破坏环境型犯罪的基本犯模式。〔4〕从污染环境罪与重大环境污染事故罪所依据的前实定法经验事实的因果流程来看，行为人实施了污染行为后，第一阶段造成的是严重污染环境的危险，第二阶段造成的是严重污染环境的结果，第三阶段是因严重污染环境而造成人身、财产损失。污染环境罪刑法规范所选取的是进行到第二阶段的部分经验事实，需要造成"严重污染环境"的实害结果。但是由于这一实害结果与因果关系的证明困难，实践上需要解决这一问题，在坚持降低入罪门槛的前提下，只能通过对经验事实的选取阶段提前，也就是刑法规范应当将构成要件所要求的结果提前到第一阶段有严重污染环境的危险即可。这一前置化逻辑与具体危险犯的保护对象具有一致性，因为具体危险虽然还没有造成实害，但是意味着具有造成实害的紧迫、高度的危险，"在具体的危险犯中，没有造成实害只是一种偶然"〔5〕，污染环境罪将法益保护阶段提前到对环境法益的具体危险阶段，不是放弃对"严重污染环境"的要求，而是基于污染环境案件的特殊性，在有严重污染环境具体危险的场合，就极有可能造成严重污染环境的实害结果，即便没有造成这种

---

〔1〕 褚雨、李梁：《污染环境罪刑法治理早期化问题探究》，载《中共郑州市委党校学报》2019年第5期。

〔2〕 李梁：《环境犯罪刑法治理早期化之理论与实践》，载《法学杂志》2017年第12期。

〔3〕 钱小平：《环境刑法立法的西方经验与中国借鉴》，载《政治与法律》2014年第3期。

〔4〕 钱小平：《环境刑法立法的西方经验与中国借鉴》，载《政治与法律》2014年第3期。

〔5〕 张明楷：《刑法学》，法律出版社2021年版，第214页。

实害结果，也只是一种偶然，就这一特点而言，在污染环境罪中，对于"严重污染环境"的实害结果和具体危险在判断不法程度上具有实质意义上的相当性。

前文已述及，环境污染事件与传染病防治类案件有一定程度的相似性，二者都是公害类犯罪，一旦发生，便极有可能造成严重损失乃至无法恢复的后果，此类犯罪更多的是对刑法预防功能的期待。针对妨害传染病防治罪一直存在的传染病类型规定缺陷问题，2020年《刑法修正案（十一）》对第330条妨害传染病防治罪的构成要件进行了修正，规定为"违反传染病防治法的规定，有下列情形之一，引起甲类传染病以及依法确定采取甲类传染病预防、控制措施的传染病传播或者有传播严重危险……"，立法明确将"依法确定采取甲类传染病预防、控制措施的传染病"也归入符合构成要件传染病类型中，解决了"非典"等乙类传染病的刑法保护问题。此外，其中将结果要素明确规定为包括"传播或有传播严重危险"两类，即妨害传染病防治罪同时可以成立实害犯与具体危险犯，这一立法例可以作为污染环境罪刑法保护扩大解释乃至刑法规范修正的参考。为了避免争议，最好的解决方法当然是对污染环境罪"严重污染环境"结果要素进行修正时，将其前置为"有严重污染环境的危险"或"足以严重污染环境"，考虑到污染环境案件的特殊性，也可以将实害犯与具体危险犯同时规定在基本犯的成立范围内，采取妨害传染病防治罪立法例，将结果要素规定为"严重污染环境或有严重污染环境危险"，既解决了污染环境罪的司法证明困境，又回应了司法实践对本罪刑法保护前置化的需求。在立法尚未作出此种修正时，只能变通地通过适应性的扩大解释将污染环境罪解释为具体危险犯。

当然，从构成要件的细化分层来讲，也可以采用《刑法》第114条、第115条关于危害公共安全犯罪的立法例，将基本犯的成立条件前置为对环境法益的具体危险犯，将结果要素规定为"足以严重污染环境"或"有严重污染环境的危险"，如果这一危险被现实化为实害结果，则以实害结果犯另行规定相对应的罪刑规范，这种立法例更加明确，也能够更清晰地反映罪责刑相适应原则，有利于司法和量刑的精确化。

（二）污染环境罪具体危险犯的域外经验

《德国刑法典》对污染环境犯罪的规定较为明确具体，例如第324条规定的水污染罪"擅自污染水体或其他使水质恶化者"〔1〕的构成要件明确规定了实害结果"使水质恶化",因此属于对环境法益实害犯的立法例;第324条a土地污染罪"违反行政法上之义务而投放、排入、逸放物质,而污染土地或致土地之其他有害性变更:足以生损害他人健康、动物、植物,或其他物品之重大价值或水体"〔2〕,该构成要件所要求的"有害性变更"结果为"足以……"的表述即为对双重法益具体危险犯的立法例;第325条空气污染罪兼具实害结果犯与行为犯属性,其中"违反行政义务而营运设施,特别是工厂设备或机具,导致空气品质之改变而致生损害设施以外之他人健康,或对动物、植物或物品有重大价值减损者"〔3〕为对双重法益的实害结果犯立法例,"违反行政义务而营运设施,特别是工厂或机械,将污染物质排放于设施之外的大范围空气中"〔4〕即为行为犯立法例,也有学者将其解释为"既未规定特定的危险,也没有规定实害结果"〔5〕,故而只能将其规定的危险解释为抽象危险;第325a条招致噪声、震动,以及非游离辐射罪的基本犯构成要件表述分别为"营运设施时,特别是工厂设备或机具,违反行政法上的义务招致噪声,而足以生设施领域外之他人健康之损害""营运设施时,特别是工厂设备或机具,违反行政法上避免受噪声、震动、非辐射性放射侵害的义务,而足以生他人健康之损害,他人之动物或物品之重大价值减损的危害"〔6〕均为具体危险犯的立法例,第326条危害环境之废弃物清理罪基本犯构成要件为"在受核准的设施外,或重大违反规定的或许可的程序,擅自对废弃物收集、运送、处理、利用、堆放、存放、排放、泄除、交易、中介,或是其他的经营……"〔7〕,由此可认为本罪的基本犯为行为犯;第328条未经允许处理核燃料、其他危险物质与物品罪对基本犯的构成要件规定为"未经必要之许可或违反可执行之禁令而制造、保存、运送、加工、处理或其他利用,输入、输出核燃料者"为行为犯的立法例,"未经必要之许可或违反可执行之禁令而制造、保存、运

---

〔1〕 《德国刑法典》,王士帆等译,元照出版公司2017年版,第408页。
〔2〕 《德国刑法典》,王士帆等译,元照出版公司2017年版,第408页。
〔3〕 《德国刑法典》,王士帆等译,元照出版公司2017年版,第409页。
〔4〕 《德国刑法典》,王士帆等译,元照出版公司2017年版,第410页。
〔5〕 苏永生、高雅楠:《论德国环境刑法中的危险犯》,载《中国地质大学学报(社会科学版)》2020年第1期。
〔6〕 《德国刑法典》,王士帆等译,元照出版公司2017年版,第410~411页。
〔7〕 《德国刑法典》,王士帆等译,元照出版公司2017年版,第414页。

送、加工、处理或其他利用，输入、输出其他放射性物质者，依其种类、特质或数量，而足以透过游离辐射致使他人死亡或重大之健康损害，或动物或植物、水体、空气或土地之重大损害者"[1]为具体危险犯的立法例。

从《德国刑法典》关于污染环境类犯罪的规定可以看出，其对此类犯罪的对象、行为、结果、危险程度均进行了明确、具体的规定，根据污染物的种类、犯罪对象的不同以及可能造成的危害程度规定了相对应的犯罪类型，呈现出极其细致的考量。对比我国刑法对污染环境罪的规定只有第338条，构成要件内容较为概括。德国《刑法》虽然在各个罪名中分别存在实害犯、具体危险犯、行为犯或抽象危险犯的规定，但能看出是出于对不同对象进行的不同考量，即便是行为犯或抽象危险犯的立法规定，也体现出对污染物种类、犯罪对象、危害后果的严格限制，是从立法上进行的危险拟制。在我国目前的刑法体例之下，虽然还无法作出如德国一样的精细化立法，但可以参考其对污染环境类犯罪法益保护阶段的设定，即以实害犯为基础，在此基础上进行一定程度的危险化前置，就我国污染环境罪立法的变更及社会现实而言，在保留实害犯规定的前提下，将法益保护阶段扩张至具体危险犯，使污染环境罪具有实害犯与具体危险犯双重属性，将结果要件前置为"严重污染环境"或"足以严重污染环境"，在立法例上采取以第330条妨害传染病防治罪为代表的实害犯与危险犯共存的形式最为适宜。

(三) 暂不增设抽象危险犯[2]的理由

诚然，也有学者基于法益保护的需要、刑法规范的目的、风险社会中法益保护前置化要求以及司法解释中已有抽象危险犯的规定等理由提出，应当在污染环境罪中增设抽象危险犯。[3]

抽象危险犯是对法益最早期的保护阶段规定，是在承认法益保护原则的前提下，对法益最严格的保护形式。但是抽象危险犯的设置同样有其弊端，相对于要求造成实害结果或危险结果的结果犯来说，抽象危险犯是典型的行为本位，更侧重于行为本身的危险性，而不以明确的结果要素对构成要件进行限定，这种立法例能够最大化地发挥刑法的预防功能，即在行为阶段即对

---

[1] 《德国刑法典》，王士帆等译，元照出版公司2017年版，第417页。
[2] 需要说明的是，本书在同等意义上理解行为犯与抽象危险犯。
[3] 姜文秀：《污染环境罪的抽象危险犯》，载《学术交流》2016年第9期。

行为作出否定评价,在前实定法的经验事实上所选取的阶段只到实行行为即可,至于后续是否发生危害后果、发生何种危害后果,都不是抽象危险犯的成立所考虑的问题,而是其加重犯需要进一步规制的内容。

虽然抽象危险犯迎合了当前社会发展的特征,回应了公民对公共安全的期待,同时也实现了对不安全感的安抚,但抽象危险犯的设置也无疑会使人人都处于可能触犯刑法的阴影当中。有学者指出,"一旦将污染环境罪设置为行为犯,虽然会减少企业污染环境的行为发生,但由于入罪门槛太低,企业稍微不慎可能就会'惹祸上身',为避免刑罚,企业很有可能在生产中缩手缩脚,甚至停滞不前,最终必将严重阻碍经济发展"。[1]现实中有一些民营企业在生产过程中不可避免地会产生污染物,但是企业营收效益本就较弱,又为当地就业提供了相当一部分工作岗位,相应的就有较大的劳动力成本支出,在环保设施的配备上为了降低生产成本而减少投入,若因此就将其视为污染环境罪的抽象危险犯,则企业首先可能无力支付巨额罚款,其次也无法继续经营,继而会造成工人失业、滋生更多的社会问题。正如在妨害传染病防治罪当中,如果不对结果要素加以限制,将"拒绝执行县级以上人民政府、疾病预防控制机构依照传染病防治法提出的预防、控制措施"的行为直接规定为妨害传染病防治罪,从逻辑上看的确有利于公众遵守传染病防治措施,但是对于低风险地区毫无感染可能性的人也严格实施居家隔离措施的要求,在实践上必然会影响正常经济社会运行的需要,这种"一刀切"的思路看似合理,但实则隐患重重。

也有学者指出,抽象危险犯的不合理适用正在因果关系判定这一环境污染刑事司法的必经程序之外另辟"捷径",在损害到个人法益与环境刑事司法公正的同时,更盲目扩大了环境犯罪的打击范围。[2]抽象危险犯的特殊性在于侧重行为本位,只要实施了刑法规范规定的相应行为,即可认定犯罪的成立,这种不需要证明结果和因果关系存在的判断模式,无疑从根本上解决了污染环境罪司法实践中的证明难题。把一个问题从"难以证明"转换为"不需证明",的确是釜底抽薪的解决方法。但同时也是对刑法谦抑性和最后性的

---

[1] 曾粤兴、周兆进:《污染环境罪危险犯研究》,载《中国人民公安大学学报(社会科学版)》2015年第2期。

[2] 王社坤、胡玲玲:《环境污染犯罪司法解释中抽象危险犯条款之批判》,载《南京工业大学学报(社会科学版)》2016年第4期。

挑战,这种解决问题的逻辑如果推而广之,看似是把复杂的问题简单化,但实际上却是对刑法保护范围的隐形侵蚀,使刑法逐渐丧失与行政法等前置法之间的界限。例如污染环境罪司法解释所列举的符合"严重污染环境"情形之一"通过暗管、渗井、渗坑、裂隙、溶洞、灌注等逃避监管的方式排放、倾倒、处置有放射性的废物、含传染病病原体的废物、有毒物质的"即可成立污染环境罪,则无法解释前置法中仅规定同样的行为应被施以罚款或行政处罚措施,司法实践中的确可能存在大量通过此类方式排污的情形,但是否不需要判断其法益侵害的实害性或危险性,直接将此类行为划入刑法规制的边界范围内,则是需要慎重思考的问题。

值得注意的是,2020年《刑法修正案(十一)》对第338条污染环境罪进行修正时,增设的第三档量刑规则中以立法的形式对特定的行为作出了规定,其中第1项"在饮用水水源保护区、自然保护地核心保护区等依法确定的重点保护区域排放、倾倒、处置有放射性的废物、含传染病病原体的废物、有毒物质,情节特别严重的"与第2项"向国家确定的重要江河、湖泊水域排放、倾倒、处置有放射性的废物、含传染病病原体的废物、有毒物质,情节特别严重的"的规定,反映出对特定地点所表征的环境法益的特殊保护。在讨论污染环境罪法益保护阶段的前置界限时,同时不能忽略环境法益的特殊性在于其与人类法益之间的关联,正如周光权教授所言:"唯有在与人有关联、涉及人的意义上理解本罪的保护法益,才能既不放纵犯罪,又能够准确把握《环境污染解释》第1条规定的实质,同时使得对本罪保护法益的讨论具有实践价值。"[1]这类与人类生存、生活联系紧密的环境法益当然具有较高程度的应受保护性,本质还是在于对人类法益具有较高的侵害危险性,如果将本罪的基本犯规定为危险犯,也必须将行为对象限定在特定的范围内,例如饮用水水源保护区、自然保护地核心保护区、国家确定的重要江河湖泊水域等,而不能在当前刑法规范宽泛化的环境要素基础上直接规定为抽象危险犯。

---

[1] 周光权:《污染环境罪的关键问题》,载《政治与法律》2024年第1期。

第四章

污染环境罪主观故意认定标准新探

第一节 污染环境罪的主观罪过之争

一、重大环境污染事故罪的主观罪过立场与理由

通说认为，原重大环境污染事故罪为过失犯。其过失表现为行为人对危害结果的心理态度，具体而言，是指行为人违反国家规定，实施向土地、水体、大气排放、倾倒、处置危险废物的行为时，对于这种行为造成重大环境污染事故的结果是过失，即应当预见但因疏忽大意而没有预见，或者表现为已经预见但轻信能够避免，以致造成重大环境污染事故的心理状态。[1]由于《刑法》第15条将"过失犯罪"规定为"应当预见自己的行为可能发生危害社会的结果，因为疏忽大意而没有预见，或者已经预见而轻信能够避免，以致发生这种结果的，是过失犯罪。过失犯罪，法律有规定的才负刑事责任"。但并非所有的犯罪都在构成要件中明确指出主观罪过的形式，在这种情况下，对于何为"法律有规定"的理解，在相当大的程度上决定了某一罪名的主观罪过形式。对"法律有规定"的理解包括"法律有明文的规定""法律有实质的规定"以及"法律有文理的规定"[2]，主张重大环境污染事故罪为过失犯罪的主要理由就是本罪构成要件中有"事故"这一符合"法律有文理规

---

[1] 陈明华主编：《刑法学》，中国政法大学出版社1999年版，第698页；赵秉志主编：《新刑法全书》，中国人民公安大学出版社1997年版，第1132页；杨春洗、向泽选、刘生荣：《危害环境罪的理论与实务》，高等教育出版社1999年版，第170~171页；尹常庆：《对重大环境污染事故罪的探讨》，载《环境导报》1997年第6期。

[2] 张明楷：《刑法学》，法律出版社2021年版，第369页。

定"的表述。

但是,对于重大环境污染事故罪的主观罪过依然存在不同的观点。例如有观点认为重大环境污染事故罪的主观方面只能是故意,即行为人明知其行为是违反国家环境保护法规规定的行为,仍然实施,过失不构成本罪。[1]也有观点认为重大环境污染事故罪的主观方面既可以是故意,也可以是过失。[2]其中一部分观点主张主要是过失,但不排除是故意,[3]另一部分观点主张主要是故意,但不排除是过失。[4]有的观点认为重大环境污染事故罪的主观罪过只能是间接故意,"即明知自己的行为会发生危害社会的结果,并且放任这种结果发生,因而构成犯罪。如果过失实施上述违法行为,不认为是犯罪"。[5]还有观点认为,本罪的主观方面包括故意、过失和无过失。[6]上述争论已经反映出对重大环境污染事故罪的主观罪过理解存在针对行为的主观故意与针对结果的主观故意的不同倾向,但是由于重大环境污染事故罪"法律有文理规定"的理由,上述争论对该罪主观罪过的影响并不显著。

二、污染环境罪主观罪过立场与评析

自 2011 年《刑法修正案(八)》将重大环境污染事故罪修改为污染环境罪之后,因"造成重大环境污染事故、致使公私财产遭受重大损失或者人身伤亡的严重后果的"要件被取消,对本罪主观罪过形态的争论演化得更加激烈。行为人违反国家规定,排放、倾倒或者处置有放射性的废物、含传染病病原体的废物、有毒物质或者其他有害物质的行为仍系故意为之,争论的焦点还是集中在如何理解"严重污染环境"这一构成要件要素,以及行为人主观上对"严重污染环境"所持有的主观罪过内容。

---

[1] 周道鸾、单长宗、张泗汉主编:《刑法的修改与适用》,人民法院出版社 1997 年版,第 691 页;刘仁文:《环境资源保护与环境资源犯罪》,中信出版社 2004 年版,第 295 页。

[2] 张穹主编:《刑法适用手册》,中国人民公安大学出版社 1997 年版,第 1201 页;高西江主编:《中华人民共和国刑法的修订与适用》,中国方正出版社 1997 年版,第 717 页;付立忠:《环境刑法学》,中国方正出版社 2001 年版,第 278 页;郭建安、张桂荣:《环境犯罪与环境刑法》,群众出版社 2006 年版,第 324 页。

[3] 蒋兰香:《环境刑法》,中国林业出版社 2004 年版,第 106 页。

[4] 张穹主编:《新刑法罪与非罪此罪与彼罪的界限》,中国检察出版社 1998 年版,第 368 页。

[5] 韩德培主编:《环境保护法新教程》,法律出版社 2003 年版,第 123 页。

[6] 向泽选:《危害环境罪的概念及行政属性》,载《法商研究》1997 年第 6 期。

理论上激烈的主观罪过立场之争导致司法实践的认定不一，有学者在2015年通过实证研究发现，在304例污染环境罪样本中，有248例未在判决书中明确犯罪的主观方面，明确认定污染环境罪主观方面为过失的样本有5例，认定为故意的样本有6例，反映出实践中法官对该罪主观方面要么大量采取回避态度，要么出现认定不一致的情况。[1]因此，污染环境罪的主观罪过形式面临着理论与实践的双重拷问。

实际上，对污染环境罪主观罪过的厘清同样不能脱离污染环境罪保护法益内容与犯罪类型的分析，污染环境罪法益保护的早期化意味着只能围绕该罪的保护法益即环境安全来确定其责任形式。[2]在不同的法益观及法益立场下，对"严重污染环境"背后犯罪类型的不同解读，都会影响本罪主观内容的判断，仅仅以《刑法》第15条第2款之"法律有规定"来判断污染环境罪是否仍为过失犯罪未免仍流于形式，没有对本罪属性进行更深层的解释，因此始终停留在各执一词、无法达成共识的局面。

（一）过失说

主张污染环境罪的主观罪过为过失的观点认为："行为人应当预见自己排放、倾倒或者处置有害物质的行为可能造成环境严重污染的后果，因为疏忽大意而没有预见，或者已经预见而轻信能够避免。"[3]

过失说的主要理由如下：（1）故意与过失的本质区别在于行为人对危害结果所持的主观心理态度，而不是行为人对行为本身的心理态度，在过失犯罪尤其是行政犯中，行为人实施违法行为往往持故意心理，但其对犯罪结果的发生所持的却是过失的心理；[4]（2）污染环境罪的法定刑没有发生变化，符合我国《刑法》关于过失犯罪法定刑的设定原则，如果将本罪确定为故意，不仅与其7年的法定最高刑不相匹配，而且达不到降低入罪门槛、有效惩治环境污染犯罪的修法目的；[5]（3）本罪的对象与投放危险物质罪的对象相

---

[1] 晋海、王颖芳：《污染环境罪实证研究——以中国裁判文书网198份污染环境罪裁判文书为样本》，载《吉首大学学报（社会科学版）》2015年第4期。

[2] 黄旭巍：《污染环境罪法益保护早期化之展开——兼与刘艳红教授商榷》，载《法学》2016年第7期。

[3] 高铭暄、马克昌主编：《刑法学》，北京大学出版社、高等教育出版社2017年版，第585页。

[4] 赵秉志主编：《刑法修正案（八）理解与适用》，中国法制出版社2011年版，第405页。

[5] 赵秉志主编：《刑法修正案（八）理解与适用》，中国法制出版社2011年版，第405页；王志祥主编：《〈刑法修正案（八）〉解读与评析》，中国人民公安大学出版社2012年版，第457页。

同，如果本罪为故意犯罪，则与投放危险物质罪没有分别，致使本罪没有存在的余地，而投放危险物质"尚未造成严重后果的，处 3 年以上 10 年以下有期徒刑"，与本罪的法定刑极不协调，说明本罪只能是过失犯罪；[1] (4) 由于故意与过失之间具有规范上的层级关系，认为本罪的罪过形式为过失，并不意味着故意实施的不构成本罪，而是强调司法机关证明行为人至少具有过失即完成证明责任，相反，如果认为本罪的罪过形式为故意，则意味着对于过失排放、倾倒、处置污染物而严重污染环境的行为，在《刑法修正案（八）》以前尚能以重大环境污染事故罪定罪处罚，而强调严惩环境污染犯罪的今天，反而不能构成环境污染犯罪，这显然有违立法机关的修法初衷。[2]

上述理由主要从行为人对"结果"所持的主观态度、污染环境罪的法定刑没有变化、污染环境罪与投放危险物质罪的对比以及故意与过失之间具有层级关系几个角度，主张污染环境罪的主观罪过应当仍为过失。

但是对上述理由逐个深入分析之后则发现存在下列疑问：第一，从法条的表述来看，污染环境罪的构成要件已经从重大环境污染事故罪所要求的双重结果修改为单一结果，作为构成要件的结果已经发生了变化，此时赖以确定主观罪过的"结果"内容是什么？第二，刑法的立法原理是根据某种犯罪的犯罪构成来推导出合适的法定刑幅度，而不是先定出某种犯罪的法定刑幅度，然后根据法定刑来逆推该种犯罪的犯罪构成，包括具体的犯罪构成要件。[3] 法定刑的设置是罪责刑相适应原则的体现，但是污染环境罪的修改在于降低入罪门槛，将原本不构成犯罪的行为纳入刑法规制范围之内，故意与过失的确存在可谴责程度的区别，但是否可以从法定刑来倒推某一犯罪是故意还是过失？例如代替考试罪为故意犯罪，但法定刑仅为拘役或者管制，并处或者单处罚金，又如危险驾驶罪为故意犯罪，但法定刑也仅为拘役并处罚金，是否意味着代替考试罪和危险驾驶罪各自的罪刑规定与其故意犯的性质不相适应？而且在 2020 年《刑法修正案（十一）》出台之后，由于增设了第三档法定量刑幅度"7 年以上有期徒刑"的情形，污染环境罪的法定最高刑也从原本的 7 年提高到 15 年，由法定刑倒推罪过形态的理由更加难以立足。

---

[1] 姜俊山：《论污染环境罪之立法完善》，载《法学杂志》2014 年第 3 期。

[2] 陈洪兵：《模糊罪过说之提倡——以污染环境罪为切入点》，载《法律科学（西北政法大学学报）》2017 年第 6 期。

[3] 姜文秀：《污染环境罪的主观心态》，载《国家检察官学院学报》2016 年第 2 期。

第三，污染环境罪与投放危险物质罪之间的关系并未得到厘清，如果二者的区别只在于主观罪过上，那么持过失说的论者则必须回答污染环境罪与过失投放危险物质罪之间的区别何在？第四，故意与过失之间是否具有层级关系是一个基础性问题，所有的过失犯罪的确均有与其相对应的故意犯罪，但是否因此就可以对罪过不加区分，进一步认为只要过失能构成的犯罪，故意也一定可以构成？照此逻辑，刑法分则中不需要分别规定故意与过失，所有的过失犯罪都可以默认由故意罪过构成也可以直接构成本罪。此外，"至少有过失"并不是支持过失说的理由，而是支持下文混合罪过说的理由。

（二）故意说

主张污染环境罪的主观罪过为故意的观点主要有两种表述形式：第一种为行为人明知自己的行为可能发生污染环境的结果，并且希望或者放任这种结果发生[1]；第二种为明知违反国家规定，仍有意实施排放、倾倒或者处置有放射性的废物、含传染病病原体的废物、有毒物质或者其他有害物质行为的主观心理态度。[2]很明显，第一种表述重在考察对"结果"的主观心态，而第二种表述重在考察对"行为"的主观心态。之所以会出现同一立场下的不同表述形式，原因还是在于对"严重污染环境"的理解不同。从重大环境污染事故罪到污染环境罪，行为人在实施污染环境的行为时主观心态为故意不存在争论，存在争论的是对结果的心态是什么。而修改后"严重污染环境"的构成要件表述究竟意味着本罪对结果的要求从双重结果变为单一结果，还是从双重结果变为对行为程度的要求，关系到不同的主观心态评价对象是"结果"还是"行为"，而二者都可被涵摄在广义的"危害社会的结果"之下，背后是结果犯与行为犯不同立场的表达。

故意说的主张主要建立在第 338 条构成要件的修改以及对过失说的批判之上。理由如下：（1）刑法以处罚故意为原则，以处罚过失为例外，过失犯罪必须符合"法律有规定的"要求，但是污染环境罪的构成要件中既没有关于过失的明文规定，也删除了"事故"这一表述的"文理规定"，既然缺乏处理过失犯的文理根据，就必须遵守罪刑法定原则，认为本罪只能由故意构

---

[1] 参见张明楷：《刑法学》，法律出版社 2021 年版，第 1488 页。
[2] 陈兴良：《规范刑法学》，中国人民大学出版社 2013 年版，第 1007 页。

成。[1] (2) 按照责任主义原理以及刑法的基本原则，将某种犯罪确定为过失犯罪时，以存在对应的故意犯罪为前提，如果将污染环境罪确定为过失犯罪，以存在对应的污染环境罪的故意犯罪为前提。否则，就会出现刑法只规制过失的污染环境罪而不规制故意的污染环境罪的状况。[2] (3) 污染环境罪的结果要素为"严重污染环境"，行为人在违反国家规定排放、倾倒或者处置有害物质的行为时，对严重污染环境的结果显然是可以预见并且存在希望或者放任的意志要素的。[3] (4) 我国《刑法》第25条规定："共同犯罪是指二人以上共同故意犯罪。"因此，若将其认定为过失，则无法解决污染环境共同犯罪的问题。[4]

相对于过失说的立场与理由，故意说的理由更忠于刑法规范，从刑法分则的条文规定、责任主义原理以及行为人对结果的认识和意志因素出发进行论证。故意说必须回答的问题直接关涉到污染环境罪的犯罪类型，即污染环境罪究竟是结果犯还是行为犯，犯罪类型决定了"结果"的内容，从而决定了行为人对"危害社会的结果"的认识与意志内容。如果认为污染环境罪是行为犯，"严重污染环境"是对行为程度的描述，那么污染环境罪的主观罪过只能是故意；如果认为污染环境罪是结果犯，又需要区分"结果"的内容，基于过失犯的危险犯应当具有法律的明文规定，并且以故意犯的危险犯为立法前提，我国刑法中并不存在过失犯的危险犯[5]，因此只有在确认污染环境罪为实害结果犯的前提下才有过失犯存在的余地，但是有过失犯存在的余地不等于就能确定污染环境罪是过失犯罪，只是在这种前提下才有讨论过失犯的可能性，否则根本不需要讨论污染环境罪的主观罪过是否包括过失形态。

（三）复杂罪过说

无论故意说还是过失说，都是在传统罪过二分法中"单一罪过说"范畴内的争论。依据"单一罪过说"，污染环境罪的罪过形式只能是故意或过失二

---

[1] 张明楷：《污染环境罪的争议问题》，载《法学评论》2018年第2期。
[2] 姜文秀：《污染环境罪的主观心态》，载《国家检察官学院学报》2016年第2期。
[3] 姜文秀：《污染环境罪的主观心态》，载《国家检察官学院学报》2016年第2期。
[4] 穆斌：《生态环境的法益观研究》，载《中国政法大学学报》2020年第3期。
[5] 陈兴良：《过失犯的危险犯：以中德立法比较为视角》，载《政治与法律》2014年第5期。

者之一,故意与过失之间是非此即彼的关系。[1]但是若将污染环境罪主观罪过认定为故意,则因过失导致"严重污染环境"的行为不受刑法规制;若认为污染环境罪的主观罪过仍为过失,则故意导致"严重污染环境"的行为同样无法被认定为污染环境罪,只能在造成重大损害时被认定为投放危险物质罪或以危险方法危害公共安全罪,势必造成处罚漏洞。因此,在故意说与过失说二元罪过立场的争论之外,还有观点主张污染环境罪的罪过形式为复杂罪过,具体表述不同,包括:复合罪过说、模糊罪过说、混合罪过说、择一罪过说。

1. 复合罪过说

储槐植教授将"复合罪过说"分为"明示的复合罪过说"与"实含的复合罪过说"两类。[2]其中,"明示的复合罪过说"是基于刑事政策的需要,立法机关明确将某些没必要区分具体罪过形式的犯罪直接规定为复合罪过犯罪[3],此处所谓的"复合"指故意与过失均可,由立法机关在刑法规范中明文规定,不需要区分故意与过失,在三阶层犯罪论的框架下,只要证明行为人有责即可,责任程度并不影响犯罪成立与否。"明示的复合罪过说"实际上如同司法实践的多数判决一样,采取了对主观罪过具体认定的回避态度,但其最终无法回答因故意与过失的责任程度差异所导致的量刑问题应如何解决。"实含的复合罪过说"是指立法机关将某些实践中难以区分或根本不可能区分具体罪过形式的犯罪隐含地规定为复合罪过犯罪,罪过形式是间接故意与轻信过失之复合。[4]"实含的复合罪过说"与"明示的复合罪过说"立场并不完全相同,"实含的复合罪过说"是基于间接故意与轻信过失难以区分,从而直接采取了不予区分的方式,将其视为类似于英美刑法中的"轻率",作为与直接故意、疏忽过失并列的第三种罪过形式。但是污染环境罪的罪过形式难以采用"明示的复合罪过说",因为立法机关并未在刑法规范中明确本罪

---

[1] 苏永生:《我国刑法中的择一罪过立法反思》,载《法商研究》2018年第4期。

[2] 储槐植、杨书文:《再论复合罪过形式:兼谈模糊认识论在刑法中的运用》,载《刑事法评论》2000年第2期。

[3] 储槐植、杨书文:《再论复合罪过形式:兼谈模糊认识论在刑法中的运用》,载《刑事法评论》2000年第2期。

[4] 储槐植、杨书文:《再论复合罪过形式:兼谈模糊认识论在刑法中的运用》,载《刑事法评论》2000年第2期。

主观罪过为故意与过失的复合，而"实质的复合罪过说"也不能解决"单一罪过说"所面临的实践问题，反而在判断污染环境罪的主观罪过时，将原本的故意说与过失说二者之间的争论，变成了直接故意、复合罪过、疏忽过失三者之间的讨论，甚至在一定程度上加重了问题的复杂程度。

2. 模糊罪过说

主张模糊罪过说（也称"至少过失说"）的学者认为："无论有意排污还是因疏于管理发生污染物泄漏而过失污染环境，只要行为人对可能发生严重污染环境的结果具有预见可能性，即满足污染环境罪的主观要件。"[1]某些特殊罪名的主观罪过可认定为模糊罪过，原因在于实践中难以区分故意与过失，且立法者认为这种区分在量刑上没有意义。[2]"模糊罪过说"的重点仅在于判断行为人对"严重污染环境"具有预见可能性，既不要求已经预见，也不要求具有追求或放任的意志。从理论来看，故意和过失具有规范的层级关系，故意比过失具有较高程度的不法和罪责，因此，故意和过失之间可以进行选择认定。[3]将本罪的罪过形式的下限限定为疏忽过失，并不意味着故意实施污染环境的行为不构成本罪，而是强调司法机关证明行为人的主观犯意为过失即完成证明责任。[4]该说认为，法定犯中"严重后果""重大损失"之类的结果要素的功能，仅在于限制刑罚处罚范围，是我国"立法定性又定量"的立法模式以及刑罚与行政处罚二元处罚模式的特殊体现。[5]模糊罪过说的基本立场在于"只要行为人对可能发生严重污染环境的结果具有预见可能性"即可，只要确定行为人对实施的行为具有最低程度的罪过——疏忽过失，当行为人主观罪过为在此程度之上的自信过失、间接故意、直接故意自然也可成立本罪。模糊罪过说的问题在于，实际上将罪过难以认定的问题，直接简化为不必认定，只要能证明行为人有责任即可，而不涉及对责任程度的区分。这种将复杂问题简单化的做法的确能从实际上降低主观罪过的证明

---

[1] 陈洪兵：《模糊罪过说之提倡——以污染环境罪为切入点》，载《法律科学（西北政法大学学报）》2017年第6期。

[2] 陈洪兵：《模糊罪过说之提倡——以污染环境罪为切入点》，载《法律科学（西北政法大学学报）》2017年第6期。

[3] 许玉秀：《当代刑法思潮》，中国民主法制出版社2005年版，第292页。

[4] 叶良芳：《"零容忍"政策下污染环境犯罪的司法适用》，载《人民司法》2014年第18期。

[5] 陈洪兵：《模糊罪过说之提倡——以污染环境罪为切入点》，载《法律科学（西北政法大学学报）》2017年第6期。

责任，也能够扩大处罚范围，但其以"故意与过失的区分在量刑上没有意义"为由而不予区分的主张的正当性值得怀疑，故意与过失代表着两种程度不同的责任形态，根据罪责刑相当原则，责任程度的区分在量刑上并非没有意义，在其他客观条件相同的情形下，故意比过失具有更重的可谴责性。

3. 混合罪过说

主张混合罪过说的学者认为污染环境罪的主观方面既包括故意，也包括过失[1]。其从立法原意的角度分析，认为"本次修正某种意义上正是为了矫正刑法对原重大环境污染事故罪主观罪过的认识偏差，这也就不难探明立法者的立法原意在于：使经过修正后的污染环境罪的主观方面既包括故意，也包括过失"。[2]从文义解释的角度分析，"既然该条没有明确规定污染环境罪的罪过形式，那么就不能排除该罪的罪过形式既可能是过失也可能是故意，并且从文义上看，行为人完全可能放任'严重污染环境'之结果的发生，甚至可能积极追求这一结果"。[3]混合罪过说不同于明示的复合罪过说，其法条中并没有明示本罪的主观方面既包括故意，也包括过失；同时，混合罪过说与实质的复合罪过说和模糊罪过说也有区别，混合罪过说认为污染环境罪的主观方面包括了故意与过失，但不涉及间接故意与自信过失共同组成的第三种罪过——"轻率"的构建，也不涉及通过降低对结果的认识与意志程度实现归责，只是主张无论故意还是过失都成立本罪，即只要确定有责任即可，责任程度在所不论。混合罪过说的主张虽然符合司法实践中行为人事实上可能存在的主观罪过形态，但是以立法原意为理由未免过于牵强，立法原意是为了降低入罪门槛，但并未明确是为了矫正刑法对重大环境污染事故罪的主观认识偏差；从文义解释看，对过失的认定必须符合"法律有规定的"才成立过失犯罪的充分条件的描述，而不能使用"法律没有规定"则不排除罪过形式可能为过失或故意的推演逻辑，否则刑法中所有未特别规定主观罪过的罪名都意味着不排除罪过形式可能为故意或过失，明显运用了两种逻辑并非

---

[1] 汪维才：《污染环境罪主客观要件问题研究——以〈中华人民共和国刑法修正案（八）〉为视角》，载《法学杂志》2011年第8期。

[2] 汪维才：《污染环境罪主客观要件问题研究——以〈中华人民共和国刑法修正案（八）〉为视角》，载《法学杂志》2011年第8期。

[3] 苏永生：《污染环境罪的罪过形式研究——兼论罪过形式的判断基准及区分故意与过失的例外》，载《法商研究》2016年第2期。

完全契合的正反逻辑模式,这一理由本身就存在逻辑误区。

4. 择一罪过说

择一罪过说认为,对于污染环境罪这种罪过形式不明的犯罪,行为人对污染环境的行为无疑持有故意,但对"严重污染环境"的结果既可能持有过失,也可能持有故意。[1]"择一罪过说"的基本内容包括两个方面:从规范层面看,一个具体犯罪的罪过形式既可以是故意,也可以是过失,且故意与过失之间属于"择一"关系;从事实层面看,一个具体犯罪的罪过形式到底是故意还是过失是不确定的,只有借助案件事实才能最终确定。[2]择一罪过说的立场是,虽然污染环境罪没有明确规定主观罪过形式,但在规范上应视为故意与过失均成立的犯罪,即本应区分为故意污染环境罪与过失污染环境罪,至于最终应认定为故意还是过失则是一个事实问题,需要在具体案件中进行区分。由此来看,"择一罪过说"最终坚持的实际上是"单一罪过说"而非复杂罪过说。在"择一罪过说"的立场下,故意与过失可以区分,且应当区分,在具体案件中,污染环境罪最终的罪过形式仍然是故意与过失二选一。《德国刑法典》对危害环境的犯罪多采用择一罪过说的立法例,在刑法规范中即明确表明本罪既可由故意构成,也可由过失构成,且为二者各自设定了相区分的法定刑幅度。例如《德国刑法典》第 324 条第 2 款规定的故意犯罪的刑罚为"5 年以下自由刑或罚金",第 3 款规定过失犯罪的刑罚为"3 年以下自由刑或罚金刑",在规范层面体现了对罪责刑相一致原则的遵守。

上述几种复杂罪过形式中,"择一罪过说"实际上应列入"单一罪过说",是在规范层面区分故意污染环境罪与过失污染环境罪之后,根据事实上的主观罪过认定,在规范分析阶段即通过实质上的罪名分立形式完成了主观罪过扩张的任务。而复合罪过说中的"明示的复合罪过说"[3]与"混合罪过说"的共同点在于均认为基本犯包括故意与过失,只是对二者不加区分,虽然坚持罪责原则,但不区分罪责程度。"实含的复杂罪过说"讨论的并非污染环境罪的主观罪过应当为故意还是过失,而是就间接故意与自信过失难以区分的问题提出了第三种罪过——轻率,这实际上增加了问题的复杂程度,即在此

---

〔1〕 苏永生:《我国刑法中的择一罪过立法反思》,载《法商研究》2018 年第 4 期。

〔2〕 苏永生:《我国刑法中的择一罪过立法反思》,载《法商研究》2018 年第 4 期。

〔3〕 当然在污染环境罪中使用"明示的复合罪过说"并不恰当,因为污染环境罪的主观罪过并没有规范上的"明示"。

基础上需要回答，污染环境罪的主观罪过应为直接故意、轻率、还是疏忽过失？"模糊罪过说"的典型特征是将复杂问题简单化，不考虑行为人对行为的主观心态，也不考虑行为人对结果的明知程度与意志因素，只需要行为人对结果具有预见可能性即可，但这一立场并没有回答传统罪过形式二分法下本罪最终应以故意还是过失认定。

此外，复杂罪过说无法回避的问题是：第一，在我国传统的罪过形式二分法模式下，若不区分故意与过失，如何处理共同犯罪的问题？第二，故意与过失的责任程度有本质上的区别，是否可以因为污染环境罪是法定犯，重在对客观行为与结果的规制，就可以忽略罪责刑相适应原则？虽然有观点以《刑法》第398条同时规定了故意泄露国家秘密罪与过失泄露国家秘密罪的立法例为由主张复杂罪过的存在，但该条是我国刑法分则中最为特殊的一条，本身就存在合理性争议，例如高铭暄教授认为，本条文将故意与过失并列在一起，并标明了"故意"或"过失"一词，虽然避免了有关泄露国家秘密的犯罪之主观方面是故意还是过失的争论，但这种将故意和过失泄露国家秘密罪规定在同一法条，并且规定完全相同的法定刑的做法并不妥当。[1]刘明祥教授认为，故意犯罪的社会危害性明显大于过失犯罪，行为人的主观恶性程度也更重一些，法定刑也应更高一些才合适。由此可见，在同一条文中如果既规定故意犯罪又规定过失犯罪，不仅要尽可能标明"故意"与"过失"的字样，而且有必要将两者分开来作规定（分为不同的款项），规定轻重有别的法定刑。[2]而且，就《刑法》第398条而言，这种罪过形式的规定是刑法典中的例外，以特殊的例外作为论据，并没有足够的说服力，也无法回应违背罪责刑相适应原则的质疑。

三、传统罪过理论下故意与过失的关系辨析

（一）以刑法规范为依据的故意与过失的确定原则

《刑法》第14条第2款规定："故意犯罪，应当负刑事责任。"第15条第2款规定："过失犯罪，法律有规定的才负刑事责任。"上述两款规定表明，

---

〔1〕 高铭暄主编：《刑法专论》，高等教育出版社2006年版，第849页。
〔2〕 刘明祥：《论我国刑法总则与分则相关规定的协调》，载《河南省政法管理干部学院学报》2007年第5期。

刑法以处罚故意犯罪为原则，以处罚过失犯罪为例外；分则条文仅描述客观构成要件、没有规定责任形式的犯罪，只能由故意构成；只有当"法律"对处罚过失犯罪"有规定"时，才能将该犯罪确定为过失犯罪。[1]当然，不是所有犯罪都像故意杀人罪规定"故意杀人的……"和过失致人死亡罪规定"过失致人死亡的……"明确了该罪的罪过形式。根据上述故意与过失的刑法规范规定，污染环境罪并没有明确主观罪过为故意还是过失，则应当认为，既然没有关于过失的例外规定，就应以故意的原则作为主观罪过内容，即从规范的逻辑分析来看，污染环境罪应当为故意犯罪。虽然持模糊罪过说的学者主张"既然该条没有明确规定污染环境罪的罪过形式，那么就不能排除该罪的罪过形式既可能是过失也可能是故意"[2]，但这一立场所采用的理由明显存在逻辑问题，忽视了刑法总则关于过失的认定前提为"法律有规定的"，而不能通过"法律没有规定"的反向逻辑推导出故意与过失均可的结论。

还有观点以《刑法》第3条"法律明文规定为犯罪行为的，依照法律定罪处刑"的规定否认第15条第2款的意义，认为"刑法是否明确规定某一犯罪的罪过形式是故意还是过失也显得无关紧要，只要实际上证明行为人对刑法规定的危害结果持有故意或过失就足矣"。[3]然而《刑法》第3条并不能否认第15条第2款，因为相对于过失犯而言，只有"法律有规定"即分则法条规定了某罪可以由过失构成时，才符合第3条所称的"法律明文规定为犯罪行为的"的情形。如果不存在"法律有规定"的文理根据，就不能以行为符合第3条前段为由，直接处罚过失犯。如若认为《刑法》第15条第2款已经丧失意义，就意味着任何犯罪都可以由过失构成，这明显不符合罪刑法定原则。[4]刑法分则中所有描述犯罪构成的罪状都符合《刑法》第3条"法律明文规定为犯罪行为"的要求，如果以此认为《刑法》第3条可以否定第15条第2款，那么刑法分则中所有的犯罪的罪过形式也都无关紧要了，但是主观罪过不仅是决定责任程度的要素，在一些犯罪中也是决定犯罪是否成立的

---

[1] 张明楷：《罪过形式的确定——刑法第15条第2款"法律有规定"的含义》，载《法学研究》2006年第3期。

[2] 苏永生：《污染环境罪的罪过形式研究——兼论罪过形式的判断基准及区分故意与过失的例外》，载《法商研究》2016年第2期。

[3] 苏永生：《污染环境罪的罪过形式研究——兼论罪过形式的判断基准及区分故意与过失的例外》，载《法商研究》2016年第2期。

[4] 张明楷：《污染环境罪的争议问题》，载《法学评论》2018年第2期。

要素。这种观点的产生可溯源于两个误区：其一在于刑法分则有些条文中只有对客观构成要件的描述，而没有明确主观罪过的形式，这就给主观罪过内容的争议留下了空间；其二，认为没有明确主观罪过内容的犯罪即意味着不能排除两种罪过形态均有的观点背后是对作为大前提的规范与作为小前提的案件事实的混淆，行为人的确可能基于不同的主观罪过形式实施同样的行为，但是刑法规范并非仅以行为作为处罚依据，行为只是构成要件符合性层面的内容，主观罪过形式决定了行为人是否有责以及责任的轻重。例如故意毁坏财物罪只处罚主观罪过为故意毁坏财物的犯罪行为，主观为过失而实施的毁坏财物的行为就不以犯罪论处。因此，从刑法规范关于故意与过失规定的原则性规定出发，污染环境罪也应以处罚故意犯为原则，至于是否处罚过失犯，需要通过分析是否符合"法律有规定"加以确认。

　　在过失的确定原则上，理论已经在"法律有明文规定的"文义解释基础上，极大限度地拓展了"法律有规定的"基本含义，认为"法律有规定的"还包括"法律有文理的规定"以及"法律有实质的规定"〔1〕。其中，"法律有文理的规定"是获得普遍认同的一种主张，即法律条文虽然没有"过失""疏忽""失火"之类的"明文规定"，但根据具体条文的文理，能够合理认为法律规定了过失犯的构成要件时，就属于"法律有规定"，因而处罚过失犯。〔2〕在讨论原重大环境污染事故罪的主观罪过时，法律也没有明文规定该罪为过失犯罪，但是由于其有"事故"的表述，也认为其属于"法律有规定"的过失犯罪，因为在日常用语中，"事故"一般是指过失或者意外造成的事件〔3〕。但是"法律有实质的规定"立足于刑法的法益保护目的，为了实现刑法分则条文的法益保护目的，只要有必要处罚过失行为，即使没有"明文规定"，也应认定为"法律有规定"，但是这一主张存在架空罪刑法定主义、导致过失犯处罚的恣意性。〔4〕实际上，在污染环境罪的刑法分则罪状表述已

---

〔1〕　张明楷：《罪过形式的确定——刑法第 15 条第 2 款"法律有规定"的含义》，载《法学研究》2006 年第 3 期；张明楷：《刑法学》，法律出版社 2021 年版，第 369 页。

〔2〕　张明楷：《刑法学》，法律出版社 2021 年版，第 369 页；张明楷：《罪过形式的确定——刑法第 15 条第 2 款"法律有规定"的含义》，载《法学研究》2006 年第 3 期。

〔3〕　张明楷：《罪过形式的确定——刑法第 15 条第 2 款"法律有规定"的含义》，载《法学研究》2006 年第 3 期；张明楷：《刑法学》，法律出版社 2021 年版，第 369 页。

〔4〕　张明楷：《罪过形式的确定——刑法第 15 条第 2 款"法律有规定"的含义》，载《法学研究》2006 年第 3 期；张明楷：《刑法学》，法律出版社 2021 年版，第 369 页。

经进行修改的情况下,主张污染环境罪为过失犯所依据的规范理由只能是"法律有实质的规定",以法益保护目的或实质的处罚根据为由,将侵害法益的过失行为也纳入处罚范围,这样一来在主观罪过方面也可以起到"降低入罪门槛"的目标。

(二) 故意与过失之间的关系

从复杂罪过说提出的各种立场来看,符合污染环境罪构成要件的行为在事实上的确存在故意与过失两种情形,在《刑法》第338条并未明确区分故意污染环境罪与过失污染环境罪的情况下,如何解决规范上故意与过失两种罪过并存的问题,需要从是否需要区分故意与过失、是否承认至少有过失即可这两个问题入手进行探究,而这两个问题又可以归结为对故意与过失之间关系的剖析。

1. 故意与过失之间是非此即彼的关系

认为故意与过失是对立关系的德国学者指出:"过失不是故意的减轻形式,而是与故意不同的概念。与对应的故意犯罪相比,过失犯罪行为的不法内容与责任内容较轻。因为在过失情况下,行为人对法秩序的要求的违反不是有意识,而是因为不注意。因此,就同一事实而言,故意和过失是相互排斥……过失构成要件不允许作为证据不充分时的'兜底构成要件'来适用,做出有罪判决时,必须明确认定过失的前提条件。"[1]在我国传统的罪责分类体系下,故意与过失是责任的两种形式,责任的有无和责任的轻重是两个问题,在责任的有无问题上,故意与过失罪过的存在表征着行为人"有责",在责任的轻重上,故意与过失的区分表征着行为人责任的轻重,因此二者是非此即彼的关系。此外,共同犯罪要求"二人以上共同故意犯罪",在这个意义上,故意与过失的区分对于共同犯罪的认定及共犯人责任轻重的区分也具有重要作用。

2. 故意与过失之间是位阶关系

然而,不得不承认的是,刑法规范中的确存在行为人对"危害社会的结果"罪过不明的情况,这种不明源于证明上的困境,主要体现在两个方面:其一,行为人在对结果有认识的情况下,意志上是放任还是轻信能够避免,在一些案件中并不能够被清晰地界定,这在规范上就呈现为间接故意与过于

---

[1] 转引自张明楷:《论表面的构成要件要素》,载《中国法学》2009年第2期。

自信的过失难以区分的理论争议；其二，行为人是否对结果有认识，也并非在所有案件中均能被清晰地证明，若以无法证明为由直接排除行为人的责任则难免存在处罚漏洞，而能够证明的是行为人对结果的预见可能性，这也是最低程度的罪责要求，通过认识与意志因素的主观心态反映出的罪责程度，在规范上就体现为疏忽大意的过失与过于自信的过失、故意之间是否可被视为位阶关系的讨论。

德国的主流观点认为，故意和过失处于一种位阶关系，即在不清楚一个行为是出于故意还是出于过失时，根据存疑时有利于被告人的原则，能够认定为过失犯罪。但这并不是说，故意概念中包含了过失的要素，一个放任结果发生的人，不可能轻信可以避免结果的发生；一个明知结果发生的人，不可能没有预见结果的发生，但不能据此否认故意与过失之间的规范性位阶关系。亦即与过失相比，对故意的要求更多。[1]当案件事实表明行为人至少有过失，但又不能证明行为人具有故意时，当然只能以过失犯论处。[2]该理论运用的前提是：存在两个关联的故意犯罪和过失犯罪，而且事实无法查明、主观责任无法认定，为了填补可能产生的漏洞，运用表面的责任要素理论。但是污染环境罪的罪过形式问题，原本就不存在故意污染环境罪和过失污染环境罪；采用过失说所产生的故意污染环境行为无法处理的问题，是因为其曲解法条产生的漏洞，不是因为案件事实不清产生的。[3]因此，故意与过失之间是位阶关系的主张是在事实难以查明、主观责任无法认定的情况下提出的理论，而非从规范的角度认为过失是故意的下位概念。

因此，污染环境罪的主观罪过应当为故意还是过失，与故意和过失之间的关系是两个问题。第一个问题是规范层面的探讨，即确认污染环境罪主观罪过形式的应然性；第二个问题是事实层面的探讨，即承认事实上存在故意与过失两种主观罪过形式，从刑法目的的立场出发认为两者均具有应受刑罚惩罚性，但是在具体的罪名和案件中，行为人对"危害社会的结果"必然存在一个主观心态，可能是故意也可能是过失，即便是难以区分的间接故意与过于自信的过失，在理论上也具有区分可能性。故意与过失是责任的两种表

---

[1] 杨宁、黎宏：《论污染环境罪的罪过形式》，载《人民检察》2013 年第 21 期。

[2] 张明楷：《论表面的构成要件要素》，载《中国法学》2009 年第 2 期。

[3] 杨宁、黎宏：《论污染环境罪的罪过形式》，载《人民检察》2013 年第 21 期。

现形式，从责任程度的区别而言，二者的确有着轻与重的位阶关系，只是由于事实上的主观罪责证明存在困难时，为了填补因主观不明而无法定罪的情况，即确认行为人有责任，但不具体认定责任程度，根据"存疑有利于被告"的原则，只要能够证明行为人对结果具有预见可能性，即存在最低程度的疏忽过失，即认为成立本罪。在此基础上，若事实上能够证明行为人对结果已经预见但轻信能够避免，则成立自信过失；若事实上能够证明行为人对结果具有认识和追求或放任的态度，则成立直接故意或间接故意。但使用这种位阶关系时需要避免一种混淆，即故意并不能包含过失，所谓的"位阶"是从主观罪过认定时的认识与意志因素出发作出的区分，在故意犯罪中，同时要求行为人对结果具有认识且希望或放任的意志；在过失犯罪中，需要行为人已经预见到但轻信能够避免，或者具有最低程度的过失，即具有预见可能性，但因疏忽大意而没有预见。故意犯罪与过失犯罪在意志因素方面，具有本质上完全相反的内容，但在认识因素方面，两种主观罪过之间却能够实现一定的连接，就认识程度而言，故意与过失最显著的区别体现在"明知"与有"预见可能性"，明知意味着行为人必须明确知道，而"预见可能性"则是一种相对客观的标准，即便行为人主观上并没有预见，但只要其具有预见可能性，就可以认定过失的成立。因此也可以说，疏忽大意的过失是责任原则最低程度要求的体现。

四、基于"严重污染环境"的规范分析

故意包含了对"危害社会的结果"的认识与追求或放任的意志内容，过失包含了对"危害社会的结果"的预见可能性，形式上的"结果"由构成要件中是否有结果要素的表述来判断，而实质上的"结果"就是对法益的侵害与威胁。所以，法益保护内容的确定也会影响故意、过失的内容，进而影响责任形式的确定。刑法理论之所以对污染环境罪的责任形式存在激烈争论，一个重要原因是对本罪的保护法益与结果内容存在不同认识。[1]而本罪的保护法益与结果取决于对"严重污染环境"的理解，因此对污染环境罪主观罪过的探究，仍不能脱离对"严重污染环境"的解释。

---

[1] 张明楷：《污染环境罪的争议问题》，载《法学评论》2018年第2期。

(一) 生态学的人类中心法益观立场下主观罪过分析

就法益而言，如果坚持人类中心法益观的立场，就会认为污染环境罪所保护的核心法益仍然为人类法益，行为人对结果的认识不能脱离本罪对人类法益侵害程度的规定，然而污染环境罪已经删除了"造成重大环境污染事故、致使公私财产遭受重大损失或者人身伤亡的严重后果"的结果要求，"严重污染环境"意味着对人类法益的保护从实害犯提前至危险犯阶段，对人类法益的危险直接表现为对环境法益的侵害，虽然在纯粹人类法益的危险犯视角下，需要认识到行为可能产生对人类法益的危险，污染环境罪的主观方面只能是故意，对这一危险持追求或放任态度即可成立犯罪，但是这对行为人的认识能力和认识内容提出了较高的要求，在实际案件中可能根本无法判断行为人的预见程度，更加无法判断行为人的意志内容，无论是故意还是过失的判断过程都会异常艰难，这也从另一个角度否定了在污染环境罪中坚持人类中心主义法益观的不合理性。如果坚持生态中心法益观的立场，会扩大"严重污染环境"行为对象的范围，因为所有"违反国家规定，排放、倾倒、处置有放射性的废物、含传染病病原体的废物、有毒物质或者其他有害物质"的行为都可能造成环境法益的损害，在对"环境法益"的内涵不加限制的情况下，只要行为人认识到自己的行为是排污行为，就应当认识到行为可能产生污染环境的后果，在此情况下仍然实施该行为，对后果即便没有积极追求的态度，也通过行为反映出放任的态度，由此会使污染环境罪向纯粹的行为犯演化，其主观方面也只能是故意。如果坚持生态学的人类中心法益观的立场，污染环境罪具有二元法益结构，行为人对人类法益侵害的认识程度可以通过其侵害的环境法益得以部分呈现，而根据行为人对环境法益的不同侵害程度可以进一步细化行为人的主观心态是希望或放任的故意还是过于自信的过失或疏忽大意的过失。尽管污染环境罪只概括地规定了"严重污染环境"，但在对行为人的主观心态进行具体判断时，由于"严重污染环境"并非如判断故意杀人罪的结果那样明晰，不可避免地要综合行为人的行为方式、行为手段、行为地点等因素加以考量，也只有在这种法益观的指导下才可能有污染环境罪过失犯的存在余地。还需要说明的是，即便在生态学的人类中心法益观立场下，也无法解决放任的间接故意与过于自信的过失主观心态之间难区分的问题，但这一问题属于事实问题，而非规范问题，完全可以运用上文故意与过失的位阶关系理论解决，而不应成为对罪过形式进行规范分析的障碍。

(二) 实害犯与危险犯共存立场下的主观罪过分析

有观点认为,"区分故意或过失犯罪其实是在区分危险犯和结果犯,也是为了更有效地打击污染环境的行为"。[1]这一观点正确与否暂且不论,但其反映出确定污染环境罪的主观罪过对本罪犯罪类型与基于立法目的的刑法解释结论具有重要意义。

首先,就行为犯与结果犯分类而言,如果将"严重污染环境"理解为结果要素,那么污染环境罪为结果犯,行为人对"严重污染环境"这一结果的认识与意志内容决定了故意犯与过失犯均有成立的可能性,并非认可污染环境罪的结果犯属性,就当然地认为其主观罪过应为过失犯,只是在承认污染环境罪结果犯属性的情况下,过失犯才有存在的可能性。但是如果将"严重污染环境"理解为行为程度要素,那么污染环境罪为行为犯,对于行为犯而言只能成立故意犯罪,而不可能成立过失犯罪。

其次,就危险犯与实害犯分类而言,在生态学的人类中心法益观的指导下,"严重污染环境"意味着同时具备对环境法益的实害犯与对人类法益的危险犯之双重属性,对人类法益的危险犯通过对环境法益的实害得以体现,因此环境法益的范围已经通过其与人类法益之间的关系得到了限定,在判断行为人的主观罪过时只需要关注行为人对上述"环境法益"损害情况的认识与意志内容,理论上环境法益的实害犯的确可以有过失犯存在的空间,但是如前文所述,污染环境罪的构成要件虽然采用了"严重污染环境"的表述,但由于"严重污染环境"的文义解释范围过窄,应当进一步扩大解释至"足以严重污染环境"的具体危险犯阶段,在当前过失危险犯没有得到认可的情况下,污染环境罪中实际上没有过失犯的存在空间,只有在事实上能够证明存在针对环境法益的实害结果犯中才有过失犯存在的余地,其他的情况下均只能由故意犯构成。

再次,2011 年《刑法》污染环境罪的修正及 2013 年司法解释、2016 年司法解释对"严重污染环境"的列举虽然是对立法目的的忠实反映,但不得不承认的是立法目的本身存在忽略法益侵害逻辑的结构性问题,立法目的在于降低犯罪门槛,将原本只能处罚突发性环境污染事故的重大环境污染事故

---

〔1〕 高峰:《污染环境罪法律适用困境之破解》,载《人民检察》2014 年第 7 期。

罪扩张为同时能够处罚渐进性、累积性环境污染行为的污染环境罪，门槛降低的同时忽略了法益之间本有的位阶关系，从而导致污染环境罪的基本犯在理论上包括了对环境法益的危险犯、对环境法益的实害犯、对人类法益的危险犯以及对人类法益的实害犯，而司法解释对"严重污染环境"的列举将这一问题更加具体地呈现出来，2013年司法解释就保留了2006年司法解释对人身财产损害后果的规定，从而使得污染环境罪的基本犯中似乎保留了针对人身或财产法益的实害结果犯，基于这一部分内容的保留，为污染环境罪过失犯的存在提供了一定的空间。然而这是立法考虑未周造成的理论困境，在此理论误区上建立的罪过形式根基不稳，随着2020年污染环境罪的新修改与2023年司法解释的新纠正，以及理论困境的解决和误区的澄清，这一立论基础也已不复存在。

在刑法分则条文没有明确规定罪过形式且实践中的确分别存在故意、过失的主观心态或主观上故意与过失难以明确的事实的情况下，通过对刑法规范所保护的法益内容、对不同法益的保护程度所体现的犯罪类型的分析可以发现，只有在能够证明存在针对环境法益的实害结果犯的情况下才存在主观过失的可能性，而"严重污染环境"的解释困境就是来自事实上的证明难题，因此主观过失的形态几乎只存在于理论中。在承认污染环境罪的法益保护阶段应扩大至对环境法益的具体危险犯的情况下，同时可以认为，污染环境罪中并没有过失犯的成立空间，污染环境罪的罪过应当只有故意。

五、基于司法实践的主观罪过立场

(一) 司法机关所持的污染环境罪主观罪过立场

1. 通过共同犯罪反映出的主观罪过故意立场

有学者通过实证研究发现，污染环境案件中共同犯罪占较大的比例。污染环境行为往往包括生产环节、运输环节以及随意倾倒等多个过程，其统计了某地2013年1月至2018年1月期间，检察机关审查以涉嫌污染环境罪提请逮捕的14起案件中有7件涉及的犯罪嫌疑人均为多人，占比50%。[1]司法实践中污染环境罪的行为人通常并非普通的个人，而是从事生产经营的企业或

---

[1] 杨安、刘春德：《污染环境犯罪案件有关司法实务问题——以某地2013年1月~2018年1月生效判决案件为例》，载《天津法学》2018年第4期。

集体，其生产经营活动本身就会产生大量有毒有害的污染物，而符合国家规定的排污许可以及排污标准往往需要投入相当的费用才能达标，增加了企业生产经营的成本和负担，出现了大量企业为降低污染处理成本而违规排污的现象。因此实践中污染环境案件的主体很少以单个自然人的形式存在，对于多人共同实施的污染环境行为构成污染环境罪的案件，司法实践中对此类案件的认定表述不一，有明确以共同犯罪判决或明确各犯罪人在共同犯罪中的作用[1]，也有判决回避对"共同犯罪"及主观罪过的认定，直接对单位或行为人以污染环境罪定罪处罚。

由于《刑法》第25条关于共同犯罪的概念规定："共同犯罪是指二人以上共同故意犯罪。二人以上共同过失犯罪，不以共同犯罪论处；应当负刑事责任的，按照他们所犯的罪分别处罚。"2023年司法解释第8条延续了旧司法解释第7条规定的"明知他人无危险废物经营许可证，向其提供或者委托其收集、贮存、利用、处置危险废物，严重污染环境的，以共同犯罪论处"。因此，既然存在共同犯罪的规定，就意味着司法解释承认污染环境罪的主观罪过至少包括故意。最高人民法院研究室起草司法解释的专家指出，这项规定的原因在于，"实践中，不少企业为降低危险废物的处置费用，在明知他人未取得经营许可证或者超出经营许可范围的情况下，向他人提供或者委托他人收集、贮存、利用、处置危险废物的现象十分普遍。该他人接收危险废物后，由于实际不具备相应的处置能力，往往将危险废物直接倾倒在土壤、河流中，严重污染环境。从支付的费用看，有关单位对该（企业）的这一行为往往心知肚明，对严重污染环境的结果实际持放任心态"。[2]

此外，污染环境罪存在单位犯罪，实际上在司法实践中也多以单位犯罪或共同犯罪的形式出现。在一项以山东省各级人民法院2017年至2021年审结的污染环境罪刑事案件调查研究中，课题组通过对1173起污染环境罪刑事案件进行分析后发现，犯罪主体共涉及102个单位，其中公司、个体工商户

---

[1] 如"高某泽污染环境案"，河北省青县人民法院［2020］冀0922刑初86号；"严某民、胡某污染环境案"，吉林省吉林市龙潭区人民法院［2020］吉0203刑初14号，吉林省吉林市龙潭区人民法院［2020］吉0203刑再1号；"张某国、李某朋、张某磊等污染环境案"，河北省保定地区（市）中级人民法院［2020］冀06刑终614号。

[2] 周加海、喻海松：《〈关于办理环境污染刑事案件适用法律若干问题的解释〉的理解与适用》，载《人民司法》2013年第15期。

101件，村委会1件，被告单位以公司、个体工商户为主。[1]一些案件中，单位的主要负责人直接组织或者指使他人实施环境污染犯罪活动，明显属于单位犯罪行为。虽然单位犯罪并不必然是故意犯罪，从理论上来说过失犯罪也可以成立单位犯罪，但在刑法条文没有明确规定污染环境罪为过失犯罪且实践中单位参与实施的污染环境行为多以单位主要负责人指使他人实施环境污染犯罪活动的情况下，污染环境罪的主观罪过应为故意的立场也得到了一定程度的强化。

2.审判实践中主观罪过立场的动态转向

由于污染环境罪主观罪过形式并未在立法上得到明确，也未在学理上达到一致，且与原重大环境污染事故罪为过失犯罪的通说立场存在争议，司法实践中也存在认定不一致的情况。

(1) 认为污染环境罪为过失犯罪的审判实践。

在2011年《刑法修正案（八）》设立污染环境罪的初期，有法院以过失犯罪认定本罪，如在湖南省桃江县人民法院2011年审理的高某良、尹某芝、严某红污染环境罪案[2]中，法院认定的事实为"被告人高某良等人采用土法提炼锑品，由于未采取任何有效的环保措施，在提炼锑品的过程中产生的高浓度含砷废水经排水沟渗入或缓慢流入家属区内的饮水井，致数十位居民出现砷中毒反应、1人砷中毒死亡"。由此认为被告人高某良、尹某芝、严某红三人系共同过失犯罪，按照他们所犯的罪分别处罚。本案发生在污染环境罪修改初期，正值重大环境污染事故罪与污染环境罪过渡期间，若延续重大环境污染事故罪主观罪过为过失的立场，则污染环境罪不可能存在共同犯罪，即便是共同实施污染环境行为的行为人，最终也只能分别以污染环境罪认定，若确定罪过形式为过失，就直接在污染环境罪诞生之初排除了本罪存在共同犯罪的可能。

(2) 未遂案件中主观故意与过失立场之争的审判实践。

但随着污染环境罪的适用和讨论的激烈化，对于污染环境罪主观罪过的立场逐渐开始出现向"故意说"转换的实践动态。例如在姜某旺、姜某荣、

---

[1] 山东省高级人民法院环境资源审判庭课题组：《环境污染犯罪在法律适用中存在的问题及对策研究——以山东法院2017—2021年审结的污染环境罪案件为样本》，载《山东法官培训学院学报》2022年第5期。

[2] 湖南省桃江县人民法院［2011］桃刑初字第190号。

郭某涛污染环境罪案[1]中,就出现了一审判决认为污染环境罪为过失犯罪,但检察院对此提起抗诉,二审法院予以纠正,认为污染环境罪应为故意犯罪。

一审法院查明的事实如下:"被告人姜某旺、姜某荣一起分别于2018年6月9日晚、同月10日晚,驾驶一辆车牌号为闽F××××货车,两次从深圳市龙华区各运载30吨生活垃圾,共60吨,到陆丰市××××红头林倾倒。2018年6月11日晚上,被告人姜某旺、姜某荣第三次驾驶闽F××××货车,从深圳市龙华区运载生活垃圾,欲到陆丰市××××红头林倾倒,途经陆丰市内湖公安检查站时,被公安机关缉获,从该闽F××××货车上查获生活垃圾31.6吨。被告人郭某涛于2018年6月11日晚上,接受同案人王某(另案处理)的雇请,驾驶一辆车牌号为豫H××××货车,从深圳市龙华区运载生活垃圾,欲到陆丰市××××红头林倾倒,途经陆丰市内湖公安检查站时,被公安机关缉获,从其驾驶的货车上查获生活垃圾30.98吨。经汕尾市环境保护监测站检验,闽F××××货车上的生活垃圾超过执行标准的项目有:色度0.25倍、化学需氧量92.1倍、氨氮97.7倍、总磷30.2倍、总汞3.9倍、总镉1.5倍、总铬21倍、六价铬24.6倍、总铅4.4倍、总锌24.7倍、总镍0.85倍。豫H××××货车上的生活垃圾超过执行标准的项目有:色度0.25倍、化学需氧量86.7倍、氨氮90.4倍、总磷28.4倍、总汞5.6倍、总镉1.65倍、总铬28倍、六价铬26.8倍、总铅1.9倍、总锌35.7倍、总镍1.0倍。经广东省环境科学研究院鉴定评估,未造成国家、集体或个人财产额损毁,未涉及财产损害;经测算,陆丰市××××被非法倾倒固体废物约5706吨,环境损害数额总计人民币82.06万元,其中生态环境损害费用为57.06万元,事务性费用为25万元。另查明:陆丰市垃圾进厂处理费为每吨98元,被告人姜某旺、姜某荣三次共运载生活垃圾91.6吨到陆丰市,其中60吨已经倾倒,被告人姜某旺、姜某荣造成生态损害应急性处置费用为人民币8976.80元。被告人郭某涛运载生活垃圾一次30.98吨到陆丰市,造成生态损害应急性处置费用为人民币3036.04元。"

在上述事实认定的基础上,一审判决对上述3名被告人作出了不同的判决结果,认为"被告人姜某旺、姜某荣违反国家规定,倾倒有毒、有害物质,严重污染环境,其行为均已构成污染环境罪,应予惩处。公诉机关指控被告人所犯罪名成立,予以支持"。但明确表示"因本罪是过失犯罪","被告

---

[1] 广东省汕尾市中级人民法院[2020]粤15刑终32号。

郭某涛的行为尚未造成危害后果，其行为不构成犯罪，公诉机关的指控与法不符，不予支持，应予纠正"为由判决被告人郭某涛无罪。后广东省陆丰市人民检察院提起抗诉[1]，认为"原审判决郭某涛无罪适用法律错误，依法应当改判。郭某涛主观上有污染环境的故意，其从深圳市龙华区运载生活垃圾到陆丰市某红头林，倾倒垃圾的过程中，应当预见到自己的排放、倾倒或者处置行为可能导致严重污染环境的结果"。广东省汕尾市人民检察院对该抗诉予以支持[2]。二审法院认为："该类犯罪的行为人对其非法排放、倾倒、处置有毒有害污染物会导致环境污染的后果持放任态度。本案中，被抗诉人郭某涛作为具备完全刑事责任能力人，其应当知道生活垃圾具有一定的污染或有毒物质，足以对环境造成破坏。而且，垃圾装车后，从深圳市龙华区长途运输到二百多公里之外的陆丰市某某地进行倾倒，倾倒时间选择在凌晨时段，不符合垃圾一般就近或同城处理的生活常识以及具有一定的隐蔽性，故可以认定郭某涛具有污染环境的主观故意，其对一旦实施完成倾倒所运载生活垃圾的行为可能导致严重污染环境的结果持放任态度。"因此，二审法院认为"原审判决以本罪是过失犯罪，郭某涛的行为尚未造成危害后果，认定其行为不构成犯罪有误，应予纠正，对郭某涛以污染环境罪（未遂）追究其刑事责任"。

此案一审与二审法院在被告人郭某涛是否构成污染环境罪的问题上持有不同的立场，之所以基于同样的事实会出现不同的判决结果，正是因为一审法院与二审法院对污染环境罪的主观罪过形式存在不同的理解，一审法院认为污染环境罪是过失犯罪，实际上是延续了重大环境污染事故罪的主观罪过立场，在行为尚未造成严重危害后果时，即认为行为人不构成犯罪；但二审法院认为污染环境罪的主观罪过是故意，以倾倒为目的实施运载行为即为"排放、倾倒、处置"等"污染"行为的着手，即便最终因意志以外的原因而没有得逞，也应属于着手后的犯罪未遂。

类似的，在北大法宝公布的污染环境罪［2016］参阅案例 1 号张某玉等非法处置危险废物构成污染环境罪案[3]中，二审法院明确认定污染环境罪是

---

[1] 陆检公诉刑抗［2019］8 号刑事抗诉书。
[2] 汕检二部支刑抗［2020］2 号支持刑事抗诉意见书。
[3] 江苏省镇江市中级人民法院［2015］镇环刑终字第 00002 号刑事判决。

故意犯罪。理由有二：其一，"我国刑法规定，行为人违反国家规定，排放、倾倒或处置有害物质，造成严重污染环境后果的，构成污染环境罪。据此，行为人违反国家规定故意实施污染环境行为，严重污染环境的，构成污染环境罪的既遂；行为人已着手实施污染行为，但由于意志以外的原因而未得逞、未实际造成严重污染环境后果的，构成犯罪未遂"。[1]虽然这一表述的重点在于强调行为人实施污染行为的故意，而非对"严重污染环境"后果的故意，但该院又在此基础上指出，"实践中该类犯罪的行为人对其非法排放、倾倒、处置危险废物会导致严重环境污染的后果具有预见性。本案中，张茂玉、李庆兰、周小林作为长期从事废重油处置、运输的人员，对非法提炼废重油会污染环境是明知的，但仍实施了污染行为、追求或放任污染环境的后果发生，其行为已构成污染环境罪"[2]，即行为人明知其行为会导致危害结果，其主观心态必然为直接故意或间接故意。其二，"根据《刑法》第25条的规定，共同犯罪是指二人以上共同故意犯罪，二人以上共同过失犯罪则不以共同犯罪论处；而《最高人民法院、最高人民检察院关于办理环境污染刑事案件适用法律若干问题的解释》第7条规定了污染环境罪的共同犯罪情形，进一步说明污染环境罪系故意犯罪，否则无法构成共同犯罪"。[3]该项理由系以污染环境罪存在共同犯罪为前提，以《刑法》第25条关于共同犯罪的规定反向论证污染环境罪必然为故意犯罪。实际上，本案法院对于污染环境罪主观罪过形式的立场及理由，也是司法实践中大部分司法机关的立场和判决理由，其论证理由可归纳为两点：其一为事实上的主观心态为故意，其二为借助共同犯罪理论论证本罪只能为故意犯罪。

（3）通过共同犯罪支持主观罪过为故意的典型案例。

最高人民法院、最高人民检察院公布的典型案例也正面认可了污染环境罪可以成立共同犯罪，因我国刑法中不存在共同过失犯罪，所以可以合逻辑地得出污染环境罪为故意犯罪的结论。在2013年6月18日最高人民法院公布4起环境污染犯罪典型案例之三"重庆云光化工有限公司等污染环境案"中，判决"被告人张某宾违反国家规定，向土地倾倒危险废物，造成环境严重污

---

〔1〕 江苏省镇江市中级人民法院 [2015] 镇环刑终字第00002号刑事判决。
〔2〕 江苏省镇江市中级人民法院 [2015] 镇环刑终字第00002号刑事判决。
〔3〕 江苏省镇江市中级人民法院 [2015] 镇环刑终字第00002号刑事判决。

染，且后果严重，构成污染环境罪。被告人周某、胡某辉帮助被告人张某宾实施上述行为，构成污染环境罪"，表述中便含有对共同犯罪之帮助犯的认定；在2016年12月26日最高人民法院公布8起环境污染犯罪典型案例之二"田某国、厉某国污染环境案"中明确认定"厉某国构成污染环境罪的共同犯罪"以及典型案例之七"白某林、吴某琴污染环境案"明确认定"被告人白某林违反国家规定，非法处置危险废物3吨以上，严重污染环境；被告人吴某琴明知白某林无经营许可证，向其提供危险废物，严重污染环境，构成共同犯罪"。因此，最高人民法院、最高人民检察院典型案例通过对共同犯罪的认定表达出对主观故意的明确支持。

此外，近年来各地法院陆续发布了多起典型案例，通过对共同犯罪的认定表现出认可污染环境罪的罪过形式至少包括故意的立场。例如云南省高级人民法院2020年发布环境资源审判10大典型案例之三——红河州建水县人民检察院诉阳某星、马某平、郭某污染环境罪刑事附带民事公益诉讼案[1]中，建水县人民法院经审理认为，"被告人阳某星、马某平、郭某违反国家规定，非法共同处置危险废物污染环境，后果特别严重，三被告人的行为已构成污染环境罪。被告人马某平、郭某明知被告人阳某星无危险废物经营许可证，向其提供危险废物，严重污染环境，依法按共同犯罪论处。被告人阳某星、马某平、郭某系单独联系买卖处置危险废物，三被告人的地位、作用相当，在本案中不予区分主从犯。"将违法提供危险废物、违法处置危险废物导致严重污染环境的多人认定为共同犯罪，一改此前部分法院审判中分别认定各被告人成立污染环境罪以回避主观罪过形式的态度。在河北省邯郸市中级人民法院2022年发布10起2021年至2022年环境资源审判典型案例之八——连某某等间接故意构成污染环境罪共犯案[2]中，刘某某与周某一承包某公司球磨车间，周某一委托被告人周某二负责在现场管理。公安局环保大队工作人员在某公司院内检查时发现，连某某通过抽水泵将循环池内泥浆水抽到除

---

[1]《云南省高级人民法院发布环境资源审判10大典型案例之三——红河州建水县人民检察院诉阳某星、马某平、郭某污染环境罪刑事附带民事公益诉讼案》，载 https://www.pkulaw.com/pfnl/a6bdb3332ec0adc4c2c8135705e83562cd30ddabbe5c5308bdfb.html?keyword=污染环境罪&way=listView，最后访问日期：2023年11月9日。

[2]《河北省邯郸市中级人民法院2022年发布10起2021-2022年环境资源审判典型案例之八——连某某等间接故意构成污染环境罪共犯案》，载 https://www.pkulaw.com/pfnl/95b2ca8d4055fce1a90437b55be0bd47b29e60ee02b20ea5bdfb.html?keyword=污染环境罪&way=listView，最后访问日期"2023年11月9日。

尘灰堆上后，在除尘灰堆私设暗管，未经处理直接排放至该厂东北角的渗坑内（该项目不允许排放废水）。民警在现场提取排放废水水样，经检测，总锌结果分别为严重超标。邯郸市中级人民法院经审理认为，"被告人连某某违反国家规定，未经任何处理违法排放含锌的废水，严重污染环境，其行为已构成污染环境罪；被告人刘某某、周某二明知连某某抽取循环池内的水用于冲除尘灰，明知循环池内的水未按照要求抽取后直接排放，未循环利用，仍予以放任，其行为均已构成污染环境罪，公诉机关指控三被告人罪名均成立。"2022年江苏省苏州市中级人民法院发布2021年度十大典型案例之八——鼎鸿公司、陈某鑫等污染环境案[1]中，法院认定的案件事实为"被告人陈某鑫、陈某平经营被告单位鼎鸿公司期间，该公司在未取得危险废物经营许可证，亦未接通污水处理厂的情况下，擅自接收并处置废蚀刻液，并将未达到排放标准的污水排放至雨水沟，最终流入大运河。被告人钱某春、张某高在未取得危险废物转移资质，且明知被告单位无经营资质的情况下，仍向被告单位非法出售废蚀刻液。被告人申某华明知钱某春、张某高无转移危险废物相关资质，仍帮助2人运输废蚀刻液至被告单位。经鉴定，涉案废蚀刻液为HW22含铜废物，具有腐蚀性、浸出毒性两种危险特性，属于危险废物。待排池水样含铜量为0.655mg/L，雨水排放口积存水含铜量为0.614mg/L，均超过《污水综合排放标准》总铜一级标准值0.5mg/L。待排池水样化学需氧量为（COD）106，超过（COD）一级标准最高限值100"。苏州市姑苏区人民法院经审理认为，被告单位及被告人陈某鑫、陈某平非法处置危险废物的行为构成污染环境罪，被告人钱某春、张某高、申某华非法提供、运输蚀刻液的行为与被告单位构成共同犯罪。

（二）刑事政策反映的主观故意立场

2019年纪要针对污染环境刑事案件如何准确认定犯罪嫌疑人、被告人主观过错的问题进行了讨论，规定了综合分析判断规则与主观故意推定规则[2]，认为"判断犯罪嫌疑人、被告人是否具有环境污染犯罪的故意，应当依据犯

---

[1]《江苏省苏州市中级人民法院发布2021年度十大典型案例之八——鼎鸿公司、陈某鑫等污染环境案》，载 https://www.pkulaw.com/pfnl/95b2ca8d4055fce123a3ce7fd5866fd2df83b3 4c3fb75be1bdfb.html?key-word=污染环境罪&way=listView，最后访问日期：2023年11月9日。

[2] 周加海、喻海松：《〈关于办理环境污染刑事案件有关问题座谈会纪要〉的理解与适用》，载《人民司法（应用）》2019年第16期。

罪嫌疑人、被告人的任职情况、职业经历、专业背景、培训经历、本人因同类行为受到行政处罚或者刑事追究情况以及污染物种类、污染方式、资金流向等证据，结合其供述，进行综合分析判断"。其中，对主观罪过的认定明确使用了"故意"的表述。最高人民法院研究室法官对此作出解释，"鉴于司法实践中环境污染犯罪的主观罪过形式通常表现为故意，故2019年纪要对判断行为人是否具有环境污染犯罪的故意作出专门规定"。[1] 同日，五部门联合发布的"5起环境污染刑事案件典型案例"之三"上海云瀛复合材料有限公司及被告人贡某国等3人污染环境案"的典型意义就在于反映这一主观罪过为故意的立场，判决认为："被告人乔某敏、陶某明知本单位产生的危险废物需要有资质的单位来处理，且跨省、市区域转移需填写危险废物转移联单并经相关部门批准，仍通过与有资质的单位签订合同但不实际处理，多次要求被告人贡某国将云瀛公司产生的钢板清洗废液拉回常州市并处置，放任对环境造成危害。被告人贡某国在无危险废物经营许可资质的情况下，跨省、市区域运输危险废物并非法倾倒于常州市内污水井、下水道中，严重污染环境。上述三名被告人均具有环境污染犯罪的故意。本案在准确认定犯罪嫌疑人、被告人的主观过错方面具有典型意义。"该案的判决理由在阐明行为人故意实施污染环境的行为之外，明确认定其"放任"对环境造成危害，即对"严重污染环境"这一危害社会的结果持有间接故意的主观心态，反映了司法机关对污染环境罪主观故意的支持立场。

（三）犯罪竞合角度的主观罪过立场

污染环境罪司法解释与指导案例中都规定了与投放危险物质罪之间的想象竞合，投放危险物质罪为故意犯罪，污染环境罪与投放危险物质罪之间的关系随着污染程度从低到高存在交叉：当污染环境的行为既没有达到严重污染环境的程度，也没有对公共安全产生具体危险时不成立犯罪；当污染环境的行为"严重污染环境"时，成立污染环境罪；当污染环境的行为在"严重污染环境"的同时对公共安全产生了具体危险，可能成立污染环境罪与投放危险物质罪的想象竞合；当污染环境的行为在"严重污染环境"且造成人身、财产损失的严重后果时，可能成立污染环境罪与投放危险物质罪结果加重犯

---

[1] 周加海、喻海松：《〈关于办理环境污染刑事案件有关问题座谈会纪要〉的理解与适用》，载《人民司法（应用）》2019年第16期。

的想象竞合。

2013年6月18日最高人民法院公布了4起环境污染犯罪典型案例之四"胡某标、丁某生投放危险物质案"（下文简称"盐城案"）就反映出二者之间的竞合关系。"盐城案"发生在2011年《刑法》修正之前，被告人在明知该公司生产过程中所产生的废水含有苯、酚类有毒物质的情况下，仍将大量废水排放至该公司北侧的五支河内，任其流经蟒蛇河污染盐城市区城西、越河自来水厂取水口，致盐城市区20多万居民饮用水停水长达66小时40分钟，造成直接经济损失人民币543.21万元。盐城市盐都区人民法院一审判决、盐城市中级人民法院二审裁定认为：胡某标、丁某生明知其公司在生产过程中所产生的废水含有毒害性物质，仍然直接或间接地向其公司周边的河道大量排放，放任危害不特定多数人的生命、健康和公私财产安全结果的发生，使公私财产遭受重大损失，构成投放危险物质罪，且属共同犯罪。胡某标在共同犯罪中起主要作用，是主犯；丁某生在共同犯罪中起次要作用，是从犯。被告人胡某标犯投放危险物质罪，判处有期徒刑10年；被告人丁某生犯投放危险物质罪，判处有期徒刑6年。[1] 从"盐城案"的判决理由来看，被告人实施的行为属于排放含有毒害性物质的废水，因废水污染自来水取水口，危害不特定多数人的生命、健康，并造成了直接经济损失五百余万元，行为人对此危害公共安全结果的心态为间接故意的放任，因此构成投放危险物质罪。

最高人民法院在2013年司法解释施行的前一天出台指导性案例，通过"盐城案"表明对污染环境罪与投放危险物质罪想象竞合关系的认可，也在一定程度上反映出污染环境罪故意的主观罪过立场。

六、传统罪过二分法下污染环境罪主观罪过立场的总结

刑法分则对污染环境罪的罪状描述只反映了客观构成要件的内容，却没有明确其主观罪过，但这并不意味着不排除过失或者认同故意与过失共存的罪过形式，从我国刑法关于故意与过失的判断规则出发，过失犯罪必须符合"法律有规定"的条件才能在规范上得到确认，否则只能坚持本罪由故意构

---

[1]《最高人民法院公布四起环境污染犯罪典型案例之四——胡某标、丁某生投放危险物质案》，载http://www.pkulaw.cn/pfnla/25051f3312b07f38ec4e13f873213a38d85cdbbd620b82dbdfb.html?keywords=最高人民法院公布四起环境污染犯罪典型案例&match=Exact，最后访问日期：2023年11月9日。

成。基于《刑法》第 14 条与第 15 条的规定，无论是故意还是过失的判断都必须首先确定"危害社会的结果"的内容，而这一"结果"内容的确定离不开对法益内容与犯罪类型的判断。

重大环境污染事故罪的主观罪过虽然同样存在争论，但是由于其构成要件中有"事故"这一符合"文理规定"的表述，又具有明确的结果要素"造成重大环境污染事故，致使公私财产遭受重大损失或者人身伤亡的严重后果"表明其结果犯属性，通说将其认定为过失犯罪也并无不妥。但是 2011 年《刑法修正案（八）》将本罪修改为污染环境罪后，构成要件的表述由双重结果要素变为"严重污染环境"这一证明困难的单一要素，在没有"文理规定"的情况下无法符合"法律有规定"的过失犯罪成立条件，没有充足的理由延续重大环境污染事故罪的主观罪过形式。而司法实践中所谓的对"严重污染环境"的结果既可能存在故意也可能存在过失的主观心态是事实范畴内的现象，就事实与规范的关系而言，刑法规范以存在前实定法的经验事实为制定依据，以后实定法的生活事实为规制对象，刑法解释的目的在于将三段论中作为大前提的规范进行具体化，使其成为具有可适用性的类型，而生活事实只是小前提，在三段论的逻辑中，需要判断的是小前提是否能够符合大前提，而不是以小前提可能存在的样态重构大前提。对大前提主观心态的判断只能从实定法的刑法规范本身切入，而不能以后实定法的生活事实为基准。

构成要件的改变使得污染环境罪的法益保护内容以及法益保护阶段均发生了变化，对本罪主观罪过的规范判断的基础同样取决于如何理解"严重污染环境"，本书明确污染环境罪应以生态学的人类中心法益观为指导，主张污染环境罪的基本犯法益保护内容为环境法益，法益保护阶段应在原针对环境法益的实害犯基础上进一步扩大为针对环境法益的具体危险犯，同时强调此环境法益与人类法益之间有着紧密的内在联系，而非抽象意义上的自然法益，对环境法益的侵害就意味着对人类法益的危险犯，环境法益与人类法益之间的关联程度决定了立法或司法解释内容的合理性，而对环境法益的侵害结果与认识、意志内容决定了行为人的主观罪过形式。构成要件在逻辑上的确存在对于环境法益的实害犯，且仅在此种情况下，污染环境罪才有过失犯成立的可能性，但是在论证出应以"足以严重污染环境"为主观罪过的判断对象的结论后，没有过失犯存在的空间。

司法实践中存在大量污染环境罪的共同犯罪，虽然部分判决因为主观罪过仍存争议而回避主观为故意或过失的表述以及"共同犯罪"这一概念,但是最高人民法院、最高人民检察院历年公布的典型案例以及多部门座谈会纪要已经表明了司法实践以及刑事政策对污染环境罪主观罪过的立场,即以故意作为本罪的主观罪过形式。

第二节 污染环境罪的主观罪过判断方法反思

一、事实与规范之间的关系

《德国刑法典》与我国刑法对主观罪过的规定形式不同,在污染环境犯罪中,《德国刑法典》第29章关于危害环境的犯罪中,对于可由过失构成的罪名,均在罪状中明确了"过失犯本罪"或"过失为上述行为"[1]的罪刑条款,从规范上就解决了罪名的主观罪过形式问题。而我国刑法规范没有明确主观罪过形式,虽然刑法以处罚故意为原则、处罚过失为例外,但如果以此为由否定污染环境罪过失犯罪存在的可能性,虽然逻辑上可能不存在问题,但必然无法解决实践当中存在的行为人主观上对"严重污染环境"持过失心态、但事实上造成了"严重污染环境"结果的案件,不处罚过失犯不利于实现污染环境刑法保护前置化的立法目的。

因此,有观点指出,在当前关于污染环境罪罪过形式之诸学说持有者的视野中,只有规范意义上的污染环境罪,而没有事实意义上的污染环境罪,提出"罪过形式实质上是指行为人对已经发生的符合某一犯罪构成之危害结果所持的心理态度,是应然之下的一种实然"。[2]"只有依据行为人对已经发生的'严重污染环境'之结果持有的具体心理态度,才能判定该罪的罪过形式是故意还是过失。可见,罪过形式的判断过程是一个规范与事实对接的过程,只有坚持'罪刑规范—构成事实'的罪过形式判断基准,才能判明诸如污染环境罪等罪过形式不明之罪的罪过形式。"[3]上述观点的提出者有两条

---

[1]《德国刑法典》,徐久生译,北京大学出版社2019年版,第228~235页。
[2] 苏永生:《污染环境罪的罪过形式研究——兼论罪过形式的判断基准及区分故意与过失的例外》,载《法商研究》2016年第2期。
[3] 苏永生:《污染环境罪的罪过形式研究——兼论罪过形式的判断基准及区分故意与过失的例外》,载《法商研究》2016年第2期。

逻辑：其一，在刑法分则没有明确罪过形式的犯罪中，分则条款仅为对行为的客观描述，而犯罪的主观罪过取决于现实案件中行为人对结果所持的心态，即行为的客观方面是规范化的，而主观方面因没有明确规定，就意味着故意与过失均可，在个案当中以行为人的真实主观内容判断本罪是故意犯还是过失犯，而在本罪的规范意义上则为故意犯与过失犯兼有型犯罪；其二，正如论者所述"刑法解释本身是一个规范与事实对接的过程"[1]，但是刑法解释的目的是一个将规范还原为前实定法的"经验事实"的过程，以经验事实作为大前提，对后实定法的生活事实进行小前提的符合性判断，而非将本来需要判断是否具有规范符合性的小前提直接总结为大前提，大前提只能来自规范，作为小前提的判断依据，若依据对小前提的总结重构大前提，则无异于重新立法。

行为人在实施污染环境行为时对"危害社会的结果"持什么心态是一个事实问题，而非污染环境罪规制对象的规范问题。对于同样的客观行为，不能以事实问题来偷换规范问题的概念，真正需要探讨的是故意"严重污染环境"的行为是否具有可谴责性？过失"严重污染环境"的行为是否具有可谴责性？例如《德国刑法典》第324条既规定了故意犯，也规定了过失犯，从规范上分别规定了主观故意与过失作为大前提，事实上对结果持故意和过失的行为均可分别成立本罪的故意犯与过失犯；但第330条关于危害环境犯罪的特别严重情形中仅规定了故意犯的罪刑条款，事实上的过失犯不受处罚。同理，在我国的污染环境罪中，若认为对"严重污染环境"持故意和过失心态而实施的行为，均具有可谴责性，最具规范性的做法是参照我国《刑法》第114条、第115条以危险方法危害公共安全犯罪的规定，将故意与过失相区分后，规定对应的罪名，而不能混淆罪过形态，更不能以此为由提倡"罪刑规范—构成事实"的罪过形式判断基准，这种判断基准与重新立法的效果无异，不仅无法起到合理解释污染环境罪罪过形式的作用，反而会给污染环境罪罪过形式的应然判断增加更多障碍。实际上，这种罪名在我国刑法规范中并不少见，有学者将其称为"兼有型罪过"，指出要彻底解决这一因立法技术使用不当带来的问题，可将糅合在一起的两个犯罪分拆开来，对不同罪过

---

[1] 苏永生：《污染环境罪的罪过形式研究——兼论罪过形式的判断基准及区分故意与过失的例外》，载《法商研究》2016年第2期。

形式的犯罪规定轻重不同的法定刑。[1]即采用《德国刑法典》的立法模式，在同一条不同的款项中分别规定故意犯与过失犯的成立条件与刑罚内容。

因此，主观罪过之争的核心在于，规范上是否应当认为污染环境罪实际上包括故意污染环境罪与过失污染环境罪两种主观罪过形式不同的罪名？从污染环境罪的立法目的出发，其旨在通过刑法保护前置化以实现对环境污染问题的规制及预防，在现有的刑法规范未明确区分主观故意与过失的立法现实下，若坚持只可能成立故意或过失的单一罪过，无法解决事实中既存在故意又存在过失的案件情形，无论是只处罚故意犯还是过失犯，均会不当的造成处罚漏洞。因此，基于立法目的，污染环境罪的主观方面应包括故意与过失，如此才更符合其刑法保护的前置化目标。

二、现有的主观罪过判断方法之不足

我国《刑法》第14条第1款规定故意犯罪为"明知自己的行为会发生危害社会的结果，并且希望或者放任这种结果发生，因而构成犯罪的，是故意犯罪"，第15条第1款规定过失犯罪为"应当预见自己的行为可能发生危害社会的结果，因为疏忽大意而没有预见，或者已经预见而轻信能够避免，以致发生这种结果的，是过失犯罪。"表明故意与过失的判断对象均为对"危害社会的结果"的主观罪过心态。整体而言，对此问题学界存在三种观点[2]：第一种观点将这里的结果理解成为构成要件结果，第二种观点认为这里的结果应当被解释为法益侵害性[3]，第三种观点将这里的危害结果理解为构成要件事实[4]。在污染环境罪中，主观罪过的争论集中于行为人对"严重污染环境"持何种主观心态，就经验事实层面而言，行为人在实施"违反国家规定，排放、倾倒或者处置有放射性的废物、含传染病病原体的废物、有毒物质或者其他有害物质"的行为时主观上通常为故意，但对于"严重污染环境"这一结果的主观心态可能是直接故意，也可能是放任的间接故意，还可能是过于自信的过失或疏忽大意的过失。因此，存在行为人对行为出于故意、对结果既可能是故意也可能是过失的情况，而污染环境罪的刑法规范并未明确

---

[1] 皮勇、王刚：《我国刑法中"兼有型罪过"立法问题研究》，载《法商研究》2014年第2期。
[2] 王华伟：《要素分析模式之提倡——罪过形式难题新应》，载《当代法学》2017年第5期。
[3] 陈兴良：《过失犯的危险犯：以中德立法比较为视角》，载《政治与法律》2014年第5期。
[4] 赵秉志主编：《刑法争议问题研究》（上卷），河南人民出版社1996年版，第301页。

本罪既有故意犯又有过失犯，依据现有的刑法规范，不能同时处置本罪的故意犯与过失犯，在二选一的情况下，无论如何都不可避免地会出现处罚漏洞。如果认为污染环境罪为故意犯罪的话，则行为人对污染行为与"严重污染环境"结果均应持故意心态，但事实上必然存在行为人对行为持故意、对结果持过失心态的情形，故意犯罪的立场无法规制对结果持过失心态的情形。如果认为污染环境罪为过失犯罪的话，则行为人对"严重污染环境"持直接故意或放任心态时，不能以本罪论处，与之相对的只能是重罪投放危险物质罪或以危险方法危害公共安全罪，但是污染环境罪所保护的环境法益与危害公共安全犯罪所保护的公共安全法益并不完全重合，"严重污染环境"未必能达到危害公共安全的程度。此外，如果认为对"严重污染环境"的主观罪过必然是故意或过失，则无法处理难以查明具体主观心态时的案件。

在法定犯时代，很多罪过形式不明的犯罪与污染环境罪具有相似的特征，即行为本身一般出于故意，但对于作为客观构成要件的结果，却很难说行为人对之具有认识并持希望或者放任的态度，虽然将上述犯罪认定为故意比较符合规范和逻辑，但不仅有罪过形式判断基准上采用了为通说所诟病的"行为标准说"之嫌，而且似乎罪刑不相适应，且无法解决事实上的确存在过失的情形。若认为是过失，则不仅因缺乏"法律有规定"而有违反罪刑法定原则之嫌，而且因没有相对应的故意犯罪而显得不协调。[1]这一问题在滥用职权罪、丢失枪支不报罪中被广泛讨论，而污染环境罪的主观罪过形式判断也面临着相同的困境。

三、目前已有的解决方案

对于现有的污染环境罪主观罪过判断方法存在不足的问题，反映出传统的故意理论在法定犯时代会不当地限缩刑法处罚范围，因为传统的故意理论是一种以结果为核心要素的意欲论[2]，理论界早已重视这一问题，并且提出了多种解决思路，根据解决路径不同，可归结为两种：一是通过改造故意的认定标准，二是通过改变故意的认定范围。

---

[1] 陈洪兵：《模糊罪过说之提倡——以污染环境罪为切入点》，载《法律科学（西北政法大学学报）》2017年第6期。

[2] 劳东燕：《风险社会中的刑法》，北京大学出版社2023年版，第241页。

(一) 主要罪过说

周光权教授提出的主要罪过说,通过对传统故意标准中的结果本位作出改变,主张对于犯罪故意的"知"(认识因素)和"欲"(意志因素)中的"欲"部分,不应当完全限定在对结果的发生这个问题上。[1]

主要罪过说认为"需要站在客观立场解释刑法的规定,首先从'事实上'确定这些特殊犯罪中的行为人究竟有多少个罪过;然后从'规范的意义上'确定在这些罪过中哪一个是'次要罪过',哪一个是'主要罪过'。最终确定的这个'主要罪过'就是这些特殊犯罪的罪过形式"。[2]主要罪过说较之于传统的理论,由于其具备从事实上确定行为人罪过的步骤,因而是一种更为符合事实情况也更为精确的分析方法。[3]

周光权教授将交通肇事罪、重大责任事故罪、重大环境污染事故罪归为一类,认为在这类犯罪中,行为人在事实层面故意违反法律法规,但在规范层面对结果的发生只有过失,由于事实层面的故意并没有对应的实行行为,有的只是生活中的"有意行为",是否存在符合构成要件规定的实行行为,必须结合结果判断,由于对结果是过失,则应将对结果的主观罪过作为主要罪过,从而认为重大环境污染事故罪的主观罪过为过失。[4]

但《刑法》第338条修改为污染环境罪之后,其主要罪过的判断方法与重大环境污染事故罪并不能保持一致,更类似于对滥用职权罪主观罪过的判断思路。周光权教授认为,在滥用职权罪的罪过判断中,行为人对于任意行使职权、超越职权行为是故意的,对于特定危害结果的发生是过失的,滥用职权行为是具有决定性意义的行为,行为本身在通常情况下具有发生特定结果的危险,滥用职权的意思实际支配了结果的发生,可将滥用职权罪总体上定性为故意犯罪。[5]在污染环境罪中,如果行为人事实上对行为与结果均持故意,则污染环境罪无疑为故意犯罪;但如果行为人在事实上对污染环境的行为是故意的,但对"严重污染环境"的结果是过失的,则可参考滥用职权罪的主观罪过判断思路,即认为污染行为是具有决定性意义的行为,具有发

---

[1] 周光权:《论主要罪过》,载《现代法学》2007年第2期。
[2] 周光权:《论主要罪过》,载《现代法学》2007年第2期。
[3] 王华伟:《要素分析模式之提倡——罪过形式难题新说》,载《当代法学》2017年第5期。
[4] 周光权:《论主要罪过》,载《现代法学》2007年第2期。
[5] 周光权:《论主要罪过》,载《现代法学》2007年第2期。

生特定结果的危险,污染环境的意思实际支配了结果的发生,因此,污染环境罪总体上也可以定性为故意犯罪。如此一来,无论事实上行为人对"严重污染环境"的结果持故意还是过失心态,均应当被认定为故意犯罪。这与主要罪过说"承认一个犯罪可能存在两种罪过形式,但仍然坚持一个犯罪只有一种罪过"[1]的基本立场是相符的。

(二) 明知故犯说

黎宏教授主张的明知故犯说通过改变故意的认定标准,直接批评传统故意认定标准中的意志本位。主张"从故意犯罪和过失犯罪的本质来看,故意犯的场合,是行为人已经预见到自己行为会发生危害社会的结果,却明知故犯,仍然实施该行为;相反地,在过失犯的场合,则是行为人应当并且也能够预见到自己的行为会发生危害社会的结果,但是却没有预见到,以致引起了危害结果的发生,属于不意误犯"。[2]"犯罪故意和犯罪过失的差别在于,故意的场合,行为人对行为可能发生危害社会的结果有认识,过失的场合则是没有认识,而不是对发生结果有较低程度的预见。"[3]

在判断对象上,明知故犯说对主观故意与过失的判断与传统罪过理论一致,即以"危害社会的结果"作为判断对象,没有改变故意认定的结果本位。但是明知故犯说改变了传统罪过理论中对认识因素与意志因素的递进式考量,其所支持的"动机说"主张"犯罪故意所谴责的是对犯罪事实具有认识、预见,但没有根据该种认识、预见形成不实施犯罪行为的动机,反而作出选择实施违法行为的意思决定",[4]将意志因素的判断归于行为人实施行为的客观表现,而区分故意与过失的关键只在于行为人对危害社会的结果是否有认识。

同时,明知故犯说强调"在将'造成严重后果'之类作为犯罪构成客观要件的时候,这种要件必须在行为人的认识范围之内",[5]对行为人是否具有认识的判断需要在犯罪中具体判断。以明知故犯说来判断污染环境罪的主观罪过,考察的重点是行为人对"严重污染环境"是否有认识,在多数案件

---

[1] 劳东燕:《风险社会中的刑法》,北京大学出版社2023年版,第249页。
[2] 黎宏:《刑法总论问题思考》,中国人民大学出版社2016年版,第241~242页。
[3] 黎宏:《刑法总论问题思考》,中国人民大学出版社2016年版,第242页。
[4] 黎宏:《刑法总论问题思考》,中国人民大学出版社2016年版,第240页。
[5] 黎宏:《刑法总论问题思考》,中国人民大学出版社2016年版,第246页。

中，行为人违反国家规定，实施排放、倾倒或处置污染物的行为时，其对自己行为的性质是有认识的，对结果发生的可能性也是有认识的，正如在司法实践中，很多被告人在供述中称"我知道可能会污染环境，但是没想到这么严重"，因此，只要能证明行为人对结果发生的可能性有认识，即可证明故意犯罪的成立。

(三) 客观的超过要素说

张明楷教授受德国"客观的处罚条件"及"主观的超过要素"之启示，提出了"客观的超过要素"的概念，认为"有些客观要件也可能不需要存在与之相应的主观内容"[1]，通过改变故意的认识范围，将行为人对部分要素的主观罪过排除在外，只要对该要件具备最低程度的预见可能性即可成立故意犯罪。当然，客观构成要素属于一种例外情况，论者为其适用设置了较为严格的条件：(1) 该要素必须具有限制处罚范围的性质，而不是法定刑升格等加重处罚的条件；(2) 该要素在犯罪构成中不是唯一的客观要件，而是诸多客观要件要素之一；(3) 危害结果作为超过的客观要素时，只存在于双重危害结果的犯罪中，且不是行为必然发生的结果；(4) 法定刑必须较低，明显轻于对结果持故意心理的犯罪；(5) 该要素应具有预见可能性；(6) 将该要素确定为客观的超过要素时，不影响主观故意的完整内容。[2]

严格地说，污染环境罪之"严重污染环境"的结果要素，并不能归属于张明楷教授所限定的客观的超过要素范围，但是客观的超过要素的概念提出之初，并没有明确的范围限制。可以说，客观的超过要素概念不过是为了解决行为人对构成要件中部分要素的主观罪过存在多种情况或无法查明的问题，这种构成要件又是限制处罚范围的必要条件，因此不能被排除于构成要件范围之外，既然属于构成要件要素，则故意犯的成立必定要求行为人对该要素也具有明知的认识与希望或放任的意志，而事实上行为人的主观心态多样，可能虽然认识到了结果发生的可能性，但在意志层面并非希望或放任，也可能在认识层面缺乏明知，还可能无法查明其意志内容为放任还是轻信能够避免，由于无法解决主观要素的区分问题，行为本身的违法性又已达到应受刑罚惩罚的程度，无论将哪一种罪过排除在外，都会造成处罚漏洞，因此通过

---

[1] 张明楷：《"客观的超过要素"概念之提倡》，载《法学研究》1999年第3期。
[2] 张明楷：《"客观的超过要素"概念之提倡》，载《法学研究》1999年第3期。

调整故意的认识范围,既将这一类要素保留在构成要件之内,又不要求对其达到故意的认识与意志程度。但不要求故意的罪过程度,不意味着对责任要素的全部排除,"虽然客观的超过要素不是故意的认识与意志内容,但当客观的超过要素的内容是危害结果以及影响行为的社会危害性的其他客观因素时,行为人至少对之具有预见的可能性"。[1]这种做法相当于将故意的认定范围扩展至对该要素具备"至少过失"的主观心态。

在污染环境罪中,"严重污染环境"具有限制处罚范围的性质,是犯罪构成中的结果要素,行为人在实施污染环境的行为时,主观上通常并非为积极追求的直接故意,而是在经济利益的驱使下,故意违反国家法律规定,故意实施排放、倾倒、处置污染物的行为,行为人对"严重污染环境"后果必然有预见可能性,但主观心态多为"不在乎"或"不考虑",与投放危险物质罪或以危险方法危害公共安全的故意心态有显著区别,其法定刑也相对较低。因此,若将"严重污染环境"视为客观的超过要素,既不影响在构成要件该当性阶段对这一结果要素的判断,同时可以解决以传统故意理论要求对"危害社会的结果"必须达到明知的认识程度且希望或放任的意志程度所造成的罪过认定难题与可能出现的处罚漏洞。

(四)罪量要素说

陈兴良教授倡导"罪体—罪责—罪量"的犯罪构成体系,认为罪量"是指在具备犯罪本体要件的前提下,表明行为对法益侵害程度的数量要件"[2],罪量要素主要是基于刑事政策的考虑,以该要素的具备与否区分刑法与行政处罚的范围[3],罪量要素"是犯罪成立的必要条件,但又不同于一般的客观构成要素,对其并不适用主观认识应受客观要件规制的原理"[4]。

"罪体—罪责—罪量"的犯罪构成体系将"罪量"要素保留在犯罪成立的条件中,以发挥其限制犯罪成立范围的功能,但又将其与一般的客观构成要素相区别,实际上与客观的超过要素一样,是通过改变故意的认识范围解决对"罪量"要素的主观罪过认定问题。但与客观的超过要素不同的是,对于罪量要素不要求行为人主观上有认识,或者持一种故意或过失的心理状态,

---

[1] 张明楷:《"客观的超过要素"概念之提倡》,载《法学研究》1999年第3期。
[2] 陈兴良:《口授刑法学》,中国人民大学出版社2007年版,第235页。
[3] 陈兴良:《口授刑法学》,中国人民大学出版社2007年版,第235页。
[4] 陈兴良:《口授刑法学》,中国人民大学出版社2007年版,第235~236页。

只要是行为故意就可以，换言之，主观罪过不是根据罪量来确定，而是根据行为本身来确定。[1]正如劳东燕教授所总结的，"'罪量'要素的地位实质上等同于德日刑法理论中的客观处罚条件的概念，一旦相关的要素被认为是罪量要素，便与主观认识内容无关；所以，既不要求行为人对之具有明知或预见可能性，也不要求具备希望或放任的意志态度。"[2]

陈兴良教授将罪量要素限定为"数量"与"情节"这两个要素，严格来说"严重污染环境"作为明确的结果要素，能否被视为"罪量要素"是值得讨论的。但从其功能来看，在我国刑法"定性又定量"的立法模式下，起到的是区分行政违法与刑事犯罪的"定量"作用，从功能上将其解释为"罪量要素"，借助罪量要素的主观罪过认识例外，不须考虑行为人对"严重污染环境"是否具有明知或预见可能性，更不须要求希望或放任的意志，直接以行为人对行为的故意心态作为故意犯的认定标准。

劳东燕教授正确地指出："故意标准之争说到底是对刑法的处罚范围的观念之争。"[3]也就是说，首先在政策和理念上划定刑法处罚范围，继而在现有的刑法规范框架内，为处罚范围提供合理的解释方法。上述四种解决方案本质上都是对《刑法》第14条规定下传统故意认定理论的突破，以解决污染环境案件中，事实上存在的行为人对"严重污染环境"的结果不同时具备可证明的明知与希望或放任的意志态度，但从政策上又认为此类行为均有应受刑罚惩罚性，各个方案共同的逻辑在于以政策为依据率先确定刑法保护范围，改造故意认定标准或认定范围都是为了实现这一目的而进行的解释方法的探索。

第三节　通过要素分析法实现主观故意认定范围的扩大

在古典自由主义时代，刑法体系在总体上是结果本位主义的，但随着社会变动的加剧与积极的一般预防理念的推动，作为刑法目的的危害预防成为刑事立法日益关注的重心，行为本位大有取代结果本位之势。我国《刑法》

---

[1]　陈兴良：《口授刑法学》，中国人民大学出版社2007年版，第40~241页，第790页。
[2]　劳东燕：《风险社会中的刑法》，北京大学出版社2023年版，第248页。
[3]　劳东燕：《风险社会中的刑法》，北京大学出版社2023年版，第266页。

第 14 条关于故意的认定标准要求"明知自己的行为会发生危害社会的结果，并且希望或者放任这种结果发生"，明显是结果本位主义的产物，我国传统罪过理论在法定犯时代遭遇的困境，源于其明确的结果本位立场并不能够完全适应法定犯时代的到来与立法活跃化的现实。在解释受行为本位影响深刻的当代刑事立法时，必然会出现解释上的困境。

一、要素分析法的逻辑表达

在传统罪过理论的分析框架下，故意犯的成立以行为人对"危害社会的结果"具有认识与意志态度，即明知且持希望或放任的态度，这也反映出我国刑法对主观罪过采取的是整体分析的思路。但是这种以"危害社会的结果"为罪过单一认定基准的方法，无法应对事实上存在的对不同的要素持不同罪过的现实情况，无法实现对行为人罪责的精确评价。

与我国整体分析法单一结果本位的罪过认定标准相对应的是要素分析法，要素分析法较为成功地体现在《美国模范刑法典》中，该法典创造性地规定每个犯罪具有不同的犯罪要素，对所有的犯罪要素都要求有可责性，而且每个犯罪要素存在不同的可责性标准。[1]《美国模范刑法典》将犯罪要素分为结果要素、行为要素、附随情状，将可责性要素分为蓄意、明知、轻率和疏忽，每个要素均可能与四种可责性要素相对应（如表 4-1[2]所示），且四种可责性要素之间存在位阶关系，如 2.02（5）规定"如果法律规定疏忽足以成立犯罪的一个要件，那么行为人蓄意、明知或者轻率地实施行为，犯罪要件也成立。如果法律规定轻率足以成立犯罪的一个要件，那么行为人蓄意或者明知地实施行为，犯罪要件也成立。如果法律规定明知足以成立犯罪要件，那么行为人蓄意地实施行为，犯罪要件也成立"。[3]而当刑法条文没有明确规定可责性要素时，根据《模范刑法典》2.02（3）规定"如果足以成立犯罪的一个实质要件的罪责没有为法律所规定，那么行为人蓄意、明知或者轻率地

---

〔1〕［美］波尔·H. 罗宾逊：《美国刑法的结构概要（下）》，何秉松、王桂萍译，载《政法论坛》2005 年第 3 期。

〔2〕图表来源：江溯：《〈模范刑法典〉的犯罪论体系》，载 https://mp.weixin.qq.com/s/DTdU-TyZqoPfjdmzvnFqqXw，最后访问日期：2023 年 11 月 9 日。

〔3〕［美］美国法学会：《美国模范刑法典及其评注》，刘仁文等译，法律出版社 2005 年版，第 24 页。

实施行为时，该要件成立"[1]，即法典没有明确规定可责性要素时，按照"最低罪过要求"原则[2]，行为人主观上具有轻率即可认定。

表 4-1 美国《模范刑法典》各犯罪要素与四种可责性要素之间的对应关系

	结果	附随情状	行为
蓄意	行为人有意识地引起该结果	行为人意识到或者希望该情况发生	行为人有意识地参与该行为
明知	行为人意识到行为几乎肯定能引起结果	行为人意识到（或者高度肯定）情状存在	行为人意识到行为的性质
轻率	行为人有意识地无视存在一个犯罪实体要件的实质且不合理的危险，或者无视实质且不合理的危险将产生于其行为	行为人有意识地无视了存在着实体要件的实质且不合理的危险	——
疏忽	行为人应当意识到存在一个犯罪实体要件的实质且不合理的危险，或者该实质且不合理的危险将产生于其行为	行为人应当意识到有一个存在着犯罪实体要件的实质且不合理的危险	——

劳东燕教授根据犯罪故意认定中可能出现的所有情形，根据事实上可能对行为要素、结果要素、情状要素具备的主观罪过形式制作的犯罪故意谱系表使用的也是要素分析法，通过对结果要素和情状要素故意认定标准的降低进行的故意范围扩展。这种公式表达是基于事实而进行的区分，更符合实践，也更为精确。因此，要素分析模式是从主观罪过的真实状态出发，以精确地确定主观罪过为目标而发展出来的理论。[3] 为了简化对于污染环境罪主观罪过分析的复杂程度，排除对情状要素的考量，只讨论行为人对行为要素与结果要素的主观内容，总结出的犯罪故意谱系表如表 4-2 所示。

---

[1] [美] 美国法学会：《美国模范刑法典及其评注》，刘仁文等译，法律出版社 2005 年版，第 24 页。
[2] 王华伟：《要素分析模式之提倡——罪过形式难题新应》，载《当代法学》2017 年第 5 期。
[3] 王华伟：《要素分析模式之提倡——罪过形式难题新应》，载《当代法学》2017 年第 5 期。

表 4-2　犯罪故意谱系表

序号	内容	罪过特性
公式 1	犯罪故意=对行为的故意+对结果的故意	单一罪过
公式 2	犯罪故意=对行为的故意+对结果的明知	单一罪过
公式 3	犯罪故意=对行为的故意+对结果的预见可能性	双重罪过
公式 4	犯罪故意=对行为的故意+对结果的疏忽过失	双重罪过
公式 5	犯罪故意=对行为的故意+对结果的无过失	双重罪过

可以发现上述公式均要求对行为要素的故意，不同的公式表达区别仅在于对结果要素的认识与意志内容。在"对行为的故意"部分中，无论是认识因素还是意志因素都很难触动，有选择余地的只能是对结果要素的认识因素与意志因素的调整。[1]在传统的罪过理论下，公式 1 对结果要素的主观内容也必须为故意，即同时具备认识因素与希望或放任的意志因素，在此基础上通过放宽对结果要素的责任程度，演变出后续的公式。公式 2 要求对结果要素具有明知即可，意味着只保留认识因素，而放弃了意志因素，是将故意犯罪的认定标准从意欲论转向了认识论立场，是明知故犯论所使用的故意证明逻辑。在公式 2 仅要求对结果具有明知的基础上，若欲再行扩张故意的成立范围，则只能通过放弃明知的要求，行为人对结果要素有预见可能性即可，而对结果有预见可能性就意味着故意程度降低到疏忽大意的过失，因此公式 3 和公式 4 是在认识论的基础上对认识程度进一步降低，以扩大故意犯的成立范围，其立场为"至少（疏忽）过失"，这也是客观的超过要素理论所使用的论证逻辑。在传统的罪过理论下，出于对罪责原则的坚持，疏忽大意的过失应当是最低程度的罪过形式，但如果要再进一步扩大故意的成立范围，便只能放弃对结果要素的认识，也就是在对结果要素的罪过问题上，突破罪责原则，采用无过错责任或者严格责任，罪量要素说不要求对结果要素具备罪过，只以对行为的故意认定故意犯罪，其使用的便是公式 5 的论证逻辑。

要素分析法的出现并非源于纯理论的逻辑推演，而是由于刑法的任务观

---

[1] 劳东燕：《风险社会中的刑法》，北京大学出版社 2023 年版，第 257 页。

与立法技术调整导致的结果，具有一定的必然性[1]。传统故意理论的结果本位立场与当代刑事立法向着行为本位的转向之间产生了难以调和的矛盾，换言之，刑法在通过保护的前置化扩张其处罚范围时，传统的故意理论又会在主观罪过方面不当地限制行为的可谴责性范围，因此，只能通过对传统的故意理论进行改造，借助要素分析模式从实质上实现特定犯罪的刑法保护前置化目的。[2]但需要强调的是，通过要素分析法改变传统主观罪过认定的理论并非可以普遍适用于所有犯罪，只有特定犯罪基于刑事政策的需要，在论证其合理性与可行性之后，能够实现理论的自洽与司法适用的妥当性之后，才可以考虑使用要素分析法从实质上扩张故意的成立范围。在传统实害结果犯的语境下，对要素分析法的使用则应限于公式1或公式2，例如在故意伤害罪中，行为人对伤害行为与伤害后果均应有故意，即包括明知且追求的故意，若要扩张故意伤害罪中主观故意的成立范围，则最多可以将对伤害结果的故意要求减轻至明知结果可能发生即可，即放任的故意。若对结果的主观心态为预见可能性或疏忽大意的过失，则意味着行为人对故意伤害的结果并非积极追求或放任，而是在实施伤害行为的同时排斥伤害后果的发生，只有当产生重伤或死亡结果时，这种主观心态才能作为过失致人重伤或过失致人死亡的主观罪过来认定，而完全脱离了故意伤害罪的罪过形式。

通常在以单一结果作为结果要素的犯罪中，行为人所实施的行为与可能导致的既遂结果之间具有直接的因果关系，实施构成要件行为后正常的因果流程就会导向特定的结果，行为人在实施某种行为时已经认识到且追求或放任对应结果的发生不难认定。然而在存在双重结果要素的犯罪中，如污染环境罪中可能存在直接损害环境法益，进而间接损害人类法益的情况，其中环境法益又因其特殊性无法直接以实害结果的形式呈现，需要通过归纳司法实践中常见的危害行为以实现对环境法益的保护前置到具体危险犯乃至抽象危险犯的程度，这就使得行为人对结果是否有认识可能性、是否有避免可能性、是否应当认识、是否有避免义务等问题更加复杂；又如滥用职权罪、玩忽职守罪中可能存在直接导致国家机关正常活动法益受损的直接结果，进而造成财产法益损失的间接结果，但如果要在每一个案件中考察渎职的行为主体对

---

[1] 劳东燕：《风险社会中的刑法》，北京大学出版社2023年版，第280页。
[2] 劳东燕：《风险社会中的刑法》，北京大学出版社2023年版，第268页。

间接结果的主观心态则缺乏可操作性,也正是因此导致理论与司法实践中对于滥用职权罪、玩忽职守罪的罪过形式一直存在争议。在这类涉及双重结果的罪名中,要素分析法可能是用以解决主观罪过难题的一个可行的尝试。

二、通过要素分析法实现污染环境罪主观故意认定范围的扩大

就污染环境罪而言,无论是现行《刑法》第338条中规定的"严重污染环境",还是本书在第三章对法益保护阶段提出的进一步扩大解释的建议,即改为"严重污染环境或足以严重污染环境",本质上都属于结果要素。按照传统的罪过理论,要成立故意犯罪,需要行为人认识到自己的行为会造成该结果,并且希望或放任该结果的发生,因此,在污染环境案件中,就需要证明行为人对结果具有认识并且意志上有希望或放任的心态。事实上,行为人对污染行为的主观认知与故意的意志内容不难证明,但对于结果的罪过形式既难证明,又可能存在多种情况:例如行为人认识到其行为会污染环境,但只为追求经济效应,对于其他可能产生的负面后果置之不顾;又如行为人认识到自己的行为可能会污染环境,但基于环境自净能力或排放量有限的侥幸心理认为可以避免;再如行为人以为放置污染物的区域不存在污染环境的隐患,但实际上污染物通过渗漏而进入环境中,继而污染水源[1]。总之,在事实层面,行为人完全可能出于对结果直接故意、间接故意、过于自信的过失或疏忽大意的过失四种主观心态而实施排放、倾倒、处置污染物的行为,若直接以本罪为故意犯罪为由,将过于自信的过失和疏忽大意的过失排除在刑罚处罚范围之外,这种限缩必然会造成处罚漏洞。而且在污染环境案件中,证明难题既体现在结果与因果关系的证明上,在此基础上要求严格证明行为人对于结果的主观罪过内容,必然会给司法机关增加额外的证明负担。

司法实践中已有作为典型案例案件的判决理由反映出法院对污染环境案件中行为人的主观罪过认定从过失到故意,从对结果的明知且追求或放任到只要认定行为人认识到自己行为的性质即可,至于对结果的心态持何种心态则在所不论。例如在2022年河北省邯郸市中级人民法院发布十起2021年至2022年环境资源审判典型案例之十——闫某等倾倒危险废物的运输者和协助

---

[1] "高某良等污染环境案",湖南桃江县人民法院[2011]桃刑初字第190号。

人构成污染环境罪案〔1〕中，王某某系闫某雇佣司机，王某某受闫某指使驾驶自卸货车到某公司装载废弃油渣后在被告人张某指引下将废弃油渣倾倒至某村村西或村东北角石窝，造成严重污染。邯郸市中级人民法院在发布此则典型案例的同时，对其典型意义进行了说明，"本案中，三被告人均不是造成污染的危险废物生产企业，也不是危险废物的所有人，但是客观上实施了转移运输危险废物、积极寻找联络倾倒地点等行为，获取了非法利益，造成了环境污染外，需要在主观明知方面上进行评价：首先从时间长短、次数多少、地点远近、非法获利和倾倒地点情况判断，该案中被告人从邢台市平乡县装载上废弃油渣，一般是下午装车、晚上运送、早上到达，运输、倾倒危险废物在两个月内多次实施，推定被告人主观上应当明知；其次是获利情况和倾倒地点的考量，被告人运输、转移危险废物的运费标准比正常的运费高，且运输目的地、倾倒地为山坳石窝或废弃厂区，并非正规处置公司进行接收，且是直接倾倒，而没有妥善存放，亦能推定被告人主观上的明知；最后结合车辆运输过程中车厢并未苫盖、废弃油渣有刺鼻气味、货物运输倾倒地点并非货主指定等情况推定被告人主观上的明知"。上述分析不难认定被告人主观上明知自己运输和处置的可能是危险废物，但对于是否会造成"严重污染环境"的结果，并没有进一步论证或要求被告人是否具有明知的认识因素与追求或放任的意志因素，此类判决实际上是回避了对行为人对于"严重污染环境"结果的主观认识与意志情况的分析，只要其对于自己的行为性质有认识可能性即可推定行为人明知自己实施的是"严重污染环境"的行为，将故意的成立条件前置到对行为的认识上即完成了故意的证成。

从理论分析与司法实践中均可以看出，污染环境罪主观罪过面临的困境在于：污染环境罪刑法规范未明确罪过形态，但事实中又确实存在多种罪过形式，且根据立法理念与刑事政策认为污染环境罪的处罚范围不应在主观罪过层面被不当限缩，因此只能通过改变传统罪过理论下故意的认定标准，通过放松对结果的认识与意志因素要求，实现本罪主观罪过认定标准的扩大。

以要素分析法对污染环境罪的主观罪过标准进行扩大时，通过对故意成

---

〔1〕《河北省邯郸市中级人民法院发布10起2021~2022年环境资源审判典型案例之十：闫某等倾倒危险废物的运输者和协助人构成污染环境罪案》，载 https://www.pkulaw.com/pfnl/95b2ca8d4055fce10934691a55950e2f1c6913774f97541cbdfb.html? keyword=污染环境罪&way=listView，最后访问日期：2023年11月9日。

立条件的逐步放宽，可能存在如下几种主观罪过认定路径：第一，按照公式2，将对结果的故意放宽为对结果明知即可，司法机关不需证明行为人对"严重污染环境"存在希望或放任的"意欲"。第二，按照公式3和公式4，将对结果的故意程度从要求明知放宽到不需要明知，只要有预见可能性即可；第三，按照公式5，完全不需要判断行为人对结果的主观心态，只要能够证明行为人故意实施了相关行为，客观上又确实产生了"严重污染环境"的结果，即可认为故意犯罪的成立。

上述几种对主观罪过实质前置的路径，都是对传统罪过理论关于故意成立范围的突破，只是突破的程度有所区别，换言之是故意成立的证明标准逐级降低，但需要注意的是，公式2、公式3、公式4都是在罪责原则下逐级进行的证明责任降低，但公式5是对责任主义原则的突破，正如第一章对污染环境罪刑法保护前置化边界预设中所述，刑法的前置不应突破责任主义原则，严格责任在我国目前的刑法体系下没有存在的空间，公式5的适用虽然能够最大范围地扩大污染环境罪的适用，但也相当于取消了刑法体系中的责任阶层，在行为人故意实施相关行为的场合，行政违法与刑事犯罪的界限仅仅在于客观上后果的严重程度，至于行为人对结果有无责任以及责任程度均在所不论。因此，在我国现阶段坚守责任主义原则的立场下，公式5的运用应被否定，以公式5所代表的要素分析法，应当被划定在污染环境罪主观故意标准扩大的边界之外。

至于公式2、公式3、公式4的路径选择，关键取决于刑事政策对污染环境罪刑事保护力度的期待，其中公式3与公式4是同一罪过程度的不同表达，污染环境罪主观故意标准扩大的路径实际上只有两个选择：一是将对结果的主观故意扩大到"明知"的程度；二是将对结果的主观故意扩大到"至少（疏忽）过失"的程度。第一条路径通过将对意志因素的证明排除在外，降低了主观证明难度的同时，也解决了间接故意与过于自信的过失难以区分的问题。第二条路径是在第一个路径的基础上，既不需要证明意志因素的存在，也不需要证明认识上达到了"明知"的程度，通过对"预见可能性"的客观判断，既维持了对责任主义原则的遵循，也在更大程度上回避了主观证明难题，在实质上实现了刑法保护范围最大化的扩张。

就污染环境罪而言，其立法目的在于通过刑法保护的前置化，从宏观上降低入罪门槛、扩大刑事处罚范围，解决因客观存在的证明难题造成的保护力度不足问题，在考虑刑罚正当化根据的"结果"的同时，也兼顾刑法预防目的的实现，二者背后实际上是结果本位与行为本位的博弈，是限制公权力、保障人权与保护环境安全、预防严重环境污染或公害事件发生之间的博弈。

　　刑法固然有其独特的立法目的和最后性、谦抑性的保护立场，但也需要在整体法秩序当中定位其在社会治理方面应当发挥的作用。从法秩序统一原理出发，在刑法之外，作为基本法的《宪法》第 26 条第 1 款规定："国家保护和改善生活环境和生态环境，防治污染和其他公害。" 2021 年 3 月 1 日生效的《民法典》既保留了原《民法总则》第 9 条"民事主体从事民事活动，应当有利于节约资源、保护生态环境"的绿色原则条款，又在第七章单独规定了环境污染和生态破坏责任。2014 年《环境保护法》明确其立法目的为"为保护和改善环境，防治污染和其他公害，保障公众健康，推进生态文明建设，促进经济社会可持续发展"，第四章对防治污染和其他公害作出了详尽的规定，并在第六章明确了污染环境行为应当承担的法律责任。此外，《排污许可管理条例》也在协调经济发展与保护环境之间进行努力，其立法目的在于"为了加强排污许可管理，规范企业事业单位和其他生产经营者排污行为，控制污染物排放，保护和改善生态环境"。

　　就刑法在污染环境治理体系中的功能而言，既要保留其作为最后手段的谦抑性，也不应当在规范进行前置化推进的过程中留下处罚漏洞。具体而言，污染环境罪的刑法规范已经通过对构成要件的修改，实现了法益保护内容与法益保护阶段的前置，主观罪过的认定标准应当同样致力于保护前置化这一目标，而非以"限制处罚范围"为由在责任阶层进行免责，要实现主观故意的实质扩大，必然需要在一定程度上改造传统的罪过认定标准，通过对故意的认定标准降低进行处罚范围的扩张，而扩张的边界则是责任主义原则的坚守，即以要素分析法公式 4 作为污染环境罪主观故意标准扩大的边界，排除公式 5 所代表的严格责任对责任主义原则的突破。

结　论

从 1997 年《刑法》第 338 条规定的重大环境污染事故罪，到 2011 年《刑法修正案（八）》将其修改为污染环境罪，再到 2020 年《刑法修正案（十一）》对污染环境罪的罪状与法定刑进行了调整，结合分别对应的 2006 年、2013 年、2016 年以及最近的 2023 年司法解释的具体规定进行分析，可以发现本罪在产生、修正、适用中的立法理念与构成要件的变化均反映出刑法保护前置化的演变趋势，但刑法的谦抑性与最后性又决定了势必要对这种前置化进程进行合理控制。在 2011 年《刑法修正案（八）》将重大环境污染事故罪改为污染环境罪后，因"严重污染环境"这一构成要件要素的特殊性，导致实践上存在"严重污染环境"这一结果和因果关系的证明困境，从而引发了关于如何解释"严重污染环境"的理论争论；意在为"严重污染环境"提供具体适用标准的 2013 年与 2016 年司法解释因其超前性导致争论进一步扩大，乃至出现了对司法解释立法化的质疑。究其根源在于，理论上对污染环境罪的刑法保护前置化解释程度不足，仅从语义学或仅从司法实践的有用性角度加以解释都存在片面之处，解决这一问题首先需要对从法益保护内容与法益保护阶段对"严重污染环境"的前置化应然性与合理边界进行扩大解释，继而针对此类犯罪的特殊性对传统故意犯罪的认定标准进行探索，实现主观故意认定的前置化与扩大化。

在法益保护内容方面，从重大环境污染事故罪到污染环境罪的立法变迁，表明本罪在保留环境保护管理秩序法益这一手段法益的基础上，核心法益由原本单一的人类法益转变为双重法益，但这里的双重法益并非指两种各自独立或平行的法益。相反，环境法益在污染环境罪中得以被确认为刑法法益的前提，是其表征着对人类法益侵害的危险。法益保护内容的前置依托于环境法益与人类法益之间的特殊关系，以人类法益为核心法益，则污染环境罪的法益保护内容并没有改变，只是将法益保护阶段从对人类法益的实害提前到对人类法益的危险，由于这一对人类法益的危险是通过规制侵害环境法益的行为从而实现早期治理，环境法益因此得到了刑法的确认，在这个意义上，可以认为污染环境罪已经在法益保护内容上实现了前置化。但是需要注意的是，由于环境法益很容易被理解为抽象法益、集合法益从而被进一步扩大为自然法益，这种立场虽然有利于保护环境，但与我国目前的生产力水平以及法益观不相适应，因此在讨论污染环境罪的前置化时，在已有的规范程度上应根据生态学的人类中心法益观为环境法益设定边界，但这一边界并非具有明确的界限，对其确定同样需要通过环境法益与人类法益之间的关联程度进行具体调整，最终更多地取决于对人类法益保护范围与保护程度的政策考量。

在法益保护阶段前置方面，刑法规范中构成要件表述的"严重污染环境"所表征的结果犯立场应得以确认，而不能直接通过司法解释列举的情形将污染环境罪解释为行为犯或情节犯，突破刑法规范文本进行的解释虽然符合司法实践，但会对罪刑法定原则造成根本性的冲击，这也是司法解释备受诟病的原因所在。司法解释深入调查研究、总结审判实践经验的特点决定了，其所总结出的类型性行为在应然上可被适当纳入刑法规制的范围，司法解释之所以对"严重污染环境"进行扩张解释，正反映出"严重污染环境"的实践证明难题，因此，对污染环境罪法益保护阶段应当进行适应性扩张解释，扩张的边界即为具体危险犯而非抽象危险犯。

在主观罪过形式方面，由于污染环境罪并没有在刑法规范中明确本罪为故意犯还是过失犯，而我国刑法又坚持单一罪过原则，因此从规范的角度上，只能得出污染环境罪为故意犯的结论，从司法审判实践与刑事政策的导向上也表明对本罪持故意犯的立场。故意犯立场虽然在逻辑上能够解决本罪的罪过形式问题，但在实质上会造成处罚范围的不当限缩，因此应当考虑从实质上扩张故意犯的成立范围，通过突破传统罪过理论关于故意犯的成立标准，放弃对结果本位、意志因素以及认识因素的坚持，采用要素分析法将行为人对结果的故意程度下降为至少存在疏忽过失即可。在考虑前置界限时，保留对责任主义原则的坚守，排除严格责任的引入。最终实现在维持单一罪过原则与责任主义原则的前提下，通过对结果故意标准的改造从实质上完成主观罪过方面的前置化，与政策导向保持一致，避免不应有的处罚漏洞。

参考文献

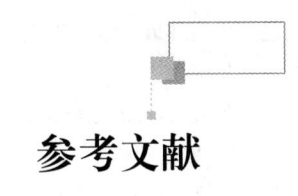

一、著作类

1. 李晓龙:《刑法保护前置化研究:现象观察与教义分析》,厦门大学出版社 2018 年版。
2. 谢望原、赫兴旺主编:《刑法分论》,中国人民大学出版社 2011 年版。
3. 黎宏:《刑法学》,法律出版社 2012 年版。
4. 冯军、敦宁主编:《环境犯罪刑事治理机制》,法律出版社 2018 年版。
5. 王作富主编:《刑法分则实务研究(下)》,中国方正出版社 2013 年版。
6. 焦艳鹏:《刑法生态法益论》,中国政法大学出版社 2012 年版。
7. 李希慧、董文辉、李冠煜:《环境犯罪研究》,知识产权出版社 2013 年版。
8. 陈国庆主编、最高人民检察院公诉厅编:《中华人民共和国刑法最新释义(2016 年版)》,中国人民公安大学出版社 2016 年版。
9. 张军主编:《〈刑法修正案(八)〉条文及配套司法解释理解与适用》,人民法院出版社 2011 年版。
10. 杨春洗、向泽选、刘生荣:《危害环境罪的理论与实务》,高等教育出版社 1999 年版。
11. 吴献萍:《环境犯罪与环境刑法》,知识产权出版社 2010 年版。
12. 付立忠:《环境刑法学》,中国方正出版社 2001 年版。
13. 郭建安、张桂荣:《环境犯罪与环境刑法》,群众出版社 2006 年版。
14. 周道鸾、单长宗、张泗汉主编:《刑法的修改与适用》,人民法院出版社 1997 年版。
15. 刘仁文:《环境资源保护与环境资源犯罪》,中信出版社 2004 年版。
16. 高铭暄、马克昌主编:《刑法学》,北京大学出版社、高等教育出版社 2016 年版。
17. 王作富主编:《刑法》,中国人民大学出版社 2016 年版。
18. 黎宏:《刑法学各论》,法律出版社 2016 年版。
19. 周光权:《刑法各论》,中国人民大学出版社 2016 年版。
20. 赵秉志主编:《刑法修正案(八)理解与适用》,中国法制出版社 2011 年版。
21. 刘艳红主编:《刑法学(下)》,北京大学出版社 2016 年版。

22. 中国环境年鉴编辑委员会编:《中国环境年鉴》,中国环境科学出版社1998-2011年版。
23. 黄太云:《刑法修正案解读全编——根据刑法修正案(八)全新阐释》,人民法院出版社2011年版。
24. 最高人民检察院公诉厅编、陈国庆主编:《刑法司法解释及规范性文件适用精解》,中国人民公安大学出版社2012年版。
25. 高铭暄:《中华人民共和国刑法的孕育诞生和发展完善》,北京大学出版社2012年版。
26. 高铭暄、陈璐:《〈中华人民共和国刑法修正案(八)〉解读与思考》,中国人民大学出版社2011年版。
27. 王尚新主编:《最新〈中华人民共和国刑法〉释解与适用》,人民出版社2011年版。
28. 王爱立主编:《中华人民共和国刑法解读》,中国法制出版社2018年版。
29. 汪劲:《中国环境法原理》,北京大学出版社2000年版。
30. 张明楷:《犯罪构成体系与构成要件要素》,北京大学出版社2010年版。
31. 张明楷:《刑法学》,法律出版社2021年版。
32. 李梁:《环境犯罪刑法治理的早期化问题研究》,北京大学出版社2023年版。
33. 王作富主编:《刑法分则实务研究》,中国方正出版社2007年版。
34. [德]克劳斯·罗克辛:《德国刑法学 总论》(第1卷),王世洲译,法律出版社2005年版。
35. [日]松宫孝明:《刑法总论讲义》,钱叶六译,中国人民大学出版社2013年版。
36. 梁慧星:《民法解释学》,中国政法大学出版社1995年版。
37. 乔伟主编:《新编法学词典》,山东人民出版社1985年版。
38. 中国大百科全书总编辑委员会《法学》编辑委员会、中国大百科全书出版社编辑部编:《中国大百科全书·法学》,中国大百科全书出版社1984年版。
39. [英]丹宁勋爵:《法律的训诫》,杨百揆、刘庸安、丁健译,群众出版社1985年版。
40. 黄茂荣:《法学方法与现代民法》,台大法学丛书1993年版。
41. 李翔:《情节犯研究》,北京大学出版社2018年版。
42. 劳东燕:《风险社会中的刑法》,北京大学出版社2023年版。
43. 张永强:《预防性犯罪化及其限度研究》,中国社会科学出版社2020年版。
44. [德]汉斯·约格·阿尔布莱西特:《有组织环境犯罪:概念、规模和结构》,樊文译,载陈泽宪主编:《刑事法前沿》(第4卷),中国人民公安大学出版社2008年版。
45. 邹瑜、顾明总主编:《法学大辞典》,中国政法大学出版社1991年版。
46. [日]松宫孝明:《刑法各论讲义》,王昭武、张小宁译,中国人民大学出版社2018年版。
47. 王世洲:《德国经济犯罪与经济刑法研究》,北京大学出版社1999年版。

48. 曹锦秋：《法律价值的"绿色"转向——从人类中心主义法律观到天人和谐法律观》，北京师范大学出版社 2010 年版。
49. 罗桂环等主编：《中国环境保护史稿》，中国环境科学出版社 1995 年版。
50. 岳臣忠：《刑法之重》，四川大学出版社 2017 年版。
51. 张明楷：《外国刑法纲要》，法律出版社 2020 年版。
52. [日] 前田雅英：《刑法总论讲义》，曾文科译，北京大学出版社 2017 年版。
53. 黎宏：《刑法学总论》，法律出版社 2016 年版。
54. 孙国祥：《刑法基本问题》，法律出版社 2007 年版。
55. 周兆进：《环境犯罪严格责任研究》，中国检察出版社 2018 年版。
56. 陈兴良：《刑法哲学》，中国人民大学出版社 2017 年版。
57. 张明楷：《法益初论》，中国政法大学出版社 2000 年版。
58. [德] 冈特·施特拉腾韦特、洛塔尔·库伦：《刑法总论 I——犯罪论》，杨萌译，法律出版社 2006 年版。
59. [日] 山口厚：《刑法总论》，付立庆译，中国人民大学出版社 2018 年版。
60. 林山田：《刑法特论》，三民书局 1978 年版。
61. 张明楷：《罪刑法定与刑法解释》，北京大学出版社 2009 年版。
62. 丁后盾：《刑法法益原理》，中国方正出版社 2000 年版。
63. [德] 亚图·考夫曼：《类推与"事物本质"——兼论类型理论》，吴从周译，学林文化事业有限公司 1999 年版。
64. [日] 甲斐克则：《责任原理と过失犯论》，成文堂 2005 年版。
65. [意] 杜里奥·帕多瓦尼：《意大利刑法学原理（注评版）》，陈忠林译评，中国人民大学出版社 2004 年版。
66. 曲新久主编：《刑法学》，中国政法大学出版社 2016 年版。
67. 高铭暄、马克昌主编：《刑法学》，北京大学出版社、高等教育出版社 2007 年版。
68. 周道鸾、单长宗、张泗汉主编：《刑法的修改与适用》，人民法院出版社 1997 年版。
69. 蒋兰香：《环境刑法》，中国林业出版社 2004 年版。
70. 高铭暄、马克昌主编：《刑法学》，北京大学出版社、高等教育出版社 2010 年版。
71. 蒋兰香：《环境犯罪基本理论研究》，知识产权出版社 2008 年版。
72. 张明楷：《刑法分则的解释原理》，中国人民大学出版社 2011 年版。
73. 高铭暄、马克昌主编：《刑法学》，北京大学出版社、高等教育出版社 2011 年版。
74. [德] H. 科殷：《法哲学》，林荣远译，华夏出版社 2002 年版。
75. 全国人大常委会法制工作委员会刑法室编：《〈中华人民共和国刑法修正案（八）〉条文说明、立法理由及相关规定》，北京大学出版社 2011 年版。
76. 王秀梅：《刑事法理论的多维视角》，中国人民公安大学出版社 2003 年版。

77. 杜澎：《破坏环境资源犯罪研究》，中国方正出版社 2000 年版。
78. 赵秉志、王秀梅、杜澎：《环境犯罪比较研究》，法律出版社 2004 年版。
79. 黎宏：《日本刑法精义》，法律出版社 2008 年版。
80. 黎宏：《结果本位刑法观的展开》，法律出版社 2015 年版。
81. 古承宗：《刑法的象征化与规制理性》，元照出版公司 2017 年版。
82. 高铭暄主编：《刑法学原理》（第 2 卷），中国人民大学出版社 2005 年版。
83. ［日］町野朔：《环境刑法の综合的研究》，信山社 2003 年版。
84. 高铭暄、马克昌主编：《刑法学》，北京大学出版社、高等教育出版社 2014 年版。
85. ［德］乌尔斯·金德霍伊泽尔：《刑法总论教科书》，蔡桂生译，北京大学出版社 2015 年版。
86. ［日］町野朔：《刑法总论讲义案 I》，信山社 1995 年版。
87. ［日］平野龙一：《刑法总论 I》，有斐阁 1972 年版。
88. ［德］李斯特：《德国刑法教科书》，徐久生译，法律出版社 2006 年版。
89. ［德］保罗·克雷尔：《德国环境刑法》，张志钢译，中国社会科学出版社 2022 年版。
90. 黄荣坚：《基础刑法学》，中国人民大学出版社 2009 年版。
91. 陈兴良主编：《刑法总论精释》，人民法院出版社 2010 年版。
92. 陈明华主编：《刑法学》，中国政法大学出版社 1999 年版。
93. 赵秉志主编：《新刑法全书》，中国人民公安大学出版社 1997 年版。
94. 张穹主编：《刑法适用手册》，中国人民公安大学出版社 1997 年版。
95. 高西江主编：《中华人民共和国刑法的修订与适用》，中国方正出版社 1997 年版。
96. 张穹主编：《新刑法罪与非罪此罪与彼罪的界限》，中国检察出版社 1998 年版。
97. 韩德培主编：《环境保护法教程》，法律出版社 2003 年版，法律出版社 1998 年版。
98. 高铭暄、马克昌主编：《刑法学》，北京大学出版社、高等教育出版社 2017 年版。
99. 王志祥主编：《〈刑法修正案（八）〉解读与评析》，中国人民公安大学出版社 2012 年版。
100. 陈兴良：《规范刑法学》，中国人民大学出版社 2013 年版。
101. 许玉秀：《当代刑法思潮》，中国民主法制出版社 2005 年版。
102. 高铭暄主编：《刑法专论》，高等教育出版社 2006 年版。
103. 赵秉志主编：《刑法争议问题研究》（上卷），河南人民出版社 1996 年版。
104. 黎宏：《刑法总论问题思考》，中国人民大学出版社 2016 年版。
105. 陈兴良：《口授刑法学》，中国人民大学出版社 2007 年版。
106. ［美］美国法学会编：《模范刑法典及其评注》，刘仁文等译，法律出版社 2005 年版。
107. 王志祥主编：《〈刑法修正案（八）〉解读与评析》，中国人民公安大学出版社 2012 年版。

二、论文期刊类

1. 周光权：《污染环境罪的关键问题》，载《政治与法律》2024 年第 1 期。
2. 喻海松、马剑：《从 32 件到 1691 件——〈关于办理环境污染刑事案件适用法律若干问题的解释〉实施情况分析》，载《中国环境报》2016 年 4 月 6 日。
3. 侯艳芳：《环境法益刑事保护的提前化研究》，载《政治与法律》2019 年第 3 期。
4. 黄旭巍：《污染环境罪法益保护早期化之展开——兼与刘艳红教授商榷》，载《法学》2016 年第 7 期。
5. 陈开琦、向孟毅：《我国污染环境犯罪中法益保护前置化问题探讨——以过失"威胁犯"的引入为视角》，载《云南师范大学学报（哲学社会科学版）》2013 年第 4 期。
6. 冯惠敏：《污染环境罪若干问题探讨》，载《山东警察学院学报》2014 年第 4 期。
7. 栗相恩：《污染环境罪法益与罪过形式探析》，载《人民检察》2012 年第 9 期。
8. 陈庆、孙力：《有关污染环境罪的法律思考——兼论〈刑法修正案（八）〉对重大环境污染事故罪的修改》，载《理论探索》2011 年第 3 期。
9. 张明楷：《污染环境罪的争议问题》，载《法学评论》2018 年第 2 期。
10. 张明楷：《规范的构成要件要素》，载《法学研究》2007 年第 6 期。
11. 郑牧民、习明：《论污染环境罪的罪过形式》，载《求索》2012 年第 11 期。
12. 钱小平：《环境法益与环境犯罪司法解释之应然立场》，载《社会科学》2014 年第 8 期。
13. 陈洪兵：《解释论视野下的污染环境罪》，载《政治与法律》2015 年第 7 期。
14. 齐文远、吴霞：《对环境刑法的象征性标签的质疑——与刘艳红教授等商榷》，载《安徽大学学报（哲学社会科学版）》2019 年第 5 期。
15. 孟辰飞：《环境法益的刑法保护——以刑法谦抑性为视角》，载《中国检察官》2019 年第 19 期。
16. 李川：《二元集合法益与累积犯形态研究——法定犯与自然犯混同情形下对污染环境罪"严重污染环境"的解释》，载《政治与法律》2017 年第 10 期。
17. 汪维才：《污染环境罪主客观要件问题研究——以〈中华人民共和国刑法修正案（八）〉为视角》，载《法学杂志》2011 年第 8 期。
18. 吴伟华、李素娟：《污染环境罪司法适用问题研究——以"两高"〈关于办理环境污染刑事案件适用法律若干问题的解释〉为视角》，载《河北法学》2014 年第 6 期。
19. 王鹏祥、孟昱含：《论污染环境行为的刑法治理》，载《中州学刊》2019 年第 6 期。
20. 穆斌：《生态环境的法益观研究》，载《中国政法大学学报》2020 年第 3 期。
21. 冯军：《污染环境罪若干问题探讨》，载《河北大学学报（哲学社会科学版）》2011 年第 4 期。

22. 张勇：《整体环保观念下污染环境罪的理解与适用》，载《新疆社会科学》2011 年第 6 期。
23. 高峰：《污染环境罪法律适用困境之破解》，载《人民检察》2014 年第 7 期。
24. 张建、俞小海：《关于环境犯罪刑法调控的评说——以〈刑法修正案（八）〉对环境犯罪的修改为线索》，载《中国检察官》2011 年第 13 期。
25. 李涛：《污染环境罪属于行为犯而非结果犯》，载《检察日报》2016 年 11 月 9 日。
26. 张志钢：《摆荡于激进与保守之间：论扩张中的污染环境罪的困境及其出路》，载《政治与法律》2016 年第 8 期。
27. 周啸天：《"抽象危险犯/具体危险犯+情节加重犯/结果加重犯"立法模式解读与司法适用问题研究——以"食品安全""环境污染"两个司法解释为中心》，载《师大法学》2018 年第 2 期。
28. 石珍：《污染环境罪的微观透视——以 296 例裁判文书为分析对象》，载《人民司法》2015 年第 9 期。
29. 喻海松：《污染环境罪若干争议问题之厘清》，载《法律适用》2017 年第 23 期。
30. 刘清生：《论污染环境罪的司法解释》，载《福州大学学报（哲学社会科学版）》2013 年第 5 期。
31. 姜俊山：《论污染环境罪之立法完善》，载《法学杂志》2014 年第 3 期。
32. 栗相恩：《污染环境罪探析》，载《兰州学刊》2012 年第 4 期。
33. 苏永生：《污染环境罪罪过形式之体系解释》，载《山东警察学院学报》2014 年第 3 期。
34. 薄晓波：《污染环境罪司法解释评析》，载《环境经济》2013 年第 10 期。
35. 曾粤兴、周兆进：《污染环境罪危险犯研究》，载《中国人民公安大学学报（社会科学版）》2015 年第 2 期。
36. 姜文秀：《污染环境罪的抽象危险犯》，载《学术交流》2016 年第 9 期。
37. 陈洪兵：《"美丽中国"目标实现中的刑法短板及其克服》，载《东方法学》2017 年第 5 期。
38. 陈洪兵：《准抽象危险犯概念之提倡》，载《法学研究》2015 年第 5 期。
39. 李婕：《限缩抑或分化：准抽象危险犯的构造与范围》，载《法学评论》2017 年第 3 期。
40. 张志钢：《论累积犯的法理——以污染环境罪为中心》，载《环球法律评论》2017 年第 2 期。
41. 姜文秀：《污染环境罪的主观心态》，载《国家检察官学院学报》2016 年第 2 期。
42. 姜文秀：《污染环境罪中故意的内涵》，载《河南社会科学》2015 年第 8 期。
43. 晋海、陈宇宇：《污染环境罪主观要件研究：综述与展望》，载《河海大学学报（哲学社会科学版）》2018 年第 6 期。

44. 秦鹏、李国庆：《论污染环境罪主观面的修正构成解释和适用——兼评 2013"两高"对污染环境罪的司法解释》，载《重庆大学学报（社会科学版）》2016 年第 2 期。

45. 安然：《污染环境罪异质性的法教义学分析》，载《中国地质大学学报（社会科学版）》2017 年第 4 期。

46. 陈洪兵：《模糊罪过说之提倡——以污染环境罪为切入点》，载《法律科学（西北政法大学学报）》2017 年第 6 期。

47. 李佩遥：《论严格责任适用于我国环境犯罪的可行性》，载《社会科学家》2019 年第 11 期。

48. 祝二军：《最高人民法院〈关于审理环境污染刑事案件具体应用法律若干问题的解释〉的理解与适用》，载熊选国、任卫华主编：《刑法罪名适用指南—破坏环境资源保护罪》，中国人民公安大学出版社 2007 年版。

49. 钱小平：《环境刑法立法的西方经验与中国借鉴》，载《政治与法律》2014 年第 3 期。

50. 王林、刘缓缓：《刑法在应对突发公共卫生事件中的适用及限度——以应对新冠肺炎疫情为例》，载《四川警察学院学报》2021 年第 1 期。

51. 黄太云：《〈刑法修正案（八）〉解读（二）》，载《人民检察》2011 年第 7 期。

52. 马明利：《刑法控制环境犯罪的障碍及立法调适》，载《中州学刊》2009 年第 3 期。

53. 冯军、宋伟卫：《全球性环境危机与中国重大环境污染事故罪的立法完善》，载《河北大学学报（哲学社会科学版）》2010 年第 2 期。

54. 陈君：《论重大环境污染事故罪》，载《北京理工大学学报（社会科学版）》2004 年第 5 期。

55. 王炜：《〈刑法〉修改带来了什么?》，载《中国环境报》2011 年 3 月 4 日。

56. 周加海、喻海松：《严刑峻法重实效——〈关于办理环境污染刑事案件适用法律若干问题的解释〉的理解与适用》，载《中国环境报》2013 年 7 月 9 日。

57. 李希慧、董文辉：《重大环境污染事故罪的立法修改研究》，载《法学杂志》2011 年第 9 期。

58. 苏永生：《刑法解释的限度到底是什么——由一个司法解释引发的思考》，载《河南大学学报（社会科学版）》2014 年第 1 期。

59. 张明楷：《罪过形式的确定——刑法第 15 条第 2 款"法律有规定"的含义》，载《法学研究》2006 年第 3 期。

60. 赵秉志、陈志军：《论越权刑法解释》，载《法学家》2004 年第 2 期。

61. 韩耀元、王文利、吴峤滨：《司法解释之再解释若干问题——以近年来的刑法司法解释为视角》，载《人民检察》2014 年第 23 期。

62. 张明楷：《行政违反加重犯初探》，载《中国法学》2007 年第 6 期。

63. 张明楷：《简评近年来的刑事司法解释》，载《清华法学》2014 年第 1 期。
64. 王社坤、胡玲玲：《环境污染犯罪司法解释中抽象危险犯条款之批判》，载《南京工业大学学报（社会科学版）》2016 年第 4 期。
65. 刘伟琦：《污染环境罪司法解释与刑法原理的背离及其矫正》，载《河北法学》2019 年第 7 期。
66. 严厚福：《污染环境罪：结果犯还是行为犯——以 2015 年 1322 份"污染环境罪"一审判决书为参照》，载《中国地质大学学报（社会科学版）》2017 年第 4 期。
67. 姜文秀：《污染环境罪与重大环境污染事故罪比较研究》，载《法学杂志》2015 年第 11 期。
68. 叶良芳：《"零容忍"政策下污染环境犯罪的司法适用》，载《人民司法》2014 年第 18 期。
69. 陈兴良、周光权：《刑法司法解释的限度——兼论司法法之存在及其合理性》，载《法学》1997 年第 3 期。
70. 付正权：《刑法解释》，载陈兴良主编：《刑事司法研究——情节·判例·解释·裁量》，中国方正出版社 1996 年版。
71. 李翔：《刑事政策视野中的情节犯研究》，载《中国刑事法杂志》2005 年第 6 期。
72. 夏伟：《对法益批判立法功能的反思与确认》，载《政治与法律》2020 年第 7 期。
73. 黎宏：《论交通肇事罪的若干问题——以最高人民法院有关司法解释为中心》，载《法律科学（西北政法大学学报）》2003 年第 4 期。
74. 林亚刚：《论"交通运输肇事后逃逸"和"因逃逸致人死亡"——兼评〈关于审理交通肇事刑事案件具体应用法律若干问题的解释〉的若干问题》，载《法学家》2001 年第 3 期。
75. 袁明圣：《司法解释"立法化"现象探微》，载《法商研究》2003 年第 2 期。
76. 刘艳红：《情节犯新论》，载《现代法学》2002 年第 5 期。
77. 张洪成、苏恩明：《风险社会下污染环境罪之处罚扩张问题研究——以危险行为犯罪化为视角》，载《太原理工大学学报（社会科学版）》2015 年第 3 期。
78. 劳东燕：《犯罪故意理论的反思与重构》，载《政法论坛》2009 年第 1 期。
79. 薛培：《核泄漏、核污染、核扩散犯罪主观方面探微——以核安全生产事故犯罪为中心》，载《西南民族大学学报（人文社会科学版）》2014 年第 1 期。
80. 徐清宇、姚一鸣：《在风景区内倾倒填埋垃圾构成污染环境罪》，载《人民司法》2018 年第 11 期。
81. 李梁：《德国环境刑法中的罪过形式立法及启示》，载《国外社会科学》2020 年第 1 期。
82. 冯军、尹孟良：《日本环境犯罪的防治经验及其对中国的启示》，载《日本问题研究》

2010 年第 1 期。

83. 曲阳：《日本的公害刑法与环境刑法》，载《华东政法学院学报》2005 年第 3 期。
84. 欧洲理事会：《通过刑法保护环境公约》，丁明方译，载王曦主编：《国际环境法与比较环境法评论》，法律出版社 2002 年版。
85. 吴献萍、刘有仁：《环境犯罪立法特色与机制评析——以巴西为例》，载《环境保护》2018 年第 21 期。
86. 冯军：《国外环境污染犯罪治理的经验分析》，载《河北法学》2014 年第 3 期。
87. 刘艳红：《环境犯罪刑事治理早期化之反对》，载《政治与法律》2015 年第 7 期。
88. 朱金才、李金玉：《"弃灰法"新考——基于马政的拓展分析》，载《山西大同大学学报（社会科学版）》2016 年第 4 期。
89. 于冲：《行政违法、刑事违法的二元划分与一元认定——基于空白罪状要素构成要件化的思考》，载《政法论坛》2019 年第 5 期。
90. 侯艳芳：《我国环境刑法中严格责任适用新论》，载《法学论坛》2015 年第 5 期。
91. 刘仁文：《刑法中的严格责任研究》，载《比较法研究》2001 年第 1 期。
92. 苏永生：《污染环境罪的罪过形式研究——兼论罪过形式的判断基准及区分故意与过失的例外》，载《法商研究》2016 年第 2 期。
93. 刘之雄：《环境刑法的整体思维与制度设计》，载《法学论坛》2009 年第 5 期。
94. 高铭暄、郭玮：《论我国环境犯罪刑事政策》，载《中国地质大学学报（社会科学版）》2019 年第 5 期。
95. 汪维才：《再论污染环境罪的主客观要件》，载《法学杂志》2020 年第 9 期。
96. 刘艳红：《民法典绿色原则对刑法环境犯罪认定的影响》，载《中国刑事法杂志》2020 年第 6 期。
97. ［日］松原芳博：《刑事违法性と法益论の现在》，载《法律时报》2016 年第 7 号。
98. 张明楷：《避免将行政违法认定为刑事犯罪：理念、方法与路径》，载《中国法学》2017 年第 4 期。
99. 张明楷：《实质解释论的再提倡》，载《中国法学》2010 年第 4 期。
100. 周光权：《刑法软性解释的限制与增设妨害业务罪》，载《中外法学》2019 年第 4 期。
101. 吉善雷：《论网络背景下破坏生产经营罪的适用范围》，载《中国检察官》2018 年第 10 期。
102. 柏浪涛：《破坏生产经营罪问题辨析》，载《中国刑事法杂志》2010 年第 3 期。
103. 卢星翰：《互联网时代破坏生产经营罪的司法实务探讨——基于其处罚范围的分析》，载《法律适用》2019 年第 6 期。
104. 刘艳红：《网络时代刑法客观解释新塑造："主观的客观解释论"》，载《法律科学（西北政法大学学报）》2017 年第 3 期。

105. 徐久生、徐隽颖：《网络空间中破坏生产经营罪之"其他方法"的解释边界——以反向刷单案为切入点》，载《大连理工大学学报（社会科学版）》2021年第4期。
106. Claus Roxin, Strafrecht Allgemeiner Teil, Band I, 4. Aufl., C. H. Beck 2006, S. 151.
107. 卓泽渊：《法的价值断想》，载《检察日报》2000年1月6日。
108. 刘军：《为什么是法益侵害说一元论：以法益的生成与理论机能为视角》，载《甘肃政法学院学报》2011年第3期。
109. 王灿发：《论新刑法关于环境犯罪的规定及其实施》，载《政法论坛》1998年第1期。
110. 尹常庆：《对重大环境污染事故罪的探讨》，载《环境导报》1997年第6期。
111. 王永茜：《论集体法益的刑法保护》，载《环球法律评论》2013年第4期。
112. 孙国祥：《集体法益的刑法保护及其边界》，载《法学研究》2018年第6期。
113. ［德］Prof. Dr. Dr. h. c. mult. Winfried Hassemer：《现代刑法的特征与危机》，陈俊伟译，《月旦法学杂志》2012年第8期。
114. 阳晓伟、杨春学：《"公地悲剧"与"反公地悲剧"的比较研究》，载《浙江社会科学》2019年第3期。
115. 李梁：《污染环境罪侵害法益的规范分析》，载《法学杂志》2016年第5期。
116. 林晓东：《环境保护的刑事立法》，载《法学论坛》1996年第4期。
117. 王秀梅：《环境刑法价值理念的重构——兼论西部开发中的环境刑法思想》，载《法学评论》2001年第5期。
118. 蒋兰香、周训芳：《从传统法益到生态法益——20世纪各国环境刑法法益保护观的变迁》，载《外国法制史研究》2005年第0期。
119. 熊亚文：《法益概念的解释论机能及其实现——兼论污染环境罪的法益判定与司法适用》，载《西部法学评论》2016年第3期。
120. 王勇：《环境犯罪立法：理念转换与趋势前瞻》，载《当代法学》2014年第3期。
121. 焦跃辉：《〈刑法修正案（八）〉体现环境资源保护理念变化》，载《中国环境报》2011年3月24日。
122. 张晓媛：《生态文明视野下环境刑法的立场转换——以环境损害的二元特征为视角》，载《中国刑事法杂志》2019年第4期。
123. 周加海、喻海松：《〈关于办理环境污染刑事案件适用法律若干问题的解释〉的理解与适用》，载《人民司法》2013年第15期。
124. 郭世杰：《从重大环境污染事故罪到污染环境罪的理念嬗递》，载《中国刑事法杂志》2013年第8期。
125. Vgl. Olaf Hohmann, Vonder Konsequenzeneinerpersonalen Rechtgutsbestimmungim Umweltstrafrecht, GA 1992, S. 539.
126. Vgl. Arzt/Weber, Strafrecht Besonderer Teil, Lehrbuch, Verlag Ernstund Werner Gieseking,

2000, S. 883f; Wessels/Hettinger, Strafrecht Besonderer Teil, Band I, 26. Aufl., C. F. Müller Verlag, 2001, S. 276.

127. ［德］基墨：《安全、风险与刑法》，江溯译，载梁根林主编：《当代刑法思潮论坛（第 3 卷）：刑事政策与刑法变迁》，北京大学出版社 2016 年版。

128. 刘艳红：《象征性立法对刑法功能的损害——二十年来中国刑事立法总评》，载《政治与法律》2017 年第 3 期。

129. 高铭暄、郭玮：《德国环境犯罪刑事政策的考察与启示》，载《国外社会科学》2020 年第 1 期。

130. Vgl. Gramer/Heine, in：SchÖnke/ SchrÖnder Strafgesetzbuck Kommentar, 26. Aufl., 2001, S. 2480.

131. 李梁：《环境犯罪刑法治理早期化之理论与实践》，载《法学杂志》2017 年第 12 期。

132. 刘红：《环境权应为环境犯罪客体之提倡》，载《中国刑事法杂志》2004 年第 5 期。

133. 苏永生、高雅楠：《论德国环境刑法中的危险犯》，载《中国地质大学学报（社会科学版）》2020 年第 1 期。

134. 安然：《污染环境罪既遂形态的纠葛与厘清——复合既遂形态之提倡》，载《宁夏社会科学》2016 年第 1 期。

135. ［德］克劳斯·罗克辛、陈璇：《对批判立法之法益概念的检视》，载《法学评论》2015 年第 1 期。

136. Rudolf Rengier, Zur Bestimmmugund Bedeutungder Rechtsgüterim Umwelltstrafrecht, NJW 1990, S. 2506ff.

137. 陈洪兵：《论污染环境罪中的"严重污染环境"》，载赵秉志主编：《刑法论丛》（2017 年第 2 卷），法律出版社 2017 年版。

138. 王勇：《从〈刑法〉修订看中国环境犯罪立法观转变》，载《环境保护》2011 年第 7 期。

139. 王勇：《论司法解释中的"严重污染环境"——以 2016 年〈环境污染刑事解释〉为展开》，载《法学杂志》2018 年第 9 期。

140. 陈庆瑞：《污染环境罪的司法适用问题》，载《人民司法》2016 年第 4 期。

141. 欧阳本祺：《论刑法上的具体危险的判断》，载《环球法律评论》2012 年第 6 期。

142. 陈君：《对〈刑法修正案（八）〉关于污染环境罪规定的理解与探讨》，载《北京理工大学学报（社会科学版）》2012 年第 6 期。

143. 陈洪兵：《中国式刑法立法模式下的结果犯与实害犯》，载《杭州师范大学学报（社会科学版）》2017 年第 5 期。

144. 王美茜：《情节犯的立法完善》，载《松辽学刊（人文社会科学版）》2001 年第 6 期。

145. 叶高峰、史卫忠：《情节犯的反思及其立法完善》，载《法学评论》1997 年第 2 期。
146. 李怀胜：《多次行为入罪化的立法价值与体系性反思》，载《政治与法律》2020 年第 7 期。
147. 黎宏：《结果无价值论之展开》，载《法学研究》2008 年第 5 期。
148. 王利：《强化环境污染犯罪理念 破解污染治理困局：以江苏宣判首例"污染环境罪"环保刑事案件为例》，载《环境保护》2013 年第 23 期。
149. 马春晓：《现代刑法的法益观：法益二元论的提倡》，载《环球法律评论》2019 年第 6 期。
150. 梅传强、胡雅岚：《妨害公共交通工具安全驾驶罪的理解与适用》，载《苏州大学学报（哲学社会科学版）》2021 年第 1 期。
151. 张心向、王强军：《社会风险控制视域下的危险驾驶罪研究》，载《法学杂志》2011 年第 S1 期。
152. 张心向、王强军：《社会风险控制视域下的危险驾驶罪研究》，载《南开学报（哲学社会科学版）》2012 年第 2 期。
153. 张庆立：《完善污染环境罪的三点建议》，载《检察日报》2011 年 9 月 19 日。
154. 褚雨、李梁：《污染环境罪刑法治理早期化问题探究》，载《中共郑州市委党校学报》2019 年第 5 期。
155. 向泽选：《危害环境罪的概念及行政属性》，载《法商研究》1997 年第 6 期。
156. 晋海、王颖芳：《污染环境罪实证研究——以中国裁判文书网 198 份污染环境罪裁判文书为样本》，载《吉首大学学报（社会科学版）》2015 年第 4 期。
157. 陈兴良：《过失犯的危险犯：以中德立法比较为视角》，载《政治与法律》2014 年第 5 期。
158. 苏永生：《我国刑法中的择一罪过立法反思》，载《法商研究》2018 年第 4 期。
159. 储槐植、杨书文：《再论复合罪过形式：兼谈模糊认识论在刑法中的运用》，载《刑事法评论》2000 年第 2 期。
160. 刘明祥：《论我国刑法总则与分则相关规定的协调》，载《河南省政法管理干部学院学报》2007 年第 5 期。
162. 张明楷：《论表面的构成要件要素》，载《中国法学》2009 年第 2 期。
163. 杨安、刘春德：《污染环境犯罪案件有关司法实务问题——以某地 2013 年 1 月-2018 年 1 月生效判决案件为例》，载《天津法学》2018 年第 4 期。
164. 周加海、喻海松：《〈关于办理环境污染刑事案件有关问题座谈会纪要〉的理解与适用》，载《人民司法（应用）》2019 年第 16 期。
165. 皮勇、王刚：《我国刑法中"兼有型罪过"立法问题研究》，载《法商研究》2014 年第 2 期。

166. 王华伟：《要素分析模式之提倡——罪过形式难题新应》，载《当代法学》2017 年第 5 期。

167. 周光权：《论主要罪过》，载《现代法学》2007 年第 2 期。

168. 张明楷：《"客观的超过要素"概念之提倡》，载《法学研究》1999 年第 3 期。

169. [美] 波尔·H. 罗宾逊：《美国刑法的结构概要（下）》，何秉松、王桂萍译，载《政法论坛》2005 年第 3 期。

170. 张明楷：《污染环境罪中"严重污染环境"的认定》，载《中国环境监察》2022 年第 Z1 期。

171. 山东省高级人民法院环境资源审判庭课题组：《环境污染犯罪在法律适用中存在的问题及对策研究：以山东法院 2017—2021 年审结的污染环境罪案件为样本》，载《山东法官培训学院学报》2022 年第 5 期。

172. 李永升、袁汉兴：《污染环境罪的司法困境与出路——以生态和人类双重法益为中心》，载《湖北社会科学》2021 年第 1 期。

173. 王秀梅、戴小强：《刑法修正案（十一）修订污染环境罪的理解与适用》，载《人民检察》2021 年第 7 期。

174. 徐海东：《污染环境罪主观要件的规范解释论——兼评〈中华人民共和国刑法修正案（十一）〉的亮点与不足》，载《宜宾学院学报》2022 年第 5 期。

三、网址及其他

（一）网址

1. 《保护环境确定为基本国策》，载 http://www.mee.gov.cn/home/ztbd/2020/wdlchhcj_1/ggkf/202001/t20200109_758374.shtml。

2. 《关于〈中华人民共和国刑法修正案（八）（草案）〉的说明》，载 http://www.npc.gov.cn/zgrdw/huigi/lfzt/xfxza8/2011-05/10/content_1666058.htm。

3. 《全国环境污染治理投资情况（2001~2014 年）》，载 http://www.stats.gov.cn/zt_18555/ztsj/hjtjzl/2014/202303/t20230303_1924041.html。

4. 《全国历年环境污染治理投资情况（2000~2010 年）》，载 http://www.stats.gov.cn/ztjc/zt_18555/hjtjzl/2010/202303/t20230302_19217258.html。

5. 历年《中国环境状况公报》，载 http://www.mee.gov.cn/hjzl/sthjzk/zghjzkgb/。

6. 《新型冠状病毒感染的肺炎纳入法定传染病管理》，载 http://www.nhc.gov.cn/xcs/zhergcwj/202001/44a3b8245e8049d2837a4f27529cd386.shtml。

7. 《最高人民法院公布四起环境污染犯罪典型案例之四——胡某标、丁某生投放危险物质案》，载 http://www.pkulaw.cn/pfnl/a25051f3312b07f38ec4e13f873213a38 d85cdbbd620b82dbdfb.html？

keywords＝最高人民法院公布四起环境污染犯罪典型案例 &match＝Exact.

8. 《王菊明等污染环境、诈骗案——在风景区内倾倒填埋垃圾构成污染环境罪》，载 http://www.pkulaw.cn/pfnl/a25051f3312b07f3ffb47b0c74b66b063eb5c7bc2a9cdfe8bdfb.html? keywords＝王菊明 &match＝Exact.

9. 《云南高院发布环境资源审判 10 大典型案例之三——红河州建水县人民检察院诉阳某星、马某平、郭某污染环境罪刑事附带民事公益诉讼案》，载 https://www.pkulaw.com/pfnl/a6bdb3332ec0adc4c2c8135705e83562cd30ddabbe5c5308bdfb.html? keyword＝污染环境罪 &way＝listView.

10. 《河北省邯郸市中级人民法院发布 10 起 2021~2022 年环境资源审判典型案例之八——连某某等间接故意构成污染环境罪共犯案》，载 https://www.pkulaw.com/pfnl/95b2ca8d4055fce1a90437b55be0bd47b29e60ee02b20ea5bdfb.html? keyword＝污染环境罪 &way＝listView.

11. 《河北省邯郸市中级人民法院发布 10 起 2021-2022 年环境资源审判典型案例之十——闫某等倾倒危险废物的运输者和协助人构成污染环境罪案》，载 https://www.pkulaw.com/pfnl/95b2ca8d4055fce10934691a55950e2f1c6913774f97541cbdfb.html? keyword＝污染环境罪 &way＝listView.

12. 《江苏省苏州市中级人民法院发布 2021 年度十大典型案例之八——鼎鸿公司、陈某鑫等污染环境案——无证开展危废处置并超标排污构成污染环境罪》，载 https://www.pkulaw.com/pfnl/95b2ca8d4055fce123a3ce7fd5866fd2df83b34c3fb75be1bdfb.html? keyword＝污染环境罪 &way＝listView.

13. 李适时：《关于〈中华人民共和国刑法修正案（八）（草案）〉的说明——2010 年 8 月 23 日在第十一届全国人民代表大会常务委员会第十六次会议上》，载 http://www.npc.gov.cn/zgrdw/huiyi/lfzt/xfxza8/2011-05/10/content_1666058.htm.

14. 《中华人民共和国国民经济和社会发展第十个五年计划纲要》，载 http://www.gov.cn/gongbao/content/2001/content_60699.htm.

15. 《关于制定国民经济和社会发展第十一个五年规划建议的说明》，载 http://www.gov.cn/ldhd/2005-10/19/content_80071.htm.

16. 《国民经济和社会发展第十二个五年规划纲要（全文）》，载 http://www.gov.cn/2011lh/content_1825838_2.htm.

17. 《中华人民共和国国民经济和社会发展第十三个五年规划纲要》，载 http://www.gov.cn/xinwen/2016-03/17/content_5054992.htm.

18. 《中共中央关于制定国民经济和社会发展第十四个五年规划和二〇三五年远景目标的建议》，载 http://www.gov.cn/zhengce/2020-11/03/content_5556991.htm.

19. 《李克强在政府工作报告中提出，加强污染防治和生态建设，持续改善环境质量》，载

http://www.china.com.cn/lianghui/news/2021-03/05/content_77274767.shtml.

20. 《两高司法解释：降低定罪量刑门槛从严打击环境污染犯罪》，载 http://www.court.gov.cn/zixun/xiangqing/7849.html.

21. 江溯：《〈模范刑法典〉的犯罪论体系》，载 https://mp.weixin.qq.com/s/DTdUTyZqoPfjdmzvnFqqXw。

（二）法律法规与司法解释

1. 《中华人民共和国放射性污染防治法》。
2. 《中华人民共和国核安全法》。
3. 《中华人民共和国传染病防治法》。
4. 《中华人民共和国水污染防治法》。
5. 《中华人民共和国固体废物污染环境防治法》。
6. 《中华人民共和国环境保护法》。
7. 《中华人民共和国排污许可管理规定》。
8. 《放射性废物安全管理条例》。
9. 《放射性废物分类》。
10. 最高人民法院、最高人民检察院《关于办理妨害预防、控制突发传染病疫情等灾害的刑事案件具体应用法律若干问题的解释》。
11. 最高人民法院、最高人民检察院、公安部、司法部《关于依法惩治妨害新型冠状病毒感染肺炎疫情防控违法犯罪的意见》。
12. 最高人民法院《关于审理交通肇事刑事案件具体应用法律若干问题的解释》。
13. 《德国刑法典》，王士帆等译，元照出版公司 2017 年版。
14. 《德国刑法典》，徐久生译，北京大学出版社 2019 年版。
15. 《日本刑法典》，陈子平编译，元照出版有限公司 2019 年版。
16. 《巴西环境污染犯罪法》，郭怡译，中国环境科学出版社 2009 年版。

（三）案例

1. 北京市密云区夏某江等 5 人洗洞污染环境案，最高人民检察院、公安部、生态环境部 2023 年 5 月 29 日发布的七起依法严惩危险废物污染环境犯罪典型案例之三。
2. 上海云瀛复合材料有限公司及被告人贡某国等 3 人污染环境案，最高人民法院、最高人民检察院、公安部、司法部联合发布的五起污染环境刑事案件典型案例之三。
3. 白某林、吴某琴污染环境案，2016 年 12 月 26 日最高人民法院发布的八起环境污染犯罪典型案例之七。
4. 田某国等污染环境案，江苏省徐州市中级人民法院［2015］徐环刑终字第 3 号，2016 年 12 月 26 日最高人民法院发布的八起环境污染犯罪典型案例之二。
5. 张某玉等污染环境案，江苏省镇江市中级人民法院［2015］镇环刑终字第 00002 号。

6. 姜某旺、姜某荣、郭某涛污染环境案,广东省汕尾市中级人民法院〔2020〕粤 15 刑终 32 号。
7. 柳某彬、倪某明等污染环境案,江苏省南京市中级人民法院〔2019〕苏 01 刑终 800 号。
8. 高某良等污染环境案,湖南省桃江县人民法院〔2011〕桃刑初字第 190 号。
9. 董传桥等 19 人污染环境案,最高人民法院 2019 年 3 月 2 日发布 10 起生态环境保护典型案例之一。
10. 高某泽污染环境案,河北省青县人民法院〔2020〕冀 0922 刑初 86 号。
11. 严某民、胡某污染环境案,吉林省吉林市龙潭区人民法院〔2020〕吉 0203 刑初 14 号,吉林省吉林市龙潭区人民法院〔2020〕吉 0203 刑再 1 号。
12. 张某国、李某朋、张某磊等污染环境案,河北省保定地区(市)中级人民法院/〔2020〕冀 06 刑终 614 号。
13. 湖南省桃江县人民法院〔2011〕桃刑初字第 190 号。
14. 广东省汕尾市中级人民法院〔2020〕粤 15 刑终 32 号。
15. 江苏省镇江市中级人民法院〔2015〕镇环刑终字第 00002 号刑事判决。
16. 苏州市姑苏区人民法院〔2017〕苏 0508 刑初 115 号,苏州市中级人民法院〔2017〕苏 05 刑终 933 号。

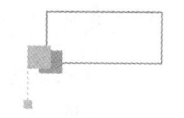

后 记

本书主题的选择，最初缘起于我对大自然的热爱，在山海边长大的我深知"绿水青山就是金山银山"的重要性，作为徒步爱好者的我也更乐于见得山清水秀之境。研习刑法是我的兴趣所在，保护环境是我的志趣所在，能将两者结合起来，作为研究生涯一个至关重要的起点，着实是一种特别的缘分。但不得不承认的是，本书的写作并非一气呵成，更像是我徒步时经常体验迷路、找路、重回大路的过程。但正是在大量阅读实践案例、学术文献的基础上，在一次次立论、推翻、重构的写作过程中，我的目光得以在司法实践与刑法理论之间不断往复，只为寻得一条能够连接理论与实践的道路。

自2010年到中国政法大学读书时，我未曾想过与她的缘分会一直延续到博士毕业，法大陪我度过了甚为充实的求学时光。师长的博学严谨、朋友的积极豁达、父母的全力支持给了我源源不断的动力，在很多个关键时刻遇到的善意提醒和扶持，让我更加希望成为我敬仰的师友们那样能够传递知识、予人温暖与力量的人。感谢我的导师徐久生教授，在我读博期间给予我十足的耐心和指导。感谢我的师母庄敬华教授，一直关心我的科研进展，给予我温柔又有力的鼓励。感谢法大的老师们，在我十一年的求学生涯中无私地给予我引导与点拨。当我自己成为一名老师后，才真正体会了恩师们曾经的心情，也重新理解了"师者，传道受业解惑也"的蕴意，时常为自己曾经的愚钝惭愧，又时常蓦然感动、深感幸运。

本书的写成，还要感谢班文战教授、阮齐林教授、王平教授、曲新久教授、王志远教授、罗翔教授、赵天红教授、吴宗宪教授、李邦友教授等诸多老师提供的宝贵意见，从各个角度帮助我不断发现并修正论文的不足，同时纠正我在思考方式与论证逻辑上存在的问题。

进入北京外国语大学法学院工作之后，特别感谢北京外国语大学法学院的米良院长、闫冬副院长、郭向华副书记、张燕龙副书记、王文华教授、董念清教授、郑曦教授、张海征教授、万方教授、刘辛老师、李薇老师、黄琳老师等领导、前辈对我日常工作的指导以及对本书出版的大力支持。初出茅庐，多蒙指教，不胜感激。感谢我的研究生石洋、许畅、王鑫、冯鹭淇以认真细致的工作态度高效地完成了本书的校对工作。还要感谢中国政法大学出版社的丁春晖主任、辛佰乐编辑，对本书的顺利出版鼎力相助。

本书自提笔构思题目至落笔交付出版，经过了将近六年时光。初稿完成时，污染环境罪的刑法规范依据来自于2011年《刑法修正案（八）》，辅之以两高分别于2013年制定、2016年修改的两部司法解释；再次修改文章时，刑法规范的依据已是2020年出台的《刑法修正案（十一）》，辅之以2023年针对新规范的新司法解释，期间还有多个法律法规的修订更新。从重大环境污染事故罪到污染环境罪的刑事立法与司法解释的演变历程中，我看到的不仅是一个罪名的适用或概念的解释，而是立法机关、最高司法机关、实务专家以及学者从不同侧面对同一个关键问题的不懈探索。本书陪着我以稚嫩懵懂的学生身份敲开学术研究的大门，又让我在结合实践研究理论的新角色中不断练习换位思考、深入探究、多角度论证。

北京外国语大学西校区中央伫立着一个形似莫比乌斯环的雕塑，雕塑上写满了各种语言的"你好"，在日光下熠熠生辉，在月光下也闪着温柔坚定的光芒。每次看到它，总是会提醒我，起点的远方不是终点，是另一个起点，就像教书育人是毕生事业，保护环境是长远大计，学术研究亦须踏实用功、拾级而上。我深知自己像在海边拾贝的小孩，还远未窥见真理海洋的全貌，本书也存在诸多不足之处，惟愿以此为基，在探索真理的路上继续前行，望各位专家读者不吝赐教。

徐隽颖

2024年10月30日